lector
books

David Signer

Dead End

Erzählungen

David Signer
Dead End – Erzählungen

lectorbooks, ein Imprint der Torat GmbH, Zürich
info@lectorbooks.com
www.lectorbooks.com

Wir danken der Stadt Zürich und dem Kanton St. Gallen
für die Unterstützung dieses Buches.

Kanton St.Gallen
Kulturförderung

Der Autor möchte sich bei Pro Helvetia für den Aufenthalt als Writer in Residence vom Dezember 2010 bis Januar 2011 in Varanasi bedanken.

Gesamtproduktion: www.torat.ch
Umschlagbild sowie Bilder Vor-/Nachsatz: iStock.com/peeterv
Gesamtherstellung: CPI Books GmbH, Leck

1. Auflage 2017

ISBN 978-3-906913-04-9
Printed in Germany

INHALT

DAS VERMÄCHTNIS

Am 14. Januar erhält Christian Hartmann einen Brief von der Anwaltskanzlei Ruiz & Stevenson in Madrid, adressiert an Christian Hartmann Hohensteiner, in dem ihm mitgeteilt wird, er habe von einem entfernten Verwandten geerbt und möge bitte nach Valencia, Spanien kommen, um die Formalitäten zu regeln. Falls er die nötigen Papiere bis zum 1. März nicht unterschreibe, falle das Geld an den Staat. Der verstorbene Verwandte ist laut Brief ein gewisser Jochen Hohensteiner, ohne Nachkommen oder direkte Angehörige. Bei ihren Recherchen sind die Anwälte auf Christian Hartmann in der Schweiz gestoßen, dessen früh verschiedene Mutter ledig Hohensteiner geheißen hatte.

Vielleicht hinterlässt der Verstorbene Schulden, ist Hartmanns erster Gedanke. Gewöhnlich wird man erst informiert, um welche Art Erbe es sich handelt, wenn man es offiziell annimmt; vielleicht werden einem dann nichts als Kosten aufgebürdet – aber man kann die Hinterlassenschaft nicht mehr ausschlagen. Hartmann zieht diese Möglichkeit unmittelbar in Betracht, weil seine Tante einmal in eine solche Falle getappt war.

Erst beim zweiten Lesen denkt er an Betrug – so wie bei diesen E-Mails, in denen man gebeten wird, sein Konto für einen Millionentransfer zur Verfügung zu stellen. Man muss dann, heißt es, angebliche Gebühren in vierstelliger Höhe vorauszahlen, bevor man seinen Anteil am Kuchen kriegt. Nach der Überweisung ist plötzlich Funkstille. Der Geschäftspartner ist verschwunden – und das Geld ebenfalls. Die sogenannte Nigeria-Connection.

Hartmann erinnert sich, dass man früher in seiner Familie gelegentlich von reichen entfernten Verwandten mütterlicherseits sprach.

Der Brief, dem ein Affidavit beiliegt, ist in perfektem Business-Englisch verfasst. Hartmann googelt den Namen der Anwaltskanzlei. Sie existiert. Im Brief ist auch die Rede von einer Sicherheitsfirma namens Standard – Security & Fiduciary, bei der das Erbe hinterlegt sei. Die Firma gibt es ebenfalls. Hartmann kennt sich, als Mathematiker bei einer globalen Versicherungsgesellschaft, aus mit internationaler Geschäftskorrespondenz. Alles erscheint ihm, zumindest auf den ersten Blick, seriös und professionell. Er erwägt, die Unterlagen seinem Cousin vorzulegen, Jurist bei einer Warenhauskette. Aber er sieht schon dessen skeptischen Spott, und falls er wirklich erben sollte …, sein Cousin braucht es nicht als Erster zu erfahren.

Li Mei. Vor drei Jahren schickte die Firma Hartmann nach Taipeh, um das Personal eines Tochterunternehmens in ein neues Computerprogramm einzuführen. Li war eine dieser Angestellten. Erst lagen ihre Hotelzimmer nebeneinander, in der letzten Nacht des Seminars dann sie selbst. Am nächsten Morgen lud Li ihn zu sich nach Hause ein. Sie hatte eine Wohnung in Hualien, hundert Meilen südlich der Hauptstadt. Es war ein altes Haus in einer engen, rauchigen Seitenstraße. Wie im Schanghai des 19. Jahrhunderts. Sie saßen auf Schemeln, tranken Tee aus fein bemalten, zerbrechlichen Porzellantassen, sprachen über die hohen Mieten in Taipeh, über ihren verstorbenen Vater, Laotse, Handeln durch Nichthandeln und vermieden die Zukunft. Sie schenkte ihm einen Glücksbringer mit Perlen, den er im Innern seines Koffers befestigte.

Am nächsten Tag übernachteten sie in einem windumtosten Hotel am Meer. Sie saßen auf der weißen Couch an der Fensterfront und blickten auf den verregneten Pazifik. Dann kurvten sie in Lis Wagen durch die dunklen, engen Tunnels ins Landesinnere, nach Taitung County. Dort stiegen sie in ...

Hartmann reißt sich aus seinen Träumen.

Nach seiner Rückkehr telefonierten und mailten sie manisch. Der Abstand eines halben Weltumfangs ließ ihre Verliebtheit nicht erschlaffen. Im Gegenteil. Er spannte sie zum Zerreißen. Eines Tages schrieb sie in einer SMS: *Ich weiß nicht, ob das sinnvoll ist – immer an dich zu denken, in Gedanken bei dir zu sein. Ich bin – wie ein Gespenst – gar nicht mehr hier in Taiwan.* Und von da an beantwortete sie weder seine Anrufe noch seine Mails.

Sie wollte ihren hoch bezahlten Job in Taipeh nicht aufgeben; für ihn gab es keine Möglichkeit, im Fernen Osten zu arbeiten. Sie träumte von einer Familie. Aber das Land war teuer.

Hartmann stellt sich vor, wie er die Million nach Taipeh transferiert. Dann besteigt er ein Flugzeug, und zwei Tage später steht er vor ihrer Tür in Hualien.

»Hallo Li, hier bin ich. Und hier bleibe ich.«

Hartmann wählt die Nummer der Anwaltskanzlei. Ein Herr Dos Santos meldet sich. Derselbe, der den Brief unterzeichnet hat. Ein Schwall von Höflichkeiten, Formalitäten und Erklärungen in verschlungenem Spanisch und Englisch.

»Passen Sie auf«, unterbricht ihn Hartmann schließlich, »man hört so oft von Betrügereien. Ich möchte etwas klarstellen: Ich werde keinen Cent im Voraus bezahlen.«

Kein Problem, meint Dos Santos etwas pikiert. Es handle sich bei Ruiz & Stevenson schließlich um eine große und renommierte Kanzlei; sie seien durchaus fähig, ein paar tausend Euro Gebühren vorauszuzahlen.

Also doch, denkt Hartmann: ein paar tausend Euro.

»Wir reservieren ein Hotel für Sie, wir organisieren einen Flug. Wann können Sie kommen? Sie wissen, es eilt.«

»Ich rufe Sie zurück.«

»Wann?«

»Morgen.«

Bevor Dos Santos nachhakt, hängt Hartmann auf.

Um sich seine Bewegungsfreiheit zu bewahren, bucht er selbst einen Flug und ein Hotel, vom 18. bis zum 20. Januar. *Palau de la Mar*, eines der besten am Platz, fünf Sterne. Hypermodern, hell-minimalistisch, wie das *United*, in dem er damals mit Li logiert hatte.

Dos Santos hatte eine Kassette in einem Safe erwähnt. Vielleicht geht es nicht nur um eine Barschaft, sondern auch um Objekte.

Die Frage ist, wie er den Schatz in die Schweiz verschieben soll.

Möglicherweise wird er von Dos Santos & Co. bloß benutzt, damit sie an den Safeinhalt kommen. Um ihm das

Ganze hinter der nächsten Ecke wieder abzunehmen. Auf jeden Fall besser, in einem sicheren Hotel unterzukommen als in einer lotterigen Pension, und sicher besser als in einer von *ihnen* organisierten Unterkunft.

Hartmann ruft die UBS an und erkundigt sich nach einer Filiale in Valencia. Ja, gibt es. Er ruft die angegebene Nummer an, will wissen, ob es möglich wäre, von dort aus Geld auf sein Konto in der Schweiz zu transferieren. Ja, erklärt ihm ein gewisser Herr Dominguez. Allerdings müsste er in diesem Fall ein Konto in Valencia eröffnen.

Hartmann vereinbart einen Termin und beglückwünscht sich zu seiner effizienten und professionellen Vorgehensweise.

Am nächsten Morgen ruft er Dos Santos an und teilt ihm mit, dass er in vier Tagen ankomme.

»Gut, wir buchen Ihnen einen Flug und ein Hotelzimmer«, sagt Dos Santos.

»Sie haben mich falsch verstanden – beides ist schon gebucht.«

»Wie das?! Wir sagten Ihnen doch, wir kümmern uns um alles.«

»Geht schon in Ordnung.«

»Herr Hartmann, aus Sicherheitsgründen ist es besser, wenn Sie sich an unsere Anweisungen halten. In welchem Hotel steigen Sie ab? Und um welche Zeit kommen Sie an?«

»Aus Sicherheitsgründen? Hören Sie mal, ich bin ein Klient von Ihnen, das ist alles. Und wegen des Hotels – ich kontaktiere Sie nach meiner Ankunft. Auf Wiederhören.«

Als Hartmann am Nachmittag nochmals über die Transaktion nachdenkt, fragt er sich, wie es eigentlich um die Erbschaftssteuer steht. Müsste er nicht einen Teil des Geldes dem spanischen Staat abliefern?

Er ruft abermals Dos Santos an.

»Machen Sie sich deswegen keine Sorgen«, sagt dieser. »Das Geld existiert eigentlich gar nicht.«

»Schwarzgeld …«

»Eigentlich braucht Sie das ja nicht zu kümmern, aber es war so: Nur ich, als Herr Hohensteiners Anwalt, wusste von diesem Safe. Das Geld lag nie auf einem Konto. Insofern kann der Staat auch keine Ansprüche stellen.«

Bleibt die Frage, wie Hartmann dieses Geld außer Landes schaffen soll. Das sind allerdings Probleme, die er nicht mit Dos Santos diskutieren mag.

Der Anwalt erklärt ihm umständlich das Prozedere der Safeöffnung. Es gebe zwei Codes. Der eine sei der Firma Standard – Security & Fiduciary bekannt, zum andern habe nur der juristische Nachfolger des verstorbenen Herrn Hohensteiner Zugang. Nebenbei erwähnt Dos Santos zum ersten Mal den Umfang der anfallenden Gebühren. 15 000 Euro – sowie das Honorar für den Anwalt: 20 Prozent der Erbschaft. Hartmann versteht nicht recht, was die Sache mit den Codes soll; vielleicht geht es einfach darum, ihn mit technischen Details von der Maßlosigkeit der Zahlungen abzulenken.

Im Moment gibt es jedoch Wichtigeres. Beim jetzigen Stand der Dinge kann er drei Möglichkeiten unterscheiden, die er auf einem Blatt notiert:

1. Die Erbschaft existiert nicht; es geht den Leuten nur darum, mir 15 000 Euro abzuknöpfen.

2. Die Erbschaft existiert und Dos Santos ist tatsächlich Hohensteiners Anwalt. Um an das Geld und den Code heranzukommen, braucht er einen echten oder vorgeschobenen Erben, zumindest jemanden mit dem Namen Hohensteiner. Ist das Geld einmal losgeeist, wird Dos Santos alles daran setzen, es mir wieder abzuknöpfen.

3. Alles ist normal und legal. Ich werde das Geld in Empfang nehmen, die Gebühren sowie 20 Prozent der Erbschaft als Honorar für Dos Santos zahlen. Das wirkt zwar überzogen, aber angesichts der dubiosen Herkunft des Geldes wäre es ungeschickt, den Fall der Polizei vorzulegen.

Wie geplant fliegt Hartmann am Morgen des 18. Januar nach Valencia, in der Innentasche seines Jacketts einen Umschlag mit 15 000 Euro. Er hat sich zwar vorgenommen, die Gebühren erst zu bezahlen, wenn er die Erbschaft in Händen hält, aber er weiß nicht, ob es möglich ist, in Valencia diese Summe auf einen Schlag abzuheben. Am Flughafen nimmt er ein Taxi und lässt sich zum *Palau de la Mar* fahren. Er bezieht sein Zimmer, verstaut das Geld im Safe und ruft Dos Santos an.

»Wir haben doch vereinbart, dass Sie uns gleich nach Ihrer Ankunft anrufen! Wir hätten Sie abgeholt. Wo sind Sie jetzt?«

»Im Hotel. Soll ich in Ihre Kanzlei kommen?«

»Ja, aber heute geht es nicht mehr. Morgen. So oder so müssen zuerst die Formalitäten mit der Firma Standard geregelt werden. Ich schicke den zuständigen Mann vorbei.«

Ich hätte mir ein Café in der Umgebung merken müssen, denkt Hartmann, zögert und gibt schließlich die Adresse des Hotels an. Dos Santos verspricht, der Angestellte sei um 16 Uhr dort.

Hartmann isst in der Nähe des Hotels in einem einfachen Lokal einen Teller Paella, dann schlendert er die palmengesäumte Hauptstraße hinunter und stattet den gigantischen, futuristischen Calatrava-Bauten, *der* Sehenswürdigkeit Valencias, einen Besuch ab. Allerdings nur von außen; es ist alles geschlossen, Mittagszeit, Siesta. Also nimmt er ein Taxi und lässt sich zum Museo de Bellas Artes fahren. Er durchstreift Saal um Saal, aber kaum einmal bleibt sein Blick an einem Gemälde hängen. Seine Gedanken sind woanders. Was, wenn diese Leute unbedingt zuerst das Geld wollen, bevor sie etwas herausrücken? Er nimmt sich vor, darauf zu bestehen, zumindest einen Blick auf die Kassette mit der Erbschaft werfen zu können. Um zu sehen, ob es wenigstens ein Zipfelchen Realität in der ganzen Geschichte gibt.

Die alten Ölgemälde triefen vor Katholizismus. Hunderte von Kreuzigungen. Wird ausnahmsweise einmal eine nackte Frau gezeigt, taucht unweigerlich ein Totenkopf daneben auf, der das Bild in ein Memento Mori verwandelt: Alle Lust ist vergänglich und vergeblich. Eines der wenigen Werke, das seine Aufmerksamkeit auf sich zieht, stammt von Velázquez und zeigt einen Toten in seinem Bett, die Hände zum ewigen Gebet gefaltet. Der größte Teil des Bildes ist tiefschwarz, ein schwarzes Tuch über dem Verstorbenen, ein finsterer Hintergrund, die unendliche Dunkelheit. Hartmann denkt an eine Nachbarin, deren Tochter kürzlich Selbstmord beging. Die Frau hatte ihm etwas Seltsames erzählt: Ein paar Tage vor der Tragödie besuchte sie mit einer Freundin ein Grab. Als sie den Friedhof verlassen wollten, erwischten sie eine falsche Abzweigung und landeten in einer Sackgasse. Sie kehrten um, fanden den Ausgang jedoch abermals nicht. So irrten sie umher wie in einem Labyrinth, bis sie schließlich wieder am besuchten Grab landeten und endlich von dort hinausgelangten.

Hartmann verlässt das Museum. Es bleiben ihm noch zweieinhalb Stunden. Er macht einen Umweg durch die Innenstadt. Zufällig kommt er am UBS-Gebäude vorbei, das allerdings reichlich heruntergekommen wirkt mit seiner alten Holztür, von der die Farbe abblättert. Wäre er bereit, hier eine Million zu deponieren? Er drückt auf die Klingel, ein Concierge öffnet.

»Zur UBS.«

»Haben Sie eine Verabredung?«

»Ja, mit Herrn Dominguez«, sagt Hartmann, und der Concierge führt ihn zum Lift, der immerhin etwas moderner wirkt als der miefige Eingang.

Private Wealth steht auf einer Messingplakette, als er aus dem Aufzug tritt. Eine Sekretärin begleitet ihn zu einer Sitzgruppe aus cremefarbenen Lederfauteuils und stellt ihm Mineralwasser auf das Glastischchen. Durch eine Scheibe blickt er in ein kleines, diskretes Sitzungszimmer. Designermöbel, helle, dicke Teppiche, die jedes Geräusch verschlucken. Wie in Zürich.

Die Sekretärin kommt zurück. »Herr Dominguez ist beschäftigt. Hätten Sie vielleicht die Freundlichkeit, morgen nochmals vorbeizukommen, wie abgemacht?«

»Kein Problem. Könnten Sie mir ein paar Unterlagen und Ihre Karte mitgeben?«

Als Hartmann mit den teuer aufgemachten Hochglanzprospekten und Jahresberichten unter dem Arm wieder auf die Straße tritt, hat er seine Mitte wiedergefunden.

Er kommt im Hotel an; es ist allerdings immer noch zu früh. Kann er hier irgendwo seine E-Mails einsehen? Man weist ihm einen Laptop an einer Theke in der Lobby zu. Die paar Spam-Mails sind schnell durchgesehen. Er googelt erneut *Standard – Security & Fiduciary* und landet auf der Homepage der Firma. Aber nach zwei weiteren Klicks stellt sich heraus, dass das Unternehmen weder in Madrid noch in Valencia Filialen unterhält.

Auf einem Beistelltischchen liegt ein Velázquez-Bildband. Er blättert ihn durch, aber das Bild, das er im Museum gesehen hat, findet er nicht.

Um 16.15 Uhr betritt ein Mann in einem lila Hemd das Foyer. Unter dem Arm eine rote Kartonmappe. Ein groß gewachsener Schwarzer mit Gym-Oberkörper. Er durchschreitet die Lobby bis zum Empfang, wirft einen Blick ins Restaurant und kehrt wieder um. Ihre Blicke streifen sich kurz, Hartmann schaut zur Seite. Obwohl er weiß, dass er es ist. Der Standard-Mann.

Ein Blick durch die Glastür. Der Schwarze steht draußen vor dem Eingang und spricht in sein Handy.

Hartmann legt Velázquez auf den Glastisch zurück, erhebt sich und geht auf den Unbekannten zu.

»Sind Sie von Standard Security?«

»Oh, Mister Hartmann – please excuse me for the delay!«

Er stellt sich als Plinius Owebe vor. Als Hartmann den Namen hört, will er ihn fragen, ob er aus Nigeria stamme, aber er lässt es sein.

Owebe führt ihn in ein Café in der Nähe, überschüttet ihn mit Informationen über die Sicherheitsvorkehrungen und holt schließlich ein Formular aus seinem Mäppchen. Im Briefkopf steht in Türkis: *Blue Heaven – Storage, Security, Vault.*

»Ich glaubte, Sie seien von Standard«, sagt Hartmann.

»*We are allied*«, antwortet Owebe.

Das Formular dient angeblich dazu, Hartmanns Personalien zu überprüfen. Zusätzlich wird die Polizei mit seiner Unterschrift dazu ermächtigt, den Inhalt des Safes zu konfiszieren, falls es sich dabei um Waffen, Drogen oder Ähnliches handelt. Auch gibt es einen Passus, mit dem er erklärt, dass er imstande sei, anfallende Gebühren zu begleichen.

»Worum handelt es sich denn eigentlich bei dieser ominösen Kassette?«, fragt Hartmann. »Ist die groß, schwer …?«

»Über den Inhalt kann ich Ihnen nichts sagen. Die Metallkassette wiegt 65 Kilogramm.«

Hartmann zögert einen Moment mit der Unterschrift. Er überlegt sich, ob ihn die Signatur zu irgendetwas verpflichtet. Es sieht nicht so aus – er unterschreibt.

»Wie geht es jetzt weiter?«

»Herr Dos Santos und ich holen Sie morgen um neun mit dem Chauffeur ab, dann fahren wir zum Safe. In der Zwischenzeit werden Ihre Angaben überprüft. Sie haben das Geld?«

»Ja …, das heißt … nicht hier«, stammelt er, plötzlich nervös geworden. »Ich trage es nicht bei mir, aber ich habe es.«

Er ärgert sich über seine offensichtliche Unsicherheit.

»Ich hoffe, es ist an einem sicheren Ort.«

»Ja, klar, im ...« Er will sagen: »... im Safe des Hotelzimmers«, aber beendet den Satz mit: »Machen Sie sich keine Sorgen.« Das klingt doch bereits etwas cooler.

Owebe ruft den Anwalt an und teilt ihm mit, dass das Formular unterschrieben sei, er werde es gleich vorbeibringen.

Bevor sie sich verabschieden, bittet Hartmann um eine Visitenkarte. Owebe blickt eine Sekunde lang verdutzt, fängt sich dann und sagt: »Oh, leider habe ich sie im Büro vergessen. Ich bringe sie Ihnen morgen.«

»Könnten Sie mir bitte Adresse und Telefonnummer notieren?«

»Die brauchen Sie nicht, wir bringen Sie morgen hin.«

»Ich hätte sie trotzdem gerne, im Falle eines Falles.«

Dieses Mal ist es Owebe, der zunehmend nervöser wird. Er schreibt die Angaben auf eine Serviette und reicht sie ihm.

Dann verabschieden sie sich und Hartmann geht zum Hotel zurück.

Im Foyer setzt er sich nochmals an den Computer, sucht die Homepage der Anwaltskanzlei Ruiz & Stevenson und vergleicht die Nummer, die im Schreiben der Kanzlei stand, mit den offiziellen Büronummern. Sie stimmen nicht überein. Aber gut, das muss nichts bedeuten; vielleicht hat er Dos Santos' Handynummer erhalten.

Er fragt am Empfang, ob er telefonieren könne, ruft die Kanzlei-Nummer von der Homepage an und fragt die Sekretärin, ob sie ihn mit dem Anwalt Dos Santos verbinden könne.

»Es tut mir leid, aber hier arbeitet kein Herr Dos Santos.«

Hartmann verlässt das Hotel, hält ein Taxi an und bittet den Fahrer, ihn zur Adresse zu bringen, die Owebe notiert hat.

»Diese Straße sagt mir nichts«, murmelt der Fahrer.

»Vielleicht liegt sie irgendwo in einem Außenquartier«, meint Hartmann.

Der Fahrer holt ein dickes, zerfleddertes Buch aus dem Handschuhfach und schlägt die Straße nach.

»Gibt es nicht in Valencia. Was suchen Sie denn – ein Wohnhaus, eine Firma?«

»Das Unternehmen heißt Blue Heaven – Storage, Security, Vault.«

»Haben Sie eine Telefonnummer?«

Hartmann reicht ihm den Zettel.

»Das ist eine Madrider Nummer«, sagt der Fahrer.

Hartmann bedankt sich und steigt wieder aus.

In der Hotellobby setzt er sich nochmals an den Computer und googelt *Blue Heaven.* Es existiert keine solche Firma in Spanien.

»Möchten Sie etwas trinken?«

Hartmann bestellt Tee mit einem Glas Porto und setzt sich damit in den Fauteuil im Nebenraum mit der Bibliothek.

Er erinnert sich, wie er damals mit Li in die nebligen Berge hochgefahren war. Sie folgten einer wilden Schlucht mit einem reißenden Fluss und kamen durch mehrere Tunnels, grob in den Fels getrieben, lang gezogene Höhlen, unverputzt. Wie in der Schweiz, bloß dass man hie und da aufs Meer hinuntersah oder einen rot bemalten Tempel passierte. Li hatte ein Zimmer gebucht in einem Hotel mitten in einem Ureinwohner-Reservat. Das Gebäude war in der traditionellen Bauweise gehalten, es gab Ethnofood, in längs halbiertem Bambusrohr oder auf Blättern serviert, und in der Eingangshalle konnte man lokales Kunsthandwerk erstehen. Nach dem Abendessen kauften sie eine Flasche einheimischen Kirschenwein und ließen sich im Zimmer auf die Strohmatten fallen. Die Fenster lagen gleich über dem Fußboden, sodass man im Liegen auf das grau verhangene Gebirge sah. Sie tranken abwechslungsweise aus der Flasche, und nach einer halben Stunde fühlten sie sich – er meinte: »wie beim Gleitschirmfliegen«, sie: »wie beim Tauchen«. Sie erzählten sich Rückwärtsgeschichten: begannen beim Ende und gingen dann Satz um Satz zurück in die Vergangenheit. So landeten sie schließlich bei ihren frühesten Kindheitserinnerungen, und er hatte die Idee, dass sie nur weit genug zurückgehen müssten, um am selben Ort zu landen; so wie man sagt, Parallelen träfen sich im Unendlichen.

Die Liebesnacht war ... wie ein Tauchgang in einem Korallenriff ... Meilen um Meilen in die Dunkelheit hinunter, ohne Sauerstoffgerät.

Hartmann fantasiert, wie er vorginge, wenn die Geldkassette erst einmal in seinem Besitz wäre. Wie bei einer Schachpartie geht er im Kopf verschiedene Spielverläufe durch.

Vielleicht wäre es am besten, in der Sicherheitsfirma gleich einen neuen Tresor anzumieten und die Kassette vorerst einmal dort zu lassen. So könnte er das Risiko vermeiden, mit dem Schatz auf die Straße hinauszutreten. Aber nach allem, was er eruiert hat, ist der Firma nicht zu trauen. Vielleicht doch eher UBS. Aber die ganze offizielle Bankprozedur ... Die könnte er umgehen, indem er das Geld bei einer anderen Sicherheitsfirma deponierte. Er muss dringend abklären, ob es in Valencia noch weitere solche Depots gibt. Dann hat er eine Idee: morgen sicherheitshalber nicht mit Owebe und seinen Leuten zu fahren, sondern per Taxi. Der Fahrer sollte dann vor der unsicheren Sicherheitsfirma auf ihn warten. Sobald er das Geld hätte, würde er sich zum Bahnhof fahren lassen und es dort in einem Schließfach verstauen. Aber mit der Bahn zu fahren, wäre zu riskant. Man könnte sich allzu leicht an seine Fersen heften. Er könnte mit einem gemieteten Auto beispielsweise bis Barcelona entwischen und erst dort auf die Eisenbahn umsteigen. Blieb das Problem mit dem Grenzübertritt. Eigentlich musste man größere Summen Bargeld deklarieren. Aber das Risiko einer Kontrolle war wohl minimal. Blieb die Frage mit der Versteuerung. Eine andere Möglichkeit wäre, gar nicht erst zu versuchen, das ganze Erbe zu transferieren, weder per Bank noch per Bahn; stattdessen würde er es hier auf einem Konto oder in einem Safe lassen und käme einfach von Zeit zu Zeit her, um einen Teil abzuheben.

Sein Handy klingelt. Dos Santos. »Es tut mir furchtbar leid«, sagt der Winkeladvokat, »aber ich muss mich kurzfristig nach Paris begeben. Ein wichtiger Klient. Ich fliege noch heute Abend. Ich werde jedoch meine Repräsentantin schicken, sie wird sich um alles kümmern.«

»Ich glaube Ihnen nicht.«

»Bitte? Was meinen Sie? Sie können ihr vollumfänglich vertrauen, sie vertritt mich. Falls es Probleme gibt, rufen Sie mich an.«

»Sie arbeiten gar nicht bei Ruiz & Stevenson. Ich habe nachgefragt.«

»Wie bitte? Ach, wir haben eine neue Telefonistin. Wahrscheinlich kennt sie noch nicht alle Partner.«

»Ich habe mit einem der Advokaten gesprochen«, lügt er.

»Machen Sie sich keine Sorgen. Folgen Sie einfach den Anweisungen. Herr Owebe hat die Papiere weitergeleitet, meine Leute arbeiten unter Hochdruck daran. Frau Da Silva wird also wie abgemacht morgen um neun bei Ihnen sein.«

Hartmann fragt am Hotelempfang nach einem englischsprachigen Taxifahrer. Nach einer Viertelstunde kommt der Fahrer seines Vertrauens zur Lobby herein.

»Ich möchte, dass Sie morgen um neun Uhr hierherkommen. Meine Leute werden in ihrem Wagen vorausfahren, wir folgen ihnen im Taxi. Dann werden wir ein Geschäft abwickeln, in einem Haus. Sie warten im Taxi draußen. Wenn ich rauskomme, fahren wir entweder zum Hotel zurück oder zum Bahnhof. Falls ich nach einer Viertelstunde nicht wieder auftauche, rufen Sie die Polizei.«

Der Taxifahrer macht ein missmutiges Gesicht.

»Hier, zur Anzahlung.« Hartmann drückt ihm einen Zwanzig-Euro-Schein in die Hand.

Sie tauschen ihre Visitenkarten aus. Bevor der Fahrer zu seinem Auto geht, verdrückt er sich mit dem Mann vom Hotelempfang in eine Ecke, wo sie mit gedämpfter Stimme, aber heftiger Gestik diskutieren. Hartmann zieht sich in sein Zimmer zurück.

Als er eine Viertelstunde später durchs Fenster schaut, um nachzusehen, ob das Taxi noch da ist, sieht er einen schwarzen Range Rover auf dem Gehsteig, etwa zwanzig

Meter vom Hoteleingang entfernt. Hinter dem Steuer sitzt ein Mann.

Hartmann nimmt eine Dusche und erinnert sich an das Zimmer in Taipeh. Bad und Schlafzimmer waren lediglich durch eine große Glasscheibe getrennt. Damit die fernsehverrückten Taiwaner auch während des Badens freie Sicht auf den Bildschirm haben, hatte er gemeint. Aber Li klärte ihn auf, es gehe darum, dass man der Frau beim Duschen zusehen könne. Später sprach Hartmann mit einem Taiwaner in Zürich darüber.

»Sie war eine Romantikerin«, sagte dieser. »In Wirklichkeit sind die Scheiben dazu da, dass ein Pärchen, das es im Badezimmer treibt, währenddessen Pornos schauen kann.« Aber die Scheibe war sowieso beschlagen vom Dampf, und in beide Richtungen sah man nur verschwommene Umrisse.

Nach der Dusche tritt Hartmann im hoteleigenen weißen Bademantel erneut ans Fenster und schiebt den Vorhang ein wenig zur Seite. Der Range Rover mit dem Mann, von dem er nur den Hinterkopf sieht, steht immer noch dort. Hartmann notiert sich das Kennzeichen.

Als er damals im Flugzeug saß, das ihn von Taipeh via Hongkong nach Europa zurückspedierte, wollte er gerade sein Handy ausschalten, als eine SMS von Li ankam.

Vielleicht schläfst du, aber ich vermisse dich. I never thought there's a man like U will rich my life. To be with U, I know what's intoxication.

Er musste lachen über das Wort *»intoxication«*. Oft kam es zu Konfusionen während ihrer Gespräche, und dann benutzte sie eine elektronische Übersetzungshilfe, die die Verwirrung noch vergrößerte. Sie meinte wohl so etwas wie »liebeskrank« oder »von Sehnsucht infiziert«.

Und drei Monate später antwortete sie nicht mehr auf seine Nachrichten. Unermüdlich schickte er ihr weiter Mails und SMS – ohne Antwort. Er verstand es nicht, und er konnte sie nicht fragen warum. Monumentale Ratlosigkeit. Er fühlte sich bestürzend allein gelassen. Ihr Zusammensein war so natürlich gewesen, es schien so selbstverständlich, dass es immer so weitergehen würde.

Wie sie damals spätabends in den heißen Felsenquellen badeten und sie ihn nach seiner Blutgruppe fragte, die angeblich Rückschlüsse auf den Charakter erlaube.

»A«, sagte er.

»Wir würden gut zusammenpassen«, meinte sie.

Er fragte sie, ob die Kinder eigentlich die Blutgruppe des Vaters oder der Mutter erbten oder eine eigene hätten. »Es ist komplizierter«, erklärte sie und versuchte auszurechnen, welche Gruppe ihre gemeinsamen Kinder haben könnten. Aber dann ..., so wenig später ... Sie teilte ihm nicht einmal mit, dass sie nichts mehr mitteilen würde. Und nichts mehr teilen würde mit ihm. »*Share*«, dieses Wort, das sie so oft benutzte. Häufig schoss sie mit ihrem Handy ein Foto von dem Ort, wo sie gerade war – ein Park mit blühenden Bäumen, eine schön gestaltete Bar –, und schickte es ihm. *Share with you*, schrieb sie dann dazu. Und nun fühlte *er* sich »intoxikiert«. Kein Übersetzungsfehler. Genau so. Die Inkubationszeit, die Frist, bis die Vergiftung zu wirken begann, betrug ein paar Monate, aber nun war sie da. Ein Süchtiger auf Entzug. Er lebte eigentlich nicht mehr, ohne sie. Wie ein Geist schlich er herum, auch er. Ausgehöhlt. Li Mei – »die schöne Frucht«. Er wäre bereit gewesen,

Chinesisch für sie zu lernen, Taoist zu werden, Karaoke zu singen, einen Kimono zu tragen – was auch immer.

»Deine Puppenaugen«, hatte sie gesagt.

Seine Augen waren braun und schmal. »Chinese« nannten sie ihn manchmal als Kind. Er hatte immer gerne Filme aus China, überhaupt aus dem Fernen Osten geschaut. Er liebte auch die alte Kolonialliteratur à la Somerset Maugham, Graham Greene, Marguerite Duras. Schanghai, Macao, Saigon, Hanoi, Rangun, Bangkok, die verruchten Häfen, Opium, Freudenhäuser, Konkubinen, Schmuggler, Seidenanzüge …

Er schaltet das Radio ein. »A Thousand Kisses Deep« von Leonard Cohen. Mit der seltsamen Zeile: *»You live your life as if it's real.«*

Das lässt ihn an einen anderen Song von Cohen denken, »In My Secret Life«.

Er summt ihn vor sich hin, während er auf die Straße hinunterschaut.

»And I miss you so much
There's no one in sight.
And we're still making love
In my secret life.«

Er holt die 15 000 Euro aus dem Safe und schaut sich im Zimmer nach einem Briefumschlag oder einer kleinen Plastiktüte um. Nichts. Also geht er ins Bad und zieht einen Hygienebeutel aus dem Behälter an der Wand. Darin verstaut er das Bündel Noten und steckt es in seine Schuhe. Beim Anprobieren drückt es ein wenig, aber für eine Stunde sollte es gehen.

Einen Moment denkt er an seine Wohnung in der Schweiz und stellt mit Erschrecken fest, wie fremd sie ihm vorkommt und wie gleichgültig sie ihm ist, obwohl er noch keinen Tag fort ist. Durch die Vorhänge blickt er wieder auf die Straße hinunter; der schwarze Geländewagen steht noch immer dort. In der Mappe mit den Unterlagen des Hotels schaut er unter Notfallnummern nach und programmiert *Polizei – 112* in sein Handy.

Hartmann braucht frische Luft. Kaum hat er das Hotel verlassen und ist einige hundert Meter eine steil abfallende Nebenstraße hinuntergegangen, klingelt sein Telefon. Der Anwalt. Der »Anwalt«.

»Ich wollte mich erkundigen, ob alles nach Plan läuft. Fühlen Sie sich wohl in Valencia?«

»Ja, aber ich werde morgen nicht mit Owebe und dem Chauffeur fahren. Ich nehme ein Taxi und fahre ihnen nach.«

»Machen Sie sich keine Sorgen. Folgen Sie den Instruktionen. Wir sollten keine Außenstehenden involvieren. Das ist eine vertrauliche Angelegenheit, zwischen Ihnen und uns.«

»Ja, aber wir machen es so, wie ich gesagt habe.«

»Ich bin nicht glücklich, Herr Hohensteiner.«

»Darum geht es hier nicht. Wir sprechen über ein Geschäft. Sie treffen Ihre Vorsichtsmaßnahmen, ich die meinen.«

»Hören Sie mal«, und nun wird Dos Santos plötzlich laut, »Sie haben sich von Anfang an nicht an unseren Plan gehalten. Wir hätten Ihnen den Flug und das Hotel gebucht, Sie abgeholt, ein Sightseeing-Programm organisiert, aber Sie haben von Beginn an unsere Abmachungen nicht eingehalten und …«

»Diktate, nicht Abmachungen. Diktate.«

»Sie sind undankbar. Wissen Sie überhaupt, welchen Aufwand wir für Sie betrieben haben? Und Sie, Sie danken es uns mit Misstrauen, Nachspionieren, Vorwürfen. Mit Ihrem irrationalen Verhalten gefährden Sie alles. Christian – wir machen es so wie abgemacht, oder der Deal platzt!«

»Für Sie bin ich nicht Christian. Und alles, was Sie sagen, macht mich bloß noch misstrauischer.«

Dann hängt er auf.

Er hat das Gefühl, verfolgt zu werden, und betritt einen *Comestibles*-Laden, wo er eine kleine Flasche Sherry und ein Säckchen getrocknete Orangen kauft.

Kaum ist er wieder auf die Straße hinausgetreten, klingelt sein Handy erneut.

»Sie haben recht, misstrauisch zu sein«, sagt Dos Santos mit weicher, fast zärtlicher Stimme. »Sie sind intelligent, und da ist es nur normal, Vorsicht walten zu lassen. Ich kenne Owebe. Diese Leute von den Sicherheitsfirmen sind oft etwas rohe Typen, und …«

»Und warum kommen dann morgen nicht Sie?«

»Es tut mir sehr, sehr leid, dass ich Sie nicht persönlich begleiten kann. Geschäfte … Aber meine Patricia, meine Repräsentantin, wird sich um Sie kümmern. Sie ist eine warmherzige, liebenswerte junge Frau …«

»Ich brauche kein warmherziges Fräulein – ich brauche jemanden, der mich notfalls beschützen könnte.«

»Sie wird Sie beschützen. Fahren Sie wie abgemacht mit den anderen, es wird nichts passieren. Rufen Sie mich an, wenn es Probleme gibt. Patricia erwartet Sie morgen früh, Sie freut sich bereits, Sie kennenzulernen. Auf Wiederhören, trinken Sie etwas, gönnen Sie sich einen schönen Abend. Sie machen sich zu viele Sorgen.«

Hartmann biegt um die Ecke und stößt beinahe mit einem Mann in einem langen, schmutzigen Mantel zusammen. Er erschrickt furchtbar, ein Adrenalinstoß, sein Herz stockt, und noch Minuten später rinnt ihm der Schweiß den Körper hinunter.

Nachts träumt er von einem schwarzen VW Käfer, der oben an einem Abhang steht.

Eine schwarze Katze sitzt drin. Er selbst duckt sich unten in der Wiese auf den Boden und beobachtet den Wagen. Li Mei nähert sich dem Auto, ahnungslos. Er schreit: »Erschieß sie, bevor sie dich erschießt!« Im letzten Moment drückt sie ab, der Wagen kippt den Hang hinunter, und Hartmann selbst kann gerade noch knapp zur Seite rollen.

In einer anderen Traumszene fährt er morgens auf der Autobahn. In der Nacht hat es geschneit und noch immer fallen dicke Flocken auf die Straße. Es ist ein schöner, neuer Wagen, den er fährt – der erste seines Lebens. Er nimmt eine Ausfahrt. Zu schnell. Er weiß, dass es riskant ist zu bremsen. Aber er weiß auch, dass es eigentlich keine Rolle mehr spielt: Ob er nun abbremst oder versucht, die Kurve ohne Bremsung zu erwischen, er wird ins Schlingern geraten. Und so ist es auch. Egal was er am Steuer oder mit den Pedalen tut. Der Wagen dreht sich, knallt voll in die Leitplanke. Er hört das Blech knirschen, weiß, dass der teure Wagen futsch ist – und ist unendlich traurig. Wie ein Spaltpilz befällt die Sinnlosigkeit nach und nach und unaufhaltsam alles, was noch Wert oder Bedeutung für ihn hatte.

Hartmann schläft nicht gut. Er taucht in diese deprimierenden Träume ein, dann versucht er, sich zu befreien, aufzutauchen, aber nur, um in seinem wirren, endlosen Schachspiel alle möglichen Züge durchzugehen. »Was mache ich, wenn sie darauf beharren, dass ich zuerst die Gebühren zahle, bevor sie den Safe öffnen? Wie reagiere ich, wenn sie nicht zulassen, dass ich ihnen mit dem Taxi folge? Soll ich die 15 000 Euro mitnehmen oder im Hotel lassen? Oder dem Taxifahrer übergeben?«

Er ist erleichtert, als der Wecker endlich klingelt und er aufstehen und duschen kann. Sorgfältig bindet er sich eine blau-gelbe Krawatte um und zieht dann den schwarzen Flanellanzug an, seinen besten, den er fein säuberlich im Garderobenschrank aufgehängt hat. Desinteressiert bedient er sich am exquisiten Frühstücksbuffet. Es deprimiert ihn, so viel Geld auszugeben, nur für sich selbst.

Pünktlich um neun erscheint der Taxifahrer und um halb zehn Owebe. Dos Santos' Repräsentantin ist ein Witz. Als sie sich auf dem Gehsteig vor dem Hotel begrüßen, bringt sie bloß ein kaum hörbares »*Hola*« über die Lippen.

»Sie spricht nicht so gut Englisch«, sagt Owebe entschuldigend.

Circa achtzehnjährig, Mulattin, nicht besonders hübsch und eingekleidet aus dem Ramschladen, gleicht sie eher einer ausgebeuteten Haushaltshilfe mit ein paar wenigen Schuljahren als der Repräsentantin eines reputierten Anwalts.

»Also, verlieren wir keine Zeit«, sagt Owebe. »Steigen Sie ein!«

»Ich folge Ihnen im Taxi.«

»Das ist nicht so vorgesehen.«

»Vieles war nicht so vorgesehen. Fahren Sie voraus!«

In diesem Moment erinnert sich Hartmann: Nach der Unterzeichnung des Formulars im Café rief Owebe Dos

Santos an. Und sie hatten sich auf Englisch unterhalten. Klar, Dos Santos heißt nicht Dos Santos. Wahrscheinlich eher Barunga oder Siwenga oder Uwubu; sie stecken alle unter einer Decke. Die Nigeria-Connection.

Owebe ist so wütend über Hartmanns Renitenz, dass er zumindest mimisch die Kontrolle verliert und für einen Sekundenbruchteil eine hasserfüllte Fratze zeigt. Sein wahres Gesicht. Er wendet sich sofort ab, als ob er es selbst gemerkt hätte, und geht zum Wagen zurück.

Jetzt oder nie, denkt Hartmann.

»Okay, wir lassen es bleiben«, ruft er. »Übung abgeblasen. Auf Wiedersehen, hat mich gefreut.«

Er dreht sich um und geht zum Hoteleingang zurück. Erleichtert.

Owebe hechtet ihm geradezu nach.

»*Okay, cool down, man*«, sagt er in einem ganz neuen Tonfall. »Kein Grund, nervös zu werden. Wir ziehen es jetzt durch, ganz easy, *right?*«

Der Taxifahrer steht mit sichtlichem Unbehagen etwas abseits unter einem Baum. Owebe bemerkt ihn, geht rasch hinüber und bespricht sich im Flüsterton mit ihm, während er ihm den Arm um den Hals legt.

Dann kommt er zurück und sagt lachend: »*No problem, guys, let's go!*«

Der Taxifahrer winkt Hartmann heran. Er steigt ein, denkt oder hofft bis zuletzt, Owebe würde ihn daran hindern. Das würde ihm die Möglichkeit geben, den ganzen Deal abzusagen und sich einfach davonzumachen. Aber nichts geschieht und sie fahren los.

Sie gelangen in einen grauen, gesichtslosen Vorort mit Garagen, Einkaufszentren, Wohnblocks, der sich irgendwo auf der Welt befinden könnte. Hinter einem Hangar halten sie an. Ein großer, staubiger Platz, still und menschenleer. Nur von Ferne ist das monotone Brausen des Morgenverkehrs zu hören.

Owebe steigt aus dem vorderen Auto aus, der Fahrer ebenfalls. Bloß das Mädchen bleibt drin.

Sie kommen zum Taxi.

»Das ist also Blue Heaven?«, fragt Hartmann.

»Ja, man erwartet uns. Gib mir das Geld!«

»Sicher nicht hier draußen. Gehen wir rein.«

»Es ist besser, wenn ich alleine gehe. Wo ist das Geld?«

Unbedacht und gehorsam greift seine Hand nach unten, zu seinem Schuh. In diesem Moment trifft ein harter Schlag seine Schläfe, er verliert das Bewusstsein. Er kehrt zum schwarzen Käfer und dem schachartigen Labyrinth seines Traums zurück. Will sich nach Taiwan manövrieren, aber es gelingt ihm nicht. Irgendwann kommt er wieder nach Valencia. Spürt, wie er auf dem harten Boden liegt, und will die Augen öffnen. Merkt, dass sie schon offen sind, er aber trotzdem nichts sieht. Hört Stimmen um sich herum. Die junge Frau schluchzt und schreit.

»Du Schlampe, tu nicht so!«, will er ihr zurufen. »Ich weiß genau, dass du eine Komplizin bist!«

Aber er kriegt kein Wort heraus.

Ich bin in der Hölle, denkt er, und ich bin selbst schuld. Ich sah es kommen, ich hätte jederzeit aussteigen können – und tat es nicht.

Er hofft, irgendwo in der Dunkelheit Li Mei zu begegnen. Aber in diesem Moment wird ihm klar, dass sie ihn schon fast vergessen hat. Wahrscheinlich ist sie glücklich mit einem anderen Mann zusammen, vielleicht sogar verheiratet. Vielleicht wäre er gerettet worden, hätte sie jetzt nur einen Moment an ihn gedacht. Stattdessen denkt sie an den morgigen Sitzungstermin, an die Statistik, die sie noch durchgehen muss, ans Abendessen mit ihrer Freundin in der Innenstadt, an die bevorstehenden Ferien auf Turtle Island. Er versucht, die Arme zu heben und sie auf sich aufmerksam zu machen.

»Ich habe etwas für dich«, will er rufen. Aber sie ist zu weit weg und bemerkt ihn nicht. Immerhin habe ich überlebt, denkt er. Wie lange war ich wohl weg? Wo ist der Taxifahrer? Ob das Augenlicht zurückkehrt? Und das Geld – ist es noch in meinem Schuh?

Wenn ich hier rauskomme, fliege ich mit meinem gesamten Ersparten nach Taiwan. Warum habe ich nicht schon früher daran gedacht? Und wenn nicht – wenn ich hier umkomme zwischen diesen Wellblechwänden? Könnte ich die 15 000 doch wenigstens Li hinterlassen – anstatt diesen Idioten …

Plötzlich spürt er eine kühle Berührung an der Kehle. Sie geben mir zu trinken, denkt er. Dann taucht er abermals ab, verliert den Halt. Treibt hinaus, weit fort. Aber nicht nach Hualien zu Li.

DAS KREUZ

Schwierig, so kurzfristig noch ein Zimmer in Berlin zu kriegen. Lediglich ein Doppelbett in einem Hostel ist noch frei. Das hätte Fred gerade noch gefehlt: Mit Mirko im Ehebett. Doch schließlich stößt Mirko über einen Bekannten auf den Neffen eines Hotelbesitzers, und der Onkel schaufelt ihnen ein Zimmer frei. Bei der Ankunft stellt sich allerdings heraus, dass es kein richtiges Hotel ist. Es heißt Dietrich-Bonhoeffer-Haus und ist eher eine Art protestantisches Tagungszentrum. *Unser Haus ist ein NICHTRAUCHERHOTEL* sticht Fred beim Einchecken ins Auge.

Das *Berghain*. Das letzte Mal musste Mirko zwei Stunden anstehen. Also beschließen sie, schon um fünf vor zwölf da zu sein. Es ist noch geschlossen, aber bereits hat sich eine Schlange gebildet. Zum Glück haben sie etwas Ecstasy geschmissen, das Warten fällt ihnen leicht.

Der Türsteher des *Berghain* sieht aus wie ein Höllenhund. Lippen und Augenbrauen gepierct, Tätowierungen quer übers Gesicht wie ein wilder Malaie aus einem Abenteuerbuch und ein Körper kompakt wie ein Panzerschrank. Die Besucher werden gründlich gefilzt, aber nicht nach Drogen, sondern nach Fotoapparaten. Es könnte ja jemand beim Sniffen oder Fixen geknipst werden. Hier sind die Aufseher auf der Seite der Illegalität.

Das Gebäude ist ein gigantisches ehemaliges Stromwerk. Eine Halle hoch wie eine Kathedrale, rohe Betonwände, alles wummert und vibriert wie in einem Bergwerkstollen. Eisentreppen führen in den obersten Bereich. Durch die Stufen sieht man hinunter, schwindelerregend tief.

Mirko und Fred verlustieren sich in der *Panorama-Bar*. Eine muskulöse She-DJ legt ebenso muskulösen Sound auf. An der Seitenwand des Raumes hängt das Foto einer riesigen Möse. Einer, der mit Mirko und Fred reingekommen ist und schon am Eingang total verladen wirkte, sitzt nun seit seiner Ankunft mit offenem Mund und glasigen Augen vor dem Bild und staunt und staunt.

Mirko kann etwas Koks auftreiben. Es gibt eine Behindertentoilette, wohin sich die beiden gleich mal verdrücken. Erst versuchen sie es auf der glatten Oberfläche des Chromstahlrads mit den Klopapierrollen. Aber die liegt so tief, dass sie zum Sniffen neben der WC-Schüssel halb in die Knie gehen müssen, und das ist läppisch. Dann entdecken sie das Glas vor dem Spiegel über dem Waschbecken.

Eigentlich steht Fred nicht auf Koks. Es verdirbt ihm die Stimmung eher. Auch heute ist er vom Ecstasy angenehm aufgekratzt, aber nach der Linie ist seine Fröhlichkeit wie eingefroren. Er wird distanziert und schweigsam. Da gibt es nur die Flucht nach vorn. Noch eine Linie. Koks ist das Gegenteil von Nahrung: Je mehr man zu sich nimmt, umso hungriger wird man. Um die Koks-Kälte abzumildern, nehmen sie zum Dessert noch etwas Ecstasy.

Vorsichtig steigt Fred die Eisentreppe wieder hinunter zum Haupt-Dancefloor und taucht in die Menge. Aber der Sound ist brutal laut, die Bässe gehen durch Mark und Bein, er braucht – was ihm bisher noch nie passiert ist – Ohrenstöpsel. Die Vorstellung jedoch, sie in dieser Menschenmenge irgendwo zu besorgen, überfordert ihn. Er hat die Orientierung verloren, lustvoll verloren. Netterweise steht Mirko eine Viertelstunde später mit gelben Ohrenstöpseln neben ihm. Unglaublich. Telepathie. Vielleicht hat Fred ihm auch etwas gesagt. Er kann nicht mehr auseinanderhalten, was er bloß gedacht und was er gesagt hat. Natürlich sehen die Stöpsel peinlich aus. Aber es ist lustig. Der Sound dringt nur von fern durch die Ohren, wie beim Tauchen.

Sie machen eine Rauchpause. Unter Wasser schwimmen sie zum Rauchersalon, aber weil der so voll ist, setzen sie sich mit der Zigarette davor. Sofort kommt ein Aufseher angerannt und ermahnt sie, Rauchen sei bloß im Raucherraum gestattet. Bisschen absurd angesichts der wesentlich härteren Drogen, die allerorts konsumiert werden, findet Fred.

Weil sie nichts spüren vom Ecstasy, oder es zumindest meinen, genehmigen sie sich noch eine halbe. Dann schleppen ein paar Frauen die Ledersessel aus der Lounge ins Pissoir. Jetzt sitzen sie dort gemütlich in der Ecke, rauchen, trinken und schauen den Jungs zu, wie sie in den Blechtrog pinkeln.

Die düsteren Zwischengänge nebenan sind gesäumt von Betonkabäuschen, die aussehen wie Schlafkojen. Manche pennen dort drin, andere haben sich zu zweit hineingequetscht und knutschen herum. Zu viel mehr reicht der Platz nicht. Wie diese Billighotels, wo man in Röhren reingeschoben wird. Na gut, es soll ja klitzekleine Schwarze Löcher geben, warum also nicht auch Mini-Darkrooms?

Mirko hat Fred sein T-Shirt mit dem fluoreszierenden Kaninchen ausgeliehen. Ein voller Erfolg. Alle fragen ihn, ob es von Hanson sei. Fred kennt Hanson nicht, wahrscheinlich so ein Star-Designer. Manchmal sagt er »Ja«, manchmal auch »Nein, von Mirko«.

Sie gehen auf eine weitere Zigarette in den Raucherraum. Als sie durch die schmutzige Scheibe blicken, sind sie erstaunt. Eben erst sind sie angekommen, und jetzt ist es draußen schon taghell. Hoher Norden, Mitternachtssonne? Auf der gegenüberliegenden Mauer steht: *How long is now?*

Weiterreise. »*Bar 25*«, schlägt Mirko vor, ist sich aber nicht sicher, ob man sie reinlässt. »Undurchsichtige Türpolitik«, murmelt er. Unterwegs ruft eine Italienerin Fred euphorisch zu: »*Coniglio! Coniglio! Molto amabile!*«

Am Eingang der *Bar 25* torkelt gerade eine andere verrückte Truppe aus dem *Berghain* rein. »Gehören die zu euch?«, fragt sie die Türsteherin, auf Fred und Mirko weisend. »Sicher«, sagt einer aus der Gruppe mit einem Nylonstrumpf auf dem Kopf, und sie sind drin.

Die *Bar 25* sieht aus wie ein alter Zirkus, eine Bretterbudensiedlung, auch ein bisschen wie ein Wildwestkaff, mit einem Saloon, wo der trockene Wind die Flügeltüren auf- und zustößt. Die bunt bemalten Holzverschläge liegen gleich an der Spree. Vaudeville, Gaukler, fauler Zauber, Rummelplatz, Zigeunersiedlung, Artistenwagen. Fehlen bloß die ausgerissenen Giraffen und Orang-Utans.

Jemand fragt Fred: »Haste mal 'ne Fluppe?« Klar doch; es ist derselbe, der gesagt hat, dass sie zu ihnen gehören, inzwischen ohne Nylonstrumpf. Sie stehen um die Feuerstelle herum, alles erscheint Fred unglaublich romantisch.

»So stelle ich mir das Paradies vor«, sagt er zu Mirko.

Er bestellt Prosecco, der hier mit Eiswürfeln serviert wird. Jedes Mal, wenn Fred das Glas irgendwo hinstellt und dann für den zweiten Schluck danach greift, ist es verschwunden. Er bestellt ein neues Glas, es geschieht wieder dasselbe. Schließlich schnappt er sich das Glas einer Frau in der Nähe, nimmt einen Schluck, stellt es hin, aber als er wieder danach greift, ist es ebenfalls weg. Vielleicht ein kleines Schwarzes Loch, das ihm nachläuft. Oder es vergehen zwischen dem ersten und dem zweiten Schluck Stunden. So etwas ist ihm schon einmal passiert. Auf einer Party in Zürich. Er ging mit einer Frau zur Theke, und während er überlegte, was er trinken sollte, war es plötzlich nicht mehr acht, sondern elf Uhr. Seltsamerweise war auch die Frau weg.

Wo ist er stehen geblieben? Ach ja, vor der Toilette. Da beugt sich also eine gewisse Juliane über eine Blondine und versucht ihr etwas zu erklären. Hilfsbereit, wie Fred ist, reicht er ihr ein paar Wörter, die ihr vielleicht fehlen (er hat ja genug davon).

»Auf was bist du?«, fragt sie ihn. Sie spüre da so eine gewisse ähnliche Wellenlänge.

»Ich bin Fred.«

Sie selbst ist auf LSD, »aber am Abklingen«, sagt sie. Da ist er sich allerdings nicht so sicher.

Er schwimmt zurück zur Theke. Hubert oder wie er heißt, der Sozialarbeit studiert und den sie schon im *Berghain* kennen- und schätzen gelernt haben, bietet ihnen eine Linie an. Kokain neutralisiert Ecstasy, denkt Fred. Eine sinnlose Kombination. Aber man will ja nicht unhöflich sein.

Er setzt sich wieder ans Feuer. Woher kommt nur all der Rauch, denkt er.

»Kein Feuer ohne Rauch«, sagt der mit der Fluppe postwendend, eine Aussage von taoistischer Tiefe, findet Fred, hustend.

Plötzlich kommt er wieder in Schuss und geht in die Blockhütte am Wasser tanzen, wo er erneut auf Hubert, den Sozialarbeiter, trifft.

»Was war das eigentlich für eine Linie?«, fragt er ihn.

»Speed mit MDMA.«

Gerade am Vortag hat Fred Mirko erzählt, dass die Kampfpiloten unter Hitler Speed schluckten für ihre Angriffsflüge. Wieder so ein rätselhafter Zusammenhang.

Draußen rauscht eine Frau im Hochzeitskleid vorbei. Es ist allerdings schon ziemlich zerschlissen und die Schärpe zieht durch den Dreck. Aber sie trägt es mit Würde, wie eine Märchenprinzessin. In der Hand hält sie ein Plastikschwert. Jedes Mal, wenn sie damit jemanden berührt, ist er verzaubert.

Dann schwebt wieder Juliane vorbei.

»Ich bin zweiundzwanzig«, sagt sie.

»Ich vierundvierzig«, sagt Fred.

Sie können es nicht fassen. Genau das Doppelte! Kann das Zufall sein?

Sie schleppt ihn zu einem alten Fotoautomaten. Für zwei Euro gibt's vier schwarz-weiße Passbilder. Fred wirft die Münzen ein. Die Maschine funktioniert tatsächlich. Sie sehen göttlich aus auf dem Streifen.

»Gibst du mir auch ein Bild?«, fragt Fred.

»Wir gehören zusammen«, sagt Juliane, »wir können die Bilder doch nicht zerschneiden«, und steckt die Fotos in ihre Tasche. Sie hat blonde Haare und unvorstellbar blaue Augen. »Wie ein See«, sagt Fred.

»Ich habe als Kind oft Wanderungen um den Bodensee mit meinen Eltern gemacht.«

»Ah, deshalb«, antwortet er.

Wieder diese Koinzidenz, mit dem Bodensee und ihm als Schweizer … Unglaublich.

»Trägst du blaue Linsen?«, fragt er.

»Nein, die Farbe ist echt. Hattest du auch mal Linsen?«

Ja, und wann kam er davon ab? Als er das letzte Mal in Berlin war. Kurz vor dem Fall der Mauer. Sie gingen ins Kino, Nachtvorstellung. Er schlief ein, und als er erwachte, kriegte er die Augen fast nicht mehr auf. Das waren so Linsen, mit denen man nicht schlafen durfte. Alles verklebt. Und bis er sie herausgeklaubt hatte! Er riss beinahe die ganze Netzhaut ab. Nachher trug er nur noch Brille. Aber das kann er Juliane jetzt nicht alles erklären, das ginge über ihre Kräfte.

»Jetzt musst du mal ruhig sein«, sagt sie und klaubt ihr Handy hervor. »Ich rufe meinen Ex an … Liebst du mich noch?«, fragt sie ihn (den Ex).

Sie reden von *Insomnia*. Schlaflosigkeit, Sehnsucht, Verlangen, weiße Nächte … Und von *KitKat*. Katzenfutter, Schokoriegel … Und vom *Culture House*. Britisches Kulturzentrum …

»Warum fragst du deinen Ex, ob er dich noch liebt?«, will Fred von ihr wissen, nachdem sie ihr Telefon zugeklappt hat. »Liebst *du* ihn immer noch?«

»Nein«, sagt sie. »Ich habe mich vor einem halben Jahr von ihm getrennt. Aber ich möchte, dass er mich immer noch liebt.«

Sie setzen sich – wobei es nicht einfach ist, das Gleichgewicht zu halten – auf die Schaukel und schaukeln lange unter der großen Linde. Vielleicht ist es auch eine Eiche. Dann machen sie es sich am Flussufer bequem.

Hinter ihnen sitzt eine Frau mit einem monumentalen Arsch. Sie betrachten ihn andächtig. Erhaben erscheint er ihnen. Nicht von dieser Welt. Juliane fragt die Besitzerin des Wunderhinterns, ob sie ihn berühren darf. Keine Antwort. Juliane und Fred greifen sanft nach einer Backe. Sie reagiert nicht.

»Möglicherweise ist der Nervenstrang vom Hintern bis zum Gehirn zu lang«, sagt Fred. »Lichtjahre. Bis der Impuls dort ankommt, sind wir schon lange nicht mehr da.«

Ein dunkler Typ, halb Jamaikaner, haben sie vorhin mal gehört, drängt sich zwischen Juliane und Fred, buchstäblich.

Eigentlich wollten sie die andere Schaukel, die aufs Wasser hinausgeht, ausprobieren. Aber der Jamaikaner quasselt Juliane nun ohne Pause voll.

»Geh schon mal vor, ich komme nach«, sagt sie zu Fred. Und zum Jamaikaner sagt sie: »Stoß ihn an.«

Fred setzt sich vorsichtig auf die Schaukel, der Jamaikaner stößt ihn an. Um mich ins Wasser zu schubsen, denkt Fred, um mich loszuwerden. Aber so weit geht er dann doch nicht. Braucht er auch nicht. Juliane kommt nämlich nicht mehr. Der Jamaikaner setzt sich wieder zu ihr, und sie erzählt ihm von Drachensteigenlassen und Fallschirmspringen. Den lieben Fred scheint sie glatt vergessen zu haben. Er hört einige Wortfetzen von der Schaukel aus. »Huckepackflug«. Wie schön wär' das mit ihr. Er wäre schon zufrieden, wenn er ihr aus der Nähe zuhören könnte, wenn sie solche Wörter ausspricht. Aber er ist auf diese blöde Schaukel verbannt, der Moment, wo er ihr am nächsten kommt, ist zugleich der tote Punkt, und dann entfernt er sich wieder. Und er getraut sich nicht mehr alleine runter von der Schaukel. Das Risiko, in der Spree zu landen, ist beträchtlich.

Der Jamaikaner trägt ein T-Shirt mit dem Spruch: *Fuck milk, I want pot.* So ist er auch. Zielgerichtet macht er sich an Juliane ran, möchte die Telefonnummern tauschen, fragt sie, ob sie einen Freund hat, wo sie wohnt. Das volle Programm. Sie schaut ihn entgeistert an. Eine Fremdsprache. Es ist faszinierend, was passiert, wenn zwei verschiedene Drogen zusammenkommen. Die Chemie stimmt nicht, wie man so schön sagt. Aber es ist auch schade. Der ganze feine Zauber zwischen uns ist verflogen wegen seiner Holzhammerattacke, denkt Fred. Und nach Rivalisieren ist ihm nicht zumute.

Die andern möchten zurück in die *Panorama-Bar*. Aber Mirko, der seit ihrer Ankunft mit dem Sozialarbeiter über Politik diskutiert hat, muss noch warten, weil er von jemandem Ecstasy kaufen kann, der aber erst seine Freundin anrufen muss.

Plötzlich findet sich Fred auf einem Baumstamm sitzend wieder. Er weiß nicht, wie er hier gelandet ist. Offenbar hat er es unter Aufbietung seiner letzten sensomotorischen Reserven doch noch geschafft, von der Schaukel herunterzukommen.

»Hörst du die Grille zirpen?«, sagt eine junge Frau namens Lisa.

»Sie macht *oui, oui*«, bemerkt Fred. »Offenbar eine Französin.«

Die Bar schließt, sie werden hinauskomplimentiert. Dabei ist er gerade in ein so bereicherndes Gespräch mit Lisa verwickelt, die sich als Psychologiestudentin herausgestellt hat und sich brennend für Freud interessiert.

»In zwei Jahren darfst du bei mir auf der Couch liegen«, sagt sie. »Schon vorgemerkt.«

Sie ärgert sich über ihren zerrissenen Strumpf.

Fred findet, das Loch bringe ihr Knie wunderschön zur Geltung.

Das freut sie.

Sie wollen zurück ins *Berghain*. Mirko sitzt mit seinen Verhandlungspartnern auf dem Rasenstück der Verkehrsinsel und versucht immer noch, Ecstasy zu organisieren. Aber offenbar muss die Freundin seines Gegenübers auch wiederum erst eine Bekannte anrufen, und die ist momentan nicht erreichbar. Als Mirko sich endlich loseist, kommt es zu neuen Verzögerungen. Der Jamaikaner – Juliane nennt ihn jetzt bloß noch Crackie – möchte sie unbedingt abschleppen, und zwar sofort. Er verfällt immer mehr in die Rolle des Gangsta-Rappers. Dummerweise liegt eine Fahrradkette auf der Straße. Er hebt sie auf und wirft sie Leuten nach, die ihm nicht passen, und ruft *»Motherfucker«*. Lisa, die angehende Psychoanalytikerin, kauft Schokoriegel. Crackie schnappt sich einen, nimmt einen Biss, wirft den Rest verächtlich über die Schulter und sagt »Scheiße«. Dann lehnt er sich an einen Pfosten, lässt seinen Schlüsselbund kreisen und sagt: »Ich warte, Baby.« Das perfekte B-Movie.

»Komm jetzt endlich«, rufen die anderen, inklusive Fred, Juliane zu. »Gehen wir ins *Berghain*.«

Die ist in der Zwischenzeit jedoch in eine Art Stupor verfallen und bewegt sich keinen Zentimeter mehr. Schließlich steigt sie in ein Taxi und fährt nach Hause. Nicht mal eins der Fotos hat sie Fred gelassen.

Crackie, das Arschloch, schlurft davon.

Am Ende schleppen sich nur noch Mirko und Fred in Richtung *Berghain*. Aber dann tänzeln ihnen plötzlich Lisa und ihre Freundin, die den Grillen zugehört haben, aus einer Nebenstraße entgegen.

»Kommt ihr auch mit auf eine Bootsfahrt?«, rufen sie fröhlich. Fred wäre sofort dabei, aber Mirko will nicht.

Freds Stimmung ist im Keller. Eine Stunde lang irren sie in der stechenden Sonne durch ein leeres Hochhausviertel und finden das *Berghain* nicht mehr.

Okay, das war's dann wohl, sie fahren zurück ins Dietrich-Bonhoeffer-Haus. Das Frühstück haben sie natürlich verpasst.

Im Lift lesen sie das Wort zum Tag. *Herr, erquicke mich durch dein Wort.*

»Quickie«, sagt Mirko.

»Jedem seine Droge«, sagt Fred.

Sie hängen das *Bitte nicht stören*-Schild an die Klinke, aber trotzdem trommelt wenig später das Zimmermädchen an die Tür, schreit »Reinemachen!«, trampelt herein und tut ganz erschreckt, als sie die beiden Männer sieht. Als sie endlich wieder halbwegs eingepennt sind, brüllt ein Mann durch die Tür: »Minibar-Kontrolle!«

Fred kommt mit Entzugssymptomen zu sich. Aber es sind nicht die Drogen – es ist Juliane. Er realisiert schnell, dass er keine Telefonnummer, keine Adresse, keine E-Mail, nichts von ihr hat. Er rekapituliert alles, was in der *Bar*

25 abgegangen ist – aber findet nicht den kleinsten Anhaltspunkt, um sie wiederzusehen.

Am Vortag hat Mirko an einem Kiosk das Stadtmagazin *Zitty* gekauft. Es muss immer noch neben der Toilette liegen. Fred steht auf – es ist, als ob ihm das Gehirn in den Bauch rutschen würde, und einen Moment ist er kurz davor, sich zu übergeben. Im Bad geht er mit aufrechtem Oberkörper in die Knie und fischt das Magazin zwischen WC-Schüssel und Duschkabine hervor, ohne den Kopf zu bewegen. Er füllt einen Zahnputzbecher mit Wasser, schleicht damit vorsichtig zum Bett zurück, stellt ihn in Zeitlupe aufs Nachttischchen und löst eine Alka-Seltzer darin auf. Währenddessen versucht er, sich das heutige Datum zu vergegenwärtigen, schaut dann im *Zitty* unter *Partys* nach – und entdeckt zu seinem Schrecken, dass die *Bar 25* erst wieder in drei Tagen geöffnet hat. Vielleicht wird sie dann dort sein. Aber in den Jahren dazwischen?

Er schaut sich die anderen Locations an. Die Namen sagen ihm nichts. Außer *Kitkat*, aber woher? Er blättert nach hinten, schaut nach unter der Rubrik *Harte Welle*. Prostituierte, Schwulenclubs, Fetischpartys. *Insomnia* sagt ihm was, und *Culture Houze* – aber was?

Er trinkt das Alka-Seltzer in einem Zug, legt sich nochmals hin und wartet auf die Wirkung.

Im Halbschlaf hört er, wie Mirko aufsteht.

»*Insomnia*«, sagt Fred fast stimmlos.

»Was?«

»*Insomnia* – sagt dir das was?«

»Nein.«

»Und *KitKat*?«

»Ein legendärer Club – für sexuelle Randgruppen.«

Großartig.

Mirko hat einen Laptop dabei. Fred, immer noch bettlägerig, googelt *Insomnia*. Es ist auch eine Art Club. *Sinnliche Kommunikation auf allen Ebenen unter hedonistischen Freidenkern – Seid libidinös!* steht auf der Homepage. Heute ist *Kinky Gang Bang – Der Club der Nymphomaninnen*, nur auf Anmeldung, ab 14 Uhr.

Jetzt erinnert sich Fred. Es war Juliane. Als sie mit ihrem Ex telefonierte, erwähnte sie *Insomnia* und *KitKat*. Und das *Culture Houze* ist, wie Fred rasch herausgefunden hat, ein SM-Club. Er klappt das Notebook zu. Ein Blick auf die Uhr – es ist 17 Uhr. Der Gangbang ist also schon drei Stunden im Gang. Gangbang ist nicht schlecht, da sind sie sich einig. Aber erst einen Kaffee.

Der Fahrstuhl im Dietrich-Bonhoeffer-Haus kann sprechen. Sobald Mirko die *EG*-Taste drückt, sagt eine warnende Stimme aus dem Lautsprecher: »Abwärts.« Am Ausgang nimmt Fred eine Visitenkarte des Hotels mit, falls er plötzlich vergessen sollte, wo er logiert. Und was steht auf der Rückseite? *Ihr sollt einer mit dem andern reden: »Was antwortet der HERR?« und »Was sagt der HERR?«*.

Man müsste mal den Zusammenhang zwischen Christentum und Sado-Maso analysieren, denkt Fred.

Sie gehen zu Fuß zum *Café Einstein*. Zufällig treffen sie dort auf Ernst, Freds ehemaligen Kollegen bei *Wohnen und Garten*, mitsamt Ehefrau. Er war Redakteur, ist jetzt Lehrer. Sie haben ein paar Tage Ferien von der Familie genommen, wie sie es ausdrücken. Shopping und so. Das Gespräch ist höflich und langweilig. Konversation. Schwierig, wieder Interesse an der normalen Welt aufzubauen.

Fred selbst wurde vor einer Woche entlassen. Nach zwölf Jahren als Korrektor und gelegentlicher Journalist bei *Wohnen und Garten*. Wegen Umstrukturierungen. Und im letzten Herbst machte sich seine Freundin zu einer Open-End-Südamerika-Reise auf. Von Monat zu Monat weniger Mails.

Eigentlich heißt er Frédéric, aber er hasste diesen parfümierten Namen, so wie seine Mutter, die ihn ihm verpasste. Also korrigierte er ihn. Er würde gerne nicht nur seinen Namen, sondern alles Bisherige auslöschen.

»Es ist Zeit!«, ruft Mirko plötzlich. Sie verabschieden sich hastig. Aber eigentlich ist es noch zu früh. Deshalb gehen sie weiße Hemden kaufen bei Muji, besuchen das Holocaust-Mahnmahl und bewegen sich schließlich Richtung *Insomnia*.

Eine gewisse Domenique öffnet die Tür. Der Eintritt kostet 90 Euro – »alles inbegriffen«, wie sie süffisant hinzufügt. Angemeldet oder nicht ist kein Thema. Sie müssen sich in eine Liste eintragen, mit E-Mail-Adresse. Wahrscheinlich, um auf dem Laufenden gehalten zu werden. Fred schaut rasch die Namen durch. Eine Juliane ist nicht dabei. Aber wahrscheinlich trägt sich außer ihm ohnehin niemand mit richtigem Namen ein.

Die Kleider müssen sie an der Garderobe abgeben. Erst möchte Mirko wenigstens seine Hose anbehalten.

»Die andern könnten sich geniert fühlen«, sagt Domenique sanft.

»Kann man rauchen?«, fragen sie. Dann könnten sie sich, so ganz nackt, wenigstens an einer Zigarettenschachtel festhalten.

»Ja«, sagt sie, »aber wenn die Feuerpolizei kommt, müsst ihr sie sofort ausmachen.«

Das *Insomnia* besteht hauptsächlich aus einem ausladenden Raum unter einer hohen Kuppel, ganz in Rot, eine Mischung aus Palais, Tempel und Bordell. An der Wand prangt ein überdimensionales Gemälde, eine Art römisch-indische Orgie – passend umgesetzt, indem sich auch stilistisch alles mischt und kreuzt, denkt Fred. Auf halber Höhe gibt eine lichtlose Galerie Anlass zu allerlei Fragen; aber der Zugang ist durch einen Barhocker vor der Treppe diskret versperrt. »Nur für Pärchen«, wird man Fred später erklären. Überall Liegen, mit einem leicht abwaschbaren Kunststoffbezug. Daneben jeweils ein Schälchen mit Kondomen und Kleenex. Geht man in Richtung Toiletten, kommt man an einem Whirlpool vorbei und einem Separee. Erst beim zweiten Durchgang entdeckt Fred ein dunkles Hinterzimmer mit einem Kreuz und einem – wie sagt man – Bock? Dort wartet ein kleines Buffet darauf, vernascht zu werden, mit Pasta, Gurkensalat und einer undefinierbaren weißen Sauce, die an Sperma erinnert.

Eigentlich dient Freds Rundgang nur der Beantwortung einer einzigen Frage: Ist Juliane hier? Sieht nicht so aus.

Als der Detektivteil beendet ist und er sich wieder in der zentralen Abfertigungshalle befindet, fühlt er sich etwas befangen und verloren. Was nun? Was tun?

Sogar der routinierte Mirko wirkt etwas unsicher. Er hat es sich auf der Lustschaukel bequem gemacht und schaukelt und schaukelt. Fred holt sich einen Teller Gurkensalat, später gibt's sogar Eier mit Kaviar. Dazu trinkt er sich mit zwei, drei Proseccos Mut an.

Auch wenn nicht alle Spielregeln auf Anhieb durchschaubar sind, so viel immerhin wird nach einem ersten Überblick klar: Es treiben sich sechs Frauen herum und etwa doppelt so viele Männer.

Als Zugabe ist da noch der Saubermann. Vielleicht fünfzig. Er ist angezogen, wahrscheinlich, um seinen Sonderstatus zu markieren. In einer Art Kimono. Kaum ist irgendwo eine Nummer zu Ende, entfernt er schwungvoll die Kissen, spritzt alles voll mit seinem Reinigungsmittel und wischt die Liegen ab. Dann wirft er die Kissen in elegantem Bogen wieder an ihren Platz. Er scheint der heimliche Liebling der Frauen zu sein; vielleicht ist er schwul.

Langsam schwingen sich Fred und Mirko – innerlich zumindest – auf den hier herrschenden Rhythmus ein. Der verläuft wellenförmig. Irgendwo beginnen zwei, aneinander rumzumachen, dann kommen andere (meist Männer) hinzu, machen an derselben Frau rum, dann kommt eine Frau hinzu und macht an einem der Männer rum, worauf ihm andere Männer zu Hilfe eilen. Eine Art Domino-Struktur. Irgendwann weiß man vor lauter verkeilten Beinen und Armen nicht mehr, was zu wem gehört. Öffnungen mit Menschen dran bewegen sich schneller und schneller, schließlich entstehen ein paar Geräusche, und die ersten verschwinden nach vollbrachter Tat auf die Toilette. Eine Viertelstunde herrscht Ruhe, dann geht's woanders wieder los. Währenddessen laufen am Bildschirm unter der Decke Pornos, und an die Wand werden psychedelische Muster projiziert.

Das Wichtigste an uns sind unsere Löcher, denkt Fred. Während einer Abschwungphase holt er sich einen weiteren Gurkensalat und Grießbrei mit Kirschen. Warum ist alles, was hier serviert wird, weiß? Sogar die Plastikteller? Zeit für einen weiteren Prosecco.

Inzwischen ist eine Hundert-Kilo-Frau eingetroffen, mit roten Lackstiefeln bis zum Arsch. Sie versohlt gerade einem anderen Dicken, der nur mit einem engen Latexoberteil bekleidet ist, den Hintern. Dann taucht noch einer auf, mit randloser Brille. Die Matrone legt ihm ein Halsband um und gibt ihm einen Tritt in den Unterleib. Er knickt ein und fällt vor ihr auf die Knie.

»So ist's gut, da gehörst du hin«, sagt sie mit Baritonstimme. »Und jetzt leck mir die Füße.«

Den »Siemens-Vorstandsvorsitzenden«, nennt ihn Mirko. Man sieht ihm Geld und Macht an, auch ohne Kleider.

Nach und nach spürt Fred den Prosecco; zur Abwechslung genehmigt er sich einen Energy-Drink.

Eine Frau gefällt ihm, so viel ist nach zwei Stunden klar. Er spricht sie an der Theke an. Angelina stammt aus der Dominikanischen Republik. Seit sechzehn sei sie in Berlin und habe zwei Kinder, erzählt sie mit ihrem charmanten Akzent. Der mit dem Latexoberteil kommt hinzu und murmelt etwas Unverständliches. Dann prustet er heraus: »Das war ›Ich liebe dich‹ auf Gälisch!«

Als er sich wieder davongemacht hat, erzählt Angelina, sie habe umsonst versucht, dem Iren einen zu blasen. Die Frau neben ihr erwähnt einen Franzosen.

»Französisch beherrsche ich nicht«, sagt Angelina, und dann segelt das Hundert-Kilo-Weib vorbei und brüllt: »Du meinst: Die französische *Sprache* beherrsche ich nicht …!«

Fred fragt Angelina, ob sie sich ins Separee zurückziehen sollen, aber sie sagt: »Lieber auf die Insel.«

Ah, Fred versteht: Die Liegen in der Mitte des Raumes. An der Küste stehen Kartons mit Kleenex-Tüchern, Präservativen und diversen Gleitcremen. Die Ölplattform. Die Bohrinsel. Sie lassen sich also auf der Insel nieder, ein paar schauen zu. Gewöhnungsbedürftig. Freds kurzes Zögern wird sogleich ausgenutzt von einem anderen, der in die schmale Lücke springt und sich an Angelina ranmacht. Sie vermittelt geschickt mit ein paar Gesten und Positionsveränderungen, sodass sich beide an ihr zu schaffen machen können und keiner zu kurz kommt. Aber der Typ passt Fred nicht, er hat keine Lust, mit ihm zusammenzuarbeiten. Eifersucht und Schmollen sind hier jedoch fehl am Platz, denn zieht er sich für einen Moment zurück, kommt schon der nächste angesprungen. Ein langer Hagerer, dunkel, vielleicht Araber, übersät mit Tattoos. Dessen Nähe stört Fred nicht. Er spricht Spanisch mit Angelina. Auch gut.

Fred schließt die Augen und versucht sich vorzustellen, er liege mit Juliane an einem einsamen Strand. Mit der bodenseeblauäugigen Juliane.

Aber eine unangenehme Stimme holt ihn schon wieder zurück. Die Hundert-Kilo-Frau spricht mit Angelina über ihn.

»Man kann niemanden zu seinem Glück zwingen.«

Was ist los? Offenbar hat sie sich an ihn rangemacht, was er inmitten all der Extremitäten und halb schlafend gar nicht mitbekommen hat.

»Okay, okay«, sagt sie und spielt die Beleidigte, »vergewaltigt wird hier keiner.«

Fred würde gerne gehen. Juliane ist nicht hier, er verliert bloß seine Zeit. Vielleicht ist sie im *KitKat*. Aber Mirko sagt, er habe seine Möglichkeiten noch nicht ausgeschöpft.

Als Fred ins Separee taumelt, trifft er dort Angelina. Im Dunkeln sitzt sie alleine auf dem Bettrand.

»Was ist los?«, fragt er. »Machst du Pause?«

»Nein, ich verstecke mich. Jemand fotografiert, aber ich möchte auf kein Bild kommen, nicht mal von hinten. Wegen der Kinder, später.«

Auch Fred hat nicht unbedingt Lust, auf dem Titelbild der nächsten *Stern*-Ausgabe zu landen.

»Ich geh mich mal erkundigen«, meint er.

»Aber sag niemandem, dass ich hier bin.«

Er hört sich um. Sie fotografieren für die Homepage. Na ja, die Situation bestätigt mehr oder weniger, was Mirko und er sich auch schon gedacht haben: Die Frauen hier werden bezahlt, deshalb ist der Eintrittspreis auch so hoch. Sie sind eigentlich angestellt, und wahrscheinlich gehört zum Deal, dass sie auf die Fotos draufmüssen.

Er isst einen Teller Spaghetti und macht es sich dann am Strand der Insel bequem, mit Blick auf das muntere Treiben im Landesinnern, neben sich ein Glas Prosecco.

Gegen 21 Uhr spürt endlich auch Mirko einen gewissen Überdruss. Das Ganze wirkt auf einmal mechanisch und sinnlos. Kommt hinzu, dass Fred aus lauter Langeweile und Ungeduld ein paar Gläser zu viel getrunken und ein paar Zigaretten zu viel geraucht hat. Voll und leer. Er sehnt sich nach etwas Stillerem, Zärtlicherem, jenseits all dieser vordergründigen Leiber. Er träumt von Juliane. Wie ein Phantom sieht er sie einmal hinter dem Whirlpool vorbeihuschen. Eine Fata Morgana.

Es reicht, sie gehen.

KitKat war Julianes anderes Stichwort, oder?

Fred und Mirko haben im *Insomnia* einen Flyer gefunden. *Dress-Code*, steht da. *Lack, Leder, Fetisch, SM. Keine Straßenkleidung.* Sie haben keine Lust, sich für tausend Euro ein Outfit zu besorgen.

»Aber vielleicht ist es wie im *Berghain*«, meint Mirko, »wenn wir früh genug da sind, lassen sie uns auch so rein.«

Ein Taxi bringt sie hin. Fred klingelt, eine Frau öffnet. Höflich, wie er ist, hilft ihr Fred, die schwere Tür aufzustemmen. Fehler.

»Hände weg von der Tür!«, ruft sie und sieht dabei aus, als würde sie ihm gleich einen tödlichen Nackenschlag verpassen. Offenbar befürchtet sie, er wolle sich gewaltsam Eintritt verschaffen. Fred und Mirko sind die ersten Gäste. Verächtlich mustert die Frau ihre Kleider.

»Aber alles ausziehen«, sagt sie.

»Hast du nicht früher mal im *Berghain* gearbeitet?«, fragt Mirko.

»Schon möglich.«

Wie bereits im *Insomnia* müssen sie sich in eine Liste eintragen. Offiziell ist das *KitKat* ein Memberclub, nur deshalb ist Rauchen erlaubt. So kann Mirko wenigstens unauffällig seine Marlboro-Schachtel mit den Drogen mitnehmen. Wie schon im *Insomnia* schaut Fred die Gästeliste durch, auf der Suche nach Juliane, so lange und gewissenhaft, bis die Frau knurrt: »Bist du Journalist oder was?«

Er dreht sich um und folgt Mirko. Journalist. Seit zwei Tagen hat Fred kaum mehr daran gedacht, wer oder was er ist. Und auch nicht, was er nicht mehr ist. All das hat sich wunderbar in Luft aufgelöst. Wie schön wäre es, würde dieser Zustand anhalten. Nie mehr in einen Spiegel schauen, keinen Namen, keine ID, keinen CV, keine Koordinaten. Sich selbst vergessen.

Das *KitKat* also. Ein verwinkeltes Labyrinth aus zahlreichen Räumen, Nischen, Winkeln, Galerien und diskreten Rückzugsmöglichkeiten. Auch einen Pool gibt es draußen, Baden ist allerdings verboten. Sie lassen sich in zwei Flugzeugsitze nieder, betrachten die Discokugeln und warten auf den Abflug.

Aber vorderhand geschieht überhaupt nichts, abgesehen vom Drehen der Spiegelkugel.

»Komm«, sagt Mirko, »eine kleine Erfrischung.«

Sie verdrücken sich auf die Toilette und ziehen zwei Linien rein.

Dann zwängen sie sich wieder, so locker es geht, in die Lufthansa-Sessel.

Langsam füllt sich die Bar: Ein Mann in einer Lederhose, die seinen Hintern freilässt. Ein Alter mit Schnauzer trägt ein brustwarzenfreies Latexoberteil. Beliebt sind auch Hundehalsbänder mit Stacheln. Und Hosen, aus denen der Schwanz raushängt. Antikleider, die alles bedecken außer dem, was sonst bedeckt wird.

»Hast du gewusst«, sagt Mirko, »dass es Leute gibt, die einen Hamster in Cola wenden und ihn sich dann in den Arsch stecken?

Fred fühlt sich etwas benommen, sein Gehirn ist möglicherweise eingefroren. Er kapiert überhaupt nichts.

»In Coca-Cola?«, fragt er.

»Cola«, sagt Mirko, ganz langsam, wie zu einem Erstklässler. »Kokain.«

Fred versteht immer noch nicht ganz und blickt ihn wohl recht dämlich an, denn Mirko erklärt im Ton einer Kindergärtnerin: »In Kokain panierter Hamster. Das Kokain wird durch die rektalen Schleimhäute aufgenommen, und zugleich verschaffen einem die Bewegungen des Tiers einen ganz speziellen Flash. Wenn man so was mag, natürlich. Man bindet übrigens eine Schnur an den Schwanz des Hamsters, damit man ihn am Ende herausziehen kann. So wie einen Tampon. Aber meistens ist er dann tot. Verstehst du? *Welcome to reality.*«

Ein Junger fährt im Rollstuhl herum. Er hat verkrüppelte Händchen und einen Schlauch in der Nase. Auf seinem T-Shirt steht hinten *Beate Uhse TV* und vorne *Lust pur*. Er spricht systematisch alle Frauen an. Die junge, die sich nicht allzu weit von Fred postiert hat, fragt er, ob er sie anmalen darf. Sie möchte lieber nicht.

»Warum nicht?«, jammert er. »Jetzt bin ich traurig.«

Eine Zweite, die er angeht, antwortet: »Sorry, aber ich hab's nicht so mit Männern. Ich stehe mehr auf Frauen.«

Ein älterer Mann geht an Krücken herum, im Schneckentempo. Die ganze Szenerie hat etwas von Beckett, *Das letzte Band* oder *Endspiel*. Der Ire aus dem *Insomnia* hätte gut reingepasst. Aber sicher gibt es hier welche, die auf Sex mit Behinderten stehen.

Ein bebrillter Mittfünfziger mit einer gewaltigen Wampe über dem Rüschenrock und weißer Spitzenhaube auf dem Kopf walzt heran. Sein Begleiter ist bloß mit einem Schlips bekleidet. Eine Frau, eingezwängt in einen Ganzkörpernetzstrumpf, führt einen Mann an einer Leine herein, sein Kopf ist unter einer schwarzen Ledermaske versteckt. Lediglich die Mundöffnung lässt sich mit einem

Reißverschluss öffnen, was sie ihm für die Dauer eines Biers gestattet. Nachher wird auch der Mund verschlossen und die Hände hinter dem Rücken kommen wieder in die Handschellen. Bis zur Morgendämmerung sitzt er brav neben ihr. Wenn sie tanzen geht, bindet sie ihn an einer Säule fest. Zwei Frauen stolzieren in fluoreszierenden Plastikcapes herein, mit hochgestellten Krägen. Die Auftritte erinnern Fred an den Weltraumbahnhof in *Star Wars*, wo die verschiedenartigsten Bewohner von fernen Planeten zusammenkommen.

In den Ecken stehen Stahlrohrbetten. Manchmal treiben es welche dort, manchmal wird einer angekettet und ein bisschen gefoltert.

Auch Gynäkologenstühle stehen herum. »Hast du bemerkt«, sagt Fred zu Mirko, »dass es immer Männer sind, die sich reinsetzen und untersucht werden wollen?«

Aber Mirko ist jetzt auf dem *Untouchables*-Trip und tut, als höre er nichts.

Am Eingang der Bar sitzt ein Dicker, der mit seinem unbehaarten rosa Fettwanst wie ein Schweinchen aussieht, die ganze Nacht in einen Metallstuhl gezwängt und wichst und wichst und wichst.

Während Fred tanzt – Mirko hat er aus den Augen verloren –, hört er, wie die Frau im Ganzkörpernetzstrumpf zu ihrem Partner sagt: »Jetzt brauch' ich mal was zum Ficken.«

Wenig später sieht er sie auf einer der Liegen beim Swimmingpool, wo sie ihre Beine wie eine Boa Constrictor um den Hals eines tätowierten Muskelmanns schlingt.

Juliane hat Fred noch nicht gesichtet. Auch keine, die ihr im Entferntesten gleicht. Alles sieht so offen und freizügig aus, aber er fühlt sich isoliert wie in einer Glaskugel.

Es kommt ihm vor, als sei er für die anderen unsichtbar geworden. Da bemerkt er Mirko an der Bar und geht zu ihm herüber.

»Alles klar?«, fragt Mirko, ohne den Kopf zu wenden, und bestellt zwei Wodka, indem er auf die entsprechende Flasche zeigt und das Victory-Zeichen macht. Dann schiebt er Fred ein Glas zu, immer noch, ohne ihn anzusehen.

»Schon gefickt?«

Fred gibt keine Antwort.

»Schnupf dir noch etwas Mut zu.« Mirko macht eine minimale Kopfbewegung Richtung Toiletten.

Nach zwei Linien fühlt sich Fred noch steifer als zuvor. Durchaus cool, aber unfähig zur kleinsten Konversation. Eingekapselt, eingeschweißt. Vakuumisiert.

Er geht zur Bar zurück und bestellt noch einen Wodka – ohne Eiswürfel, er ist selber einer –, um sich wieder etwas zu verflüssigen. Mirko steht in einer dunklen Ecke und verhandelt mit einer Gruppe Männer. Dann kommt er zu Fred herüber.

»Wir könnten noch was kaufen. Bist du dabei?«

Fred zieht drei Hundert-Euro-Scheine heraus und reicht sie ihm, ohne richtig hinzuschauen. Sie verziehen sich mit den Typen in die geräumige Behindertentoilette und probieren den Stoff aus. Er wirkt schneller und brutaler als der bisherige. Fred ist sich nicht sicher, ob es wirklich bloß Koks ist, aber er fragt nicht nach. Die Typen sehen so grobschlächtig und aggressiv aus mit ihren Tattoos, ihren Muskeln, all dem Leder und den Nieten. Wer weiß, was sie ihm als Antwort servieren würden. Es ist Fred schon unangenehm genug, mit ihnen eingesperrt zu sein in diesem Würfel aus weißen Kacheln und Chromstahl.

Als sie wieder draußen sind, kurvt Fred lange kreuz und quer durch die verschiedenen Räume, lässt sich treiben im Fluss aus Musik und Licht. Irgendwann entdeckt er eine blau beleuchtete Treppe, die in ein Untergeschoss führt. Aber er wird angehalten. »Nur für Pärchen.«

»Ich kann schon mit dir kommen«, sagt eine Frauenstimme neben ihm.

Fred dreht den Kopf, glaubt einen Moment, es sei Juliane. Ist sie natürlich nicht. Ach, Juliane verfolgt ihn. Aber leider nur in seiner verdammten Einbildung. Die Frau, die vor ihm steht, ist ihm nicht sympathisch. Etwa fünfzig, Kettenhemd, Hundehalsband, von Tattoos und Piercings übersät, dummer, unterwürfiger Blick. Die geborene Verliererin, die nach ein wenig Zuneigung lechzt. Er geht mit ihr hinunter, ohne ein Wort.

Das Verlies. Ein Käfig mit Stroh, Joch, Kreuz. Ketten, Reitgerten. Dazwischen stehen nackte Leute herum und nippen an ihren Gläsern.

»Du kannst mit mir machen, was du willst«, sagt sie mit weinerlicher Stimme.

»Ich möchte nichts mit dir machen.«

Die denkbar größte Strafe, denkt Fred. Findet sie sicher geil. Ohne sie noch eines Blickes zu würdigen, geht er wieder hoch.

Auf dem Main-Dancefloor läuft permanent ein Film auf der großen Leinwand, aber erstaunlicherweise kein Porno, sondern Ballett; an der Wand hängen psychedelische Sexfantasien, und ein Drache an der Wand speit periodisch Feuer.

Gegen vier. Erschöpft und mit klopfendem Herzen lässt sich Fred in ein Sofa in der weißen Chill-out-Lounge fallen. In immer kürzeren Abständen hat er sich seit Stunden in die Toiletten verdrückt, um seinem einsamen Vergnügen zu frönen. Er fühlt sich wie der Koloss von Rhodos. Monumental, aber zerstört.

»Ich möchte heim zu Juliane«, hört er sich sagen. Seine jammernde Stimme klingt wie die der Frau, die ihn ins Untergeschoss begleitet hat und ihm nachher immer wieder »zufällig« über den Weg gelaufen ist. Er fühlt sich verloren ..., träumt von einem Haus..., die sonnenbeschienenen, rauen Mauern von Efeuranken überwachsen ..., dahinter ein Garten, ein Dschungel aus Blumen. Vielleicht Eden. Hier möchte er mit Juliane die Ewigkeit verbringen ...

Freds Kopf sinkt kraftlos zur Seite, seine Augen fallen zu. Jemand legt ihn aufs Sofa.

Er öffnet die Augen ... Zwei Frauen kommen herein. Die eine sitzt im Rollstuhl. Ein großer, männlich wirkender Kopf auf einem dünnen Körper. Mit Handschellen in rosa Plüsch ist sie an ihre Partnerin gekettet. Das Problem: Mit ihrem Rollstuhl kann sie nicht bis zur Bar fahren, es ist zu eng. Also möchte sie hier warten, während ihre Begleiterin Drinks holen geht. Dazu muss sie sie aber erst losmachen. Nervös sucht sie in den Tiefen ihrer Handtasche nach dem Handschellenschlüssel. Dazu keifen sie sich pausenlos an. Entnervt sagt sie: »Ich brauche eine Zigarette.« Aber die findet sie auch nicht. Schließlich fragt sie Fred nach einer. »Ich geb' sie dir nachher zurück.«

Keine Ahnung, wo sich seine Zigaretten befinden. Und wenn er es noch wüsste – nicht den leisesten Schimmer, wie er seine Hand dorthin dirigieren könnte.

»Sorry«, lallt er.

Fred muss hier raus. Sonst kommt er nie mehr zu sich. Aber aufstehen kann er nicht. Also lässt er sich vom Sofa auf den Boden rollen, von dort schafft er es halbwegs auf die Knie, und dann tappt er auf allen vieren aus der Lounge. Niemand schenkt ihm besondere Beachtung, aber ein Riesenmann steht ihm mit seinen Militärstiefeln auf die Finger. Vielleicht denkt er, dass Fred darauf abfährt. Der kurze, scharfe Schmerz holt ihn immerhin so weit in die Realität zurück, dass er es hinkriegt aufzustehen und zu Fuß zum Dancefloor zurückzuschleichen. Dort ist inzwischen der Teufel los. Ein Hexenkessel.

Ein schweißtreibender Song mit peitschenden Gitarrenriffs und einem endlos repetierten:

»*Take your eyes off*
Take your brain off
Take your head off …«

Am Rand der Tanzfläche wurde eine Plattform mit Tabledance-Stange errichtet. Zwei züchtig aussehende Frauen, Typ Sekretärin und Mittelschullehrerin, tanzen im Kreis um die Stange wie um einen Phallus-Fetisch. Aber dann kommt's: Der Dicke mit dem Häubchen bittet die beiden Frauen demütig, ihn anzupissen. Erst zieren sie sich, doch nach weiterem untertänigem Bitten gewähren sie ihm die Gunst.

»Stell dein Wasser woanders hin!«, ruft jemand Fred zu.

Er blickt sich um. Mirko. Ihm ist, als hätte er ihn Jahre nicht gesehen. Er erinnert sich, dass er eine Flasche am Rand der Plattform abgestellt hat. Er versucht, sie auf den Boden zu stellen, aber greift jedes Mal daneben. Schließlich gibt er es auf.

Um fünf gehen sie. Das heißt, sie wollen gehen, aber Fred hat seine Nummer für die Garderobe verloren. Nach endlosem Fummeln und Tasten nach nicht vorhandenen

Taschen – in den Körperöffnungen wird sie ja wohl nicht stecken, oder? – und respektlosen Kommentaren der ungeduldigen Gäste in der Warteschlange – »Ein Debiler«, »Alzheimer!«, »Thai-Pillen?« – ist es so weit. Er hat die Nummer die ganze Zeit in der Hand gehabt.

Trotz seiner Verwirrtheit kann sich Fred an den dritten Namen erinnern, den Juliane erwähnte: *Culture Houze*. Sie nehmen ein Taxi nach Kreuzberg. Der SM-Club liegt gleich neben dem türkischen Kulturzentrum. Nichts angeschrieben, nur zwei Kerzen an der Tür. Eine pummelige Blondine in einem Kleid, das aussieht wie eine rote Strickleiter, öffnet, fragt vorsichtshalber, ob sie wüssten, dass heute »Adam & Eve im Lustgarten« sei. Klar, Fred ist schließlich ein Recherchier-Profi. *Hetero, Gay, Bi-Lounge* stand auf dem entsprechenden Flyer, der im *KitKat* auflag. Und: *Erotic & fetish outfit or naked*. Die Pummelige schlägt vor, Fred und Mirko sollen ihre 0815-Kleider einfach an der Garderobe deponieren. Immerhin findet Fred noch einen Stringtanga in seiner Hosentasche. Er kann sich nicht erinnern, wann er ihn eingesteckt hat. Steht ihm ausgezeichnet, findet Mirko.

Im Keller versucht sich ein Pärchen an einer Lustschaukel, doch es will nicht recht klappen. Kicher, kicher, dann lassen sie es bleiben. Zwei Schwule liegen in einer dunklen Bärenhöhle. Was sie genau treiben, sieht man nicht, aber es ist still wie in einem nächtlichen Kinderschlafzimmer. Oben lädt ein Raucherraum mit Gynäkologenstuhl zur Entspannung. Dort sitzt ein faltiger Rentner mit Ledershorts drin und pafft eine Zigarre. Juliane ist nicht da, das ist rasch geklärt.

»Ich glaube, wir haben uns eine kleine Erfrischung verdient«, sagt Mirko und trottet Richtung Toilette.

Als Fred wieder zu sich kommt, sitzt er mit heruntergelassenem String auf der WC-Schüssel. Mirko ist weg. Eingeschlafen?, fragt er sich. Weggetreten? Bewusstlos geworden? Er hat den Eindruck, es seien Stunden vergangen, seit er mit Mirko hier hereinkam, aber vielleicht täuscht er sich.

»Was ist los?«, fragt Fred, als er an der Theke draußen auf Mirko trifft.

»Du hast gesagt: Ich muss mal, und da hab' ich mich diskret zurückgezogen, wie es so meine Art ist.«

»Wie lange war ich da drin?«

»So zwei, drei Wochen, würd' ich sagen.«

Erst jetzt bemerkt Fred die Frau hinter der Theke. Eine etwa fünfundvierzigjährige rundliche Asiatin in einer weißroten Latexschürze.

»Darf ich vorstellen?«, sagt Mirko. »Tokio.«

»Angenehm«, sagt Fred. *»Zurich.«*

»Tokio ist Japanerin«, sagt Mirko, »und sie *heißt* Tokio.«

»Super. Ich bin Schweizer und heiße *Zurich*. Zufälle gibt's.«

»Du heißt nicht *Zurich*.«

»Natürlich heiße ich nicht *Zurich*. Sie heißt nicht Tokio, du heißt nicht Mirko, Juliane heißt nicht Juliane. Wir sind alle jemand anders. Aber mein *nom de guerre* ...«

Tokio unterbricht ihn mit einem lauten Lachen und ruft: »In einer Viertelstunde beginnt *Tokio Decadence*!«

Mirko schiebt Fred auf der Theke einen Flyer des *Culture Houze* herüber. Da steht jetzt nicht mehr *Adam & Eve im Lustgarten* wie eben noch, sondern *Tokio Decadence Hardcore*. Vielleicht ist tatsächlich ein Tag vergangen, während er auf dem Klo saß, oder das Programm ändert immer um sechs Uhr morgens. Oder vielleicht haben sie gerade eine Datumsgrenze überflogen. Ja, Fred kann den Jetlag deutlich spüren.

Wenn alles von vorne losgeht, besteht auch eine Chance, dass Juliane nun da ist.

Er macht nochmal eine Runde durch die Gemächer. Aus den Lautsprechern wummert und stöhnt Enigma:

»*I feel danger, I feel obsession …*
I hear a voice who says:
I love you … I'll kill you …
Loneliness, I feel loneliness in my room …
Love and hate are one in all
Sacrifice turns to revenge
But I'll love you forever.«

Juliane ist nicht auffindbar. Vielleicht ist sie hier, aber auf jeden Fall für Fred nicht sichtbar. Nur auf Mirko stößt er wieder, im Raucher-Hinterzimmer.

»Sag mal«, fragt Fred, der sich immer noch Sorgen macht wegen des Black-outs auf dem Klo, »meinst du, wir kommen langsam an eine kritische Grenze?«

»Kritische Grenze?«

»Mit dem Koks, meine ich.«

»Versteh' nicht, was du meinst.«

»Mir ist was in den Sinn gekommen. Was Beunruhigendes. Freund von mir. Hat mir mal von einem Kollegen erzählt. Senegalese, arbeitete in derselben Firma. Ließ sich beim Aufenthalt zu Hause überreden, Kokain in Schweiz zu schmuggeln.«

»Das kommt vor. Aber sag mal, warum redest du plötzlich selber wie ein Immigrant?«

»Warte. Seit ich aus der Toilette raus bin, geht mir das durch den Kopf. Also: Der Senegalese schluckt die Plastikbeutel und kommt unbehelligt in Zürich an. Normalerweise muss man dann ein Abführmittel schlucken, um die Dinger auszuscheiden. Vielleicht nicht richtig instruiert worden, vielleicht Anweisungen nicht ernst genommen. Auf jeden Fall: Die Schmuggelware bleibt im Magen, wo sich das Plastik nach und nach zersetzt. Er leidet unter entsetzlichen Bauchschmerzen, aber will aus Angst, erwischt zu werden, keinen Arzt aufsuchen. Seine Schweizer Frau ahnungslos, ebenso natürlich sein achtjähriger Sohn. Nach ein paar Tagen findet ihn die Familie nachts in seinem Bett, wie er deliriert. Er ist, monströs, ganz weiß und teigig geworden. Nicht mehr ansprechbar. Schließlich läuft er Amok. Rennt unaufhörlich, schreiend und mit voller Kraft mit dem Kopf gegen die Wand seines Schlafzimmers. Es war, sagt seine Frau später, als ob er aus seinem Körper springen wollte. Als der Arzt eintrifft, kann er nur noch seinen Tod feststellen.«

»Das ist grauenhaft.«

»Nicht wahr?«

»Aber ich denke nicht, dass du schon so viel intus hast.«

»Ich hol' zwei Bier«, sagt Fred und schlurft zur Theke zurück.

»Sag mal«, fragt er Tokio, »kennst du Juliane?«

»Eine Frau, nehme ich an?«

»Blond, blaue Augen, Anfang zwanzig.«

»Sub, Dom?«

»Submarin, irgendwie.«

»Sagt mir so auf Anhieb nix. Hast du sie mal hier gesehen?«

»Ne, aber ich glaube, sie verkehrt auch hier.«

»Sie verkehrt hier?«

»Ja.«

»Und du möchtest wissen, mit wem?«

»Äh ...«

»Oder du möchtest selber mit ihr verkehren ...?«

»Also ...«

»Oder bist du eher der romantische Typ? Du möchtest mit ihr zusammen alt werden?«

»Irgendwie ...«

»Oder zusammen sterben?«

»Also ... Äh ... Du kennst sie also nicht?«

»Sicher nicht so wie du.«

»Ich ..., ich wollte ..., ich wollte nur ... zwei Bier, bitte.«

Vorsichtig tastet sich Fred mit den beiden Flaschen durchs Halbdunkel in die Smoking-Lounge mit dem Gyno-Stuhl und Mirko. Ein junges Paar sitzt auf dem Operationstisch. Der Mann, mit Bart, nennt sich Steve, stammt aus Osnabrück und redet schauerlich englisch.

»Wegen Janet«, sagt er, »damit sie sich nicht ausgeschlossen fühlt.«

Janet sieht älter aus als Steve, ist aber erst achtzehn. Sie ist ziemlich umfangreich und stammt aus Boston. »Bisher habe ich dominant gelebt«, sagt sie, was seltsam klingt aus dem Mund einer Achtzehnjährigen. »Aber nun bin ich Steves Sklavin.«

Eigentlich wirkt Janet viel souveräner und stärker als Steve, die Rollenverteilung erstaunt Fred.

Als er wenig später zur Bar geht, um sich einen Prosecco zu holen, herrscht dort Weihnachtsstimmung. Tokio hat einem der Kunden ein Geschenk überreicht, schön verpackt.

Eine elektrische Fliegenklatsche, so eine Art Tennisracket, in dessen Bespannung die Fliege verbrutzelt. Klar, dass das Gerät zweckentfremdet werden soll.

»Am besten funktioniert es in der Badewanne«, säuselt Tokio. »Ich liebe ihn«, fügt sie hinzu, zu Fred gewandt. »Aber ich habe ihm gesagt: Du bist weder der Erste noch der Letzte.«

Fred hört sie wie durch eine Wattewand. Sieht, wie sich ihr Mund öffnet und schließt. Wie in einem synchronisierten Film passen Lippenbewegungen und Worte nicht recht zueinander.

Ein nackter Jüngling folgt ihr auf Schritt und Tritt. Wird Starli gerufen. Unaufhörlich schickt sie ihn für Erledigungen hierhin und dorthin.

»Er ist meine Assistentin«, sagt sie zu Fred und lacht. Als sie so unerwartet den Mund aufreißt, erschrickt Fred. Die Finsternis in ihrem Rachen.

Die meiste Zeit hat Starli seinen Schwanz in der Hand und masturbiert. Einmal greift er nach Tokios Busen, während sie die Gläser ausspült. Sie haut ihm auf die Finger und sagt streng: »Lass das jetzt, du störst«, worauf er sich wieder dem Wichsen widmet.

Zeit für Tokios Spezialankündigung: »Wir gehen nun ins Hinterzimmer, wo wir ein bisschen spielen werden. Ich habe schon eine Idee.«

Es ist wie auf einem Kindergeburtstag.

Tokio erklärt die Spielregeln: »Ich beginne. Ich schlage vor, was zwei miteinander anstellen sollen. Ist einer der beiden nicht einverstanden, darf er seinerseits vorschlagen, was man mit mir machen soll. Dieses Mal darf ich nicht ablehnen.«

Als Erstes bittet sie Steve, drei Minuten lang Janets Hintern zu massieren. Die beiden sind einverstanden, stellen sich in die Mitte, und los geht's.

Dann wünscht Steve, dass Mirko die Brüste von Janet bearbeitet, eine Aufgabe, der dieser gewissenhaft nachkommt.

Fred verliert den Überblick, wer sich von wem was wünscht. Schließlich steht er selbst in der Mitte. Tokio hat ihn zu zwei mal zehn Rutenschlägen auf den Hintern verurteilt. Seltsame Geburtstagsparty. Es ist nicht so schlimm wie befürchtet, sie hält sich zurück. Das Problem ist bloß: Fred hätte laut mitzählen sollen, was er vergessen hat. Sie sind schon bei sechs, als er von vorn beginnen muss. Kaum hat er die Behandlung hinter sich, ist er schon wieder dran, er versteht auch nicht warum. Vielleicht haben sie die Spielregeln geändert. Vielleicht vergeht die Zeit besonders schnell in diesem seltsamen Club. Er wird gefesselt. Sie sind plötzlich aus einer dunklen Ecke aufgetaucht. Ein Lesbenpaar, die eine mit langen Rastalocken, die andere mit braunem Bürstenhaarschnitt. Die soll ihn nun »immobilisieren«. Sagt Tokio. Es gibt zwei Arten von Bondage, erklärt man Fred. Die eine: schmerzhaft. Der oder die Gefesselte wird nachher aufgehängt. Die zweite: eher kunstvoll, die Verschnürung nicht richtig straff. Die wird bei Fred angewendet. Sehr rücksichtsvoll. Tokio zaubert ein grünes Seil aus ihrem Arztköfferchen, ihrem Anti-Arztköfferchen, ihrem Schmerzköfferchen. Es dauert lange. Die Lesbe offenbar noch in Ausbildung, nicht alles klappt auf Anhieb. Fred fühlt sich am Ende wie ein verschnürtes Päckchen, bereit zum Verschifftwerden. Die Umstehenden gucken ihn fachmännisch von allen Seiten an. Dort ist ein

Knoten etwas zu weit links, bemängelt einer, da fehlt eine Verbindung. Die Symmetrie lässt noch etwas zu wünschen übrig. Schließlich werden die Knoten gelöst, obwohl einige finden, man könnte ihn noch etwas so stehen lassen.

Jetzt muss Fred wieder einen Vorschlag machen. Sagt, Janet soll vor Steve knien, und er solle sie traktieren, wie er will, aber bloß mit Worten. Steve sagt Nein, was Fred erstaunt. Pech gehabt. Jetzt hat Steve das Recht zu befehlen, was man mit Fred anstellen soll, ohne Widerrede. Steve gibt den Ball zurück: Fred solle mit Janet machen, was er eben von Steve verlangt hat. Aber Fred hat keine Lust zu reden. Überhaupt: Er steht schon eine Ewigkeit in der Mitte. Will nicht wieder mal ein anderer zum Zuge kommen? Fred weigert sich also – was verboten ist. Tokio wird sauer.

Was passiert jetzt?, fragt er sich. Werde ich gevierteilt, gegrillt, gehängt?

Die Strafe fällt mild aus. Jeder soll ihm mit der flachen Hand auf den Arsch hauen. Nehme ich in Kauf, denkt er. Wenn ich mich nachher bloß mal setzen, in Ruhe eine rauchen und etwas nachlegen kann.

Er bekommt nicht recht mit, was sie mit ihm anstellen. Irgendwann ist Mirko dran. Wird dazu verknurrt, Frank, einem Literaturwissenschaftler, den Hintern zu versohlen. Man hat Mirko schon enthusiastischer gesehen. Er geht so zaghaft vor, dass Frank ausruft: »Schlagen, nicht abstauben!«

Frank würde gerne was mit Mirko anfangen. Als das Spiel langsam zerfasert, legt er ihm hinterrücks eine Binde über die Augen und will ihn auspeitschen. Mirko versucht abzulenken, verwickelt ihn in ein Gespräch über zeitgenössische amerikanische Literatur und ist froh, als ihn Steve in den Darkroom ruft. Janet erwartet sie dort in der Liebesschaukel. Aber offenbar ist die Zeit noch nicht reif. Sie hat Lust auf eine Zigarette. Also gehen sie wieder hoch in die Raucherlounge, wo sich die andern gegenseitig fesseln. Fred, der noch drei Linien reingezogen hat, taumelt hinterher und redet mit sich selbst. Als Janet sich ihre Zigarette angezündet hat, wird sie von Starli betatscht.

»Du musst Steve um Erlaubnis fragen, ob du mich berühren darfst.«

»Du kannst dich doch selber fragen«, maunzt Starli und will sich an der Bar bei Tokio einen Drink holen.

»Du hast genug getrunken«, sagt diese und stellt ihm ein Glas Wasser hin. »Trink das!«

Er murrt, sie wiederholt: »Du trinkst das jetzt sofort.«

Maulend gehorcht er.

Fred findet sich benommen im Keller wieder. Eine Achterbahn. Mal ist er plötzlich oben, mal unten, mal in der Toilette und weiß gar nicht, wie er da hingekommen ist. Ein ruckartiger Film.

Irgendwas lief in der Liebesschaukel, im Verlies, und dann ist Steve auf einmal gefesselt, nur ein Arm ist frei. Er befiehlt Janet, vor Mirko hinzuknien und ihm einen zu blasen, wobei er sie hart schlägt.

Unterdessen stößt Frank den nun rosa bemalten Starli in einen Käfig rein, und die Bürstenschnitt-Lesbe malträtiert einen Gefesselten von hinten. Im Dunkeln sieht Fred nicht genau, was sie mit ihm macht. Stoßweise Bewegungen ihres Armes, Stöhnen und erschrecktes Schreien. So vieles läuft gleichzeitig, unmöglich, den Überblick zu behalten. Fred hat Kopfschmerzen, er ist müde und ihm ist kalt. Er holt sein Hemd an der Garderobe und zieht sich auf dem

Rand des Waschbeckens vor dem WC nochmals eine cipollatadicke Linie rein. Macht sich nicht mal mehr die Mühe, in der Toilette zu verschwinden.

Sein Zustand wird nicht besser. Er friert zwar nicht mehr, dafür scheint er plötzlich Fieber zu haben. Die Kopfschmerzen werden unerträglich. Schweißüberströmt und mit pochenden Schläfen wankt er zur Theke.

»Tokio! Espresso mit Aspirin und Alka-Seltzer bitte.«

Kommentarlos stellt sie es ihm hin. Beunruhigt scheint sie nicht. Bloß besorgt über Janet, die dauernd hin- und herhuscht zwischen Keller, Bar und Raucherraum, zwischen Steve, Mirko und Frank.

»Weiß nicht, was sie will«, sagt Tokio im Tonfall einer mitfühlenden Psychotherapeutin.

»Ja, schwierig«, bringt Fred gerade noch heraus. Paradoxien. Es gibt irgendwas Paradoxes zwischen Meister und Sklavin, aber er kriegt den Gedanken nicht auf die Reihe. Immer wieder sackt er ab. Wie ist das ... Als Sklavin will sie, dass sie machen muss, was sie nicht will ...

»He, du Lahmarsch, beweg dich, aber ein bisschen plötzlich!«

Jemand packt Fred hart am Genick. Als er den Kopf drehen will, kriegt er eine Ohrfeige verpasst.

»Auf alle viere mit dir, und nicht hochgucken.«

Ah, die Hardcore-Lesbe. Fred lässt sich auf den Boden fallen.

»Und jetzt vorwärts, hopp!«

Ein durchdringender Peitschenknall auf seinem Hintern. Gehorsam wie ein abgerichtetes Tier setzt er sich in Bewegung.

In der Raucherlounge ruft sie: »Fuß!«

Eine ganze Zeit lang passiert gar nichts. Hat sie ihn vergessen? Da wird er plötzlich von mehreren Händen zugleich hochgerissen. Sie drücken ihn an die Wand, packen seine Handgelenke und Füße. Er wird an ein Andreaskreuz gebunden. Sie zurren die Lederriemen fest und treten einen Schritt zurück, um ihn zu begutachten. Die Rastalady nimmt ihm seine Bruno-Banani-Brille ab.

»Die brauchst du eh nicht mehr.« Dann ruft sie: »Bringt mal eine Schere!«

Sie schneiden seinen Stringtanga auf. Stopfen damit seinen Mund. In die totale Nacktheit entlassen.

Freds Haut juckt wie verrückt, an den Armen, den Beinen, am Rücken. Führt hinter ihm eine Ameisenstraße durch? Aber er kann sich nicht kratzen, nicht mal was sagen. Außer »Mhmhmh«.

Verschwommen öffnet Tokio im Hintergrund ihr Köfferchen. Holt eine Art Messgerät und Kabel heraus. Soll er jetzt auch noch unter Strom gesetzt werden?

»Das machen wir dann nachher«, hört er jemanden sagen, der offenbar seine Gedanken gelesen hat.

Ein Hebel an der Seite wird gelöst, Fred kippt zur Seite. Erschrickt einen Moment, versteht nicht, was passiert, bis er kapiert, dass sich das Kreuz drehen lässt. Wie diese Zielscheiben auf dem Rummelplatz, mit der angebundenen Frau und dem Messerwerfer. Jemand dreht am Rad, dann steht er wieder aufrecht. Eine Tombola? Vielleicht ist er der Preis. Ihm wird übel.

»Aufhören«, möchte er sagen, »ich muss mich übergeben.«

Jemand leuchtet ihm mit einer Taschenlampe, die aussieht wie eine MP, ins Gesicht, dann voll in die Augen.

Was soll der Scheiß, denkt Fred. Und: Wäre Mirko ein Freund, würde er dem Ganzen ein Ende setzen. Aber er sieht ihn nirgends.

Ein brennender Schmerz in der Brust. Haben sie ihm nun die Reizstrom-Folterklammern angehängt? Nein. Das Stechen muss von innen kommen.

»Das Herz«, will er sagen, aber was rauskommt ist nur das ewig gleiche »Mhmhmh.«

Jemand lacht und stellt die Musik lauter. Immer noch Enigma. Oder schon wieder?

Eine Tür geht auf, ein Lichtstrahl fällt auf Freds nackten Körper. Sicher wird ihn jemand losbinden. Eine Blonde kommt auf ihn zu. Juliane? Sie nähert ihren Mund dem seinen. Als sich die Lippen fast berühren, kippt die ganze Szenerie zur Seite.

Er wird auf den Kopf gestellt. Ist das nicht Crackie, den er durch Julianes Beine hindurch im Hintergrund sieht, zwischen den chinesischen roten Lampions? Fluoreszierend. Leuchtet wie das Karnickel auf dem T-Shirt. Plötzlich ergießt sich ein Schwall Säure aus seinem Rachen, läuft ihm brennend in Nasenlöcher und Augen. Reflexartig möchte er sich das Erbrochene aus dem Gesicht wischen, aber seine Hände sind ja festgezurrt. Doch da ist noch was: kein Gefühl mehr in den Händen. Sind sie überhaupt noch da? Haben sie sie ihm amputiert? Eine Fun-Operation? Die Blutzufuhr abgeschnitten ..., sterben langsam ab ...

Es schüttelt ihn, und er muss sich erneut übergeben. Wegen des Strings in seinem Mund kann nichts raus. Er verschluckt sich, muss husten, das ganze Gekotzte gerät wieder in die Nase, er kriegt keine Luft ...

»Er bewegt sich nicht mehr!«, ruft die Rastalady.

»Natürlich nicht, er ist ja gefesselt.« Gelächter.

»Hey, der ist ohnmächtig! Macht das Licht an.«

Jemand dreht einen Schalter, aber es ist nur die verspiegelte Discokugel, die sich zu drehen beginnt.

Die Gurten werden gelöst, Tokio nimmt Fred die vollgekotzte Knebelung aus dem Mund, sie legen ihn auf den kalten Boden.

»Seitwärts«, schreit Starli, »der ist am Ersticken.«

»Er ist bewusstlos!«

»Ruft einen Krankenwagen!«

Draußen in Kreuzberg wäre es bereits hell, und ein lauer Aprilsonntag zöge ins Land.

UNTERTAUCHEN IN VARANASI

Freitag, 7. Januar 2011

Beinahe wäre ich ohne Gepäck und ohne Fotoausrüstung angekommen. Am Flughafen Zürich fragte mich die Frau am Schalter, ob ich meinen Koffer bei der Zwischenlandung in Mumbai brauche oder ob er gleich weiter nach Varanasi spediert werden solle. Ich hatte etwa sieben Stunden Aufenthalt in Mumbai und vorgesehen, in der Nähe des Flughafens ein Hotel zu suchen, aber das Gepäck brauchte ich nicht.

»Also checke ich es wie üblich durch«, sagte sie.

In Mumbai kaufte ich mir im Duty-free-Shop eine Flasche Whisky. Bei der Bezahlung musste ich meine Bordkarte vorweisen.

»Haben Sie Ihr Gepäck abgeholt?«, fragte mich der Verkäufer.

»Geht direkt nach Varanasi.«

»Besser, Sie informieren sich bei der Gepäckausgabe.«

Aber es war Mitternacht, ich war müde vom langen Flug. Keine Lust zurückzugehen und all die Kontrollposten zu passieren.

Ich nahm ein Taxi, fuhr zum Hotel, wo ich mir einen Whisky aus dem Zahnputzbecher genehmigte, und schlief ein.

Zwei Stunden später klingelte mein Handy. Erst dachte ich: Bestimmt jemand aus der Schweiz, der nicht weiß, dass ich weg bin, das wird teuer, und wollte den Anruf nicht entgegennehmen. Aber dann sah ich auf dem Display, dass es sich um eine indische Nummer handelte. Wahrscheinlich verwählt, dachte ich, ging dann aber doch ran. Es war jemand vom Flughafen Mumbai. Auf dem Etikett meines Koffers hatte ich meine Mobilnummer notiert.

»Sie haben Ihr Gepäck nicht abgeholt.«

»Direkt nach Varanasi.«

»Nein, Sie müssen es abholen. Ihr Weiterflug geht nicht von diesem Flughafen, sondern vom *Domestic Airport.*«

»Kann ich meinen Koffer nicht morgen früh holen?«

»Besser nicht, denn dann müsste ich ihn jetzt ins Fundbüro bringen, und das zöge komplizierte Formalitäten für Sie nach sich. Kommen Sie in die Wartehalle am Gate 2.«

Also stand ich auf, zog mich an, weckte den Nachtwächter und fuhr per Taxi zurück.

Doch bei der Wartehalle wurde mir der Zutritt verweigert. Der Wachmann schickte mich in den dritten Stock, aber dort gab's nur kahle Betonwände, ausrangierte Tische im Flur und geschlossene Büros. Ich wollte mit dem Lift ins Erdgeschoss zurückfahren, landete jedoch im Keller, wo mich ein Polizist mit umgehängtem Gewehr so barsch fragte, was ich hier zu suchen hätte, dass ich befürchtete, er würde mich als CIA-Spion ins Gefängnis werfen. Nachdem ich ihm mein Problem erklärt hatte, schickte er mich in den dritten Stock von Eingang 4. Dort stand ich aber vor dem geschlossenen Personalrestaurant. Ich suchte auf dem Handy die Nummer des Flughafenangestellten, der mich angerufen hatte, und erklärte ihm, ich befände mich bei der

Kantine. Er musste lachen und schickte mich zum *Security Entrance*. Dort wartete tatsächlich ein Uniformierter und händigte mir meinen Koffer aus. Alles war noch drin, auch meine Kameras. Ich war erleichtert. Ohne Handynummer auf dem Etikett und ohne Anruf hätte ich das Gepäck möglicherweise nie mehr gesehen oder nochmals von Varanasi nach Mumbai zurückreisen müssen, um es abzuholen.

Inzwischen war es fünf Uhr, ich fuhr ins Hotel zurück. Ich wäre besser von Anfang an im Flughafen geblieben, dann hätte ich mir den Stress und das teure Hotel sparen und stattdessen in Ruhe etwas essen und ein Buch lesen können.

Kurze Zeit später schon fuhr ich zum *Domestic Airport*. Die beiden Flughafen sind lediglich etwa eine Viertelstunde voneinander entfernt; aber offenbar, ließ ich mir später erklären, weigern sich die Betreiber, Gepäck von einem Flughafen zum anderen zu transportieren. Das hatte die Dame in Zürich nicht gewusst.

Varanasi, Nordindien. Wer in Varanasi stirbt und am Ganges verbrannt wird, geht direkt ins Nirwana ein, sagen die Hindus. Eine heilige Stadt, das Jerusalem Indiens. Aber während sich die Christen seit Jahrhunderten den Kopf zerbrechen, ob es nach dem Tod weitergehe und wie, tun die Hindus alles, um das Rad der Wiedergeburten zum Stehen zu bringen, endlich wirklich und endgültig zu sterben, in die Ruhe des ewigen Nichts einzugehen.

Varanasi – oder Benares, wie es auch genannt wird –, das ist vor allem das westliche Ufer des Ganges. Hier liegen die berühmten Ghats, die weiten Treppen, die zum heiligen Wasser hinunterführen, Ziel der langen Pilgerfahrten, wo sich die Gläubigen von ihren Sünden reinwaschen, wo sie baden, trinken, opfern, beten und sich schließlich einäschern lassen. Eine bunte Kette von unzähligen Gebäuden zieht sich den Fluss entlang und verschwindet schließlich im Dunst. Endlose Stufen, Tempel, Paläste mit imposanten Fassaden, rissigen Mauern, verwaschenen Farben, Kuppeln, windschiefen Türmen, verspielten Balkonen, Säulen, Erkern, vergitterten Fenstern. Am trüben, fast stillstehenden Wasser die rosa, lila und himmelblauen Ruderboote, Feuer, Leichen, bärtige, nackte Sadhus, spindeldürre Pilger, bettelnde Witwen, orange gewandete Priester, zum Trocknen ausgelegte Wäsche, rote Fahnen, Papierdrachen, Ringelblumengirlanden, Weihrauchkessel, badende Frauen in Saris, kricketspielende Jugendliche, Kühe, Opferschreine, Götteraltäre, für Ganesh mit dem Elefantenkopf, Hanuman in Affengestalt, den blauen Krishna, die schwarze, todbringende Kali mit herausgestreckter Zunge oder für Shiva, in Form eines *lingam*, eines Phallus. Das alles auf engstem Raum zusammengedrängt am Westufer.

Auf der gegenüberliegenden, östlichen Seite ist das Ufer leer, kahl, grau, unbewohnt. Diese undefinierbare Mondlandschaft ist das Jenseits, das Niemandsland, die unheilige Seite. »Keiner riskiert es, dort drüben zu leben und vielleicht zu sterben«, erklärte mir ein Einheimischer, »wenn er hier die Chance hat, direkt ins Nirwana einzugehen.«

Außer einer, und zwar ausgerechnet der Maharadscha, der König der Stadt, der dort in seinem Palast residiert. *In the middle of nowhere.* Ansonsten sind die Einzigen, die manchmal nachts hinübersetzen, die Trinker. Weil es auf der »heiligen« Seite keinen Alkohol gibt, kaufen sie ihren Schnaps im Außenviertel Cantonment, überqueren den

Fluss, saufen dort am leeren Strand, lassen die Flaschen liegen und kehren zurück. Offenbar ist das unheilige Ufer scherbenübersät.

Hier die bewohnte, humane Welt, Geschichte, Religion, Kultur, Zivilisation, Bedeutung und Sinn. Dort die unbekannte, raue, rohe Welt, inhuman, sinnlos. Das nackte Reale.

Montag, 10. Januar

Heute war ich im Kedara-Tempel, einem der wichtigsten Heiligtümer Varanasis. Allein die Entscheidung, sich dorthin zu begeben, heißt es, tilge alle Sünden, die sich seit der Geburt angehäuft haben. Hat man sein Haus dann tatsächlich verlassen, sind bereits die Untaten von zwei Leben neutralisiert. Hat man den halben Weg zurückgelegt, von dreien. Der Anblick des Tempels annulliert die schlechten Spuren von sieben Lebenszeiten. Das Opfern im Tempel und anschließende Bad im Ganges löscht die Sünden von zehn Millionen Leben. (Die 1,2 Milliarden Inder haben eine Vorliebe für astronomisch hohe Zahlen. Man spricht von 330 Millionen Göttern im Hinduismus. Einer davon, Krishna, hatte 16 108 Ehefrauen).

Kein Wunder, dass unzählige Gläubige aus ganz Indien hierherpilgern, vor allem, wenn sie spüren, dass ihre letzte Stunde näher rückt.

Mitten in der Altstadt mit ihrem Gewirr aus Gassen, durch die sich trotz der Enge unzählige Rikschas, Fahr- und Motorräder sowie Fußgänger zwängen, liegt das

Krankenhaus Kashi Labh Mukti Bhavan. Schwerkranke schleppen sich mit letzter Kraft durch den Eingang; nicht, um geheilt zu werden, sondern um in Varanasi zu sterben. Die Angestellten nehmen keine Blutproben, sie singen unaufhörlich »*Hare Krishna! Hare Rama!*«, und als einzige Medikamente gibt es Blätter des heiligen Tulsi-Busches und Ganges-Wasser. An der Mauer beim Eingang stehen die Hausregeln. Die erste lautet: Nur Todgeweihte, die daran glauben, dass ein Tod in Varanasi sie erlösen wird, dürfen hierherkommen. Kranke, die durch Medizin wieder gesund werden wollen, sollen in ein konventionelles Krankenhaus gehen. Man darf sich höchstens vierzehn Tage hier aufhalten. Wer nach Ablauf dieser Frist immer noch lebt, soll sich an den Direktor wenden.

Mittwoch, 12. Januar

Bei den Verbrennungsstätten. Flammen in der Sonne.

Wir Europäer denken beim Tod an Dunkelheit und Einsamkeit. Das mag damit zusammenhängen, dass wir die Verstorbenen einsargen und beerdigen. Hier in Varanasi ist der Tod grell und heiß. Und öffentlich.

Hat es jemand geschafft, tatsächlich in der heiligen Stadt zu sterben, wird er in Tücher eingewickelt, auf einer Bambusbahre zum Ganges hinuntergetragen und ins Wasser getunkt. Man schmückt ihn mit Blumengirlanden und besprengt ihn mit teurem Sandelholzöl – Ehren, die im übrigen Indien nur Götterbildern zuteilwerden. Dann wird der Scheiterhaufen aufgerichtet und der Tote daraufgelegt. Sicherheitshalber schichtet man nochmals ein paar Holzstücke auf den Leichnam, um ihn zu beschweren. Nur der Kopf guckt aus den Tüchern.

Der älteste Sohn des Verstorbenen holt ein brennendes Reisigbündel vom »ewigen Feuer«, das am Manikarnika-Ghat angeblich seit Jahrtausenden ununterbrochen gehütet wird. Im Gegenuhrzeigersinn – die Zeit spielt keine Rolle mehr – umwandelt er den Scheiterhaufen und zündet ihn an.

Leute schauen zu, auch Kinder, wie der Tote langsam verbrutzelt. Wie das Gesicht dunkel wird und die Haut aufplatzt. Es herrscht keine andächtige Stimmung. Zwischen den Feuern spielen die Jungen Fangen, Federball oder lassen Drachen steigen, Pilger baden im Fluss, einer pisst an die Mauer, ein Sadhu raucht sein Chillum. Hunde kopulieren, ein Affe schreit in einem Baumwipfel, eine Kuh trottet vorbei und kackt auf die Treppe. Die Luft ist raucherfüllt, aber es riecht weder nach Verwesung noch nach verbranntem Fleisch. Schließlich schlägt der Sohn dem Halbverbrannten den Schädel ein. Damit der Geist entweichen kann. Wahrscheinlich auch, damit das Gehirn gut verbrennt und keine Rückstände übrig bleiben, die später verfaulen und stinken. Dann wird ein Topf voll Ganges-Wasser auf die letzte Glut geleert, und die Hinterbliebenen gehen davon, ohne sich noch einmal umzuwenden.

Kalash, einer der Domra, also jener Angehörigen niedriger Kasten, die für die Verbrennungsstätten zuständig sind, erklärte mir, dass man 360 Kilo Holz pro Person brauche. Die mittellosen Familien mancher Verstorbenen konnten sich manchmal nicht genug Holz leisten. Vielleicht bloß 200 Kilo. Deshalb blieben halb verbrannte Beine oder Arme zurück, die man einfach in den Fluss warf. So konnte es passieren, dass ein Badender plötzlich mit verkohlten Extremitäten zusammenstieß.

»Aber heute«, endete Kalash, »hat die Polizei die unvollständige Verbrennung verboten.«

Beim Manikarnika-Ghat, der großen Verbrennungsstätte, rennen die Inder schon auf mich zu, wenn ich noch weit entfernt bin, und schreien: *»No camera, no pictures!«* Und dann weichen sie keine Sekunde von meiner Seite und schwafeln mich voll, was ich weiter alles nicht dürfe, zum Beispiel in den Tempel. Bloß, um mir sogleich zu erklären, dass sie über eine Spezialbewilligung verfügen und mich hineinschleusen können – gegen Bezahlung. Dasselbe gilt vielleicht auch fürs Fotografieren. Sie schüchtern mich ein, damit die Erlaubnis, doch zwei, drei Aufnahmen machen zu können, umso wertvoller erscheint.

Eigenartigerweise geht am anderen, kleineren Kremations-Ghat, dem Harishchandra-Ghat, alles ganz gelassen vor sich. Man scheint mich als Fremden gar nicht wahrzunehmen. Ich saß da drei Stunden und schaute mir die ganze Prozedur an, vom Herantragen des Toten bis zum Einschlagen des Schädels im Feuer (»hirnverbrannt«, dachte ich); kein Mensch sagte ein Wort. Ich sah auch Leute fotografieren. Das sollte also kein Problem sein.

Donnerstag, 13. Januar

Ich wohne im *Alice Boner House*, benannt nach einer Schweizer Künstlerin und Gelehrten, die hier rund vierzig Jahre lebte, bis sie 1978 als alte Frau in ihre fremd gewordene Heimat zurückkehrte. Immerhin wurde ihre Asche in ihr geliebtes Varanasi zurückgebracht und in den Ganges gestreut.

Als *Artist in Residence* kann ich hier während zweier Monate arbeiten. Eine Inderin kocht dreimal täglich für mich. Und dann ist da noch Umesh, der Hausverwalter, ein weiterer Mann, der sich um Wäsche, Putzen und Handwerksarbeiten kümmert, sowie ein Nachtwächter. Wenn ich heimkomme, klopfe ich mit dem schweren, schmiedeeisernen Ring, und einer der Hausangestellten zieht vom oberen Stockwerk aus die Tür mittels einer Schnur auf, die durch mehrere Löcher in den Mauern geht. Das Haus ist ein schönes, traditionelles Steingebäude, mehr als hundert Jahre alt, mit drei Etagen und einer Dachterrasse. Im Innern ist es immer kalt und dunkel. Die meiste Zeit fällt der Strom aus. Überall hängen Alice Boners Gemälde von Gottheiten und Tänzern. Die Regale sind angefüllt mit Artefakten, Keramiken, Skulpturen und vor allem unzähligen vergilbten, staubigen Büchern. Die Fenster öffnet man nicht wie in Europa, um kühle, frische Luft hereinzulassen, sondern damit die schattigen Zimmer ein bisschen wärmer werden.

Alice Boner hat hohe Auszeichnungen in Indien erhalten, unter Professoren und Autoritäten gilt sie als Kapazität. Aber die einfachen Leute zeigen keinerlei Reaktion, wenn ich erkläre, dass ich in ihrem ehemaligen Haus wohne. Der Inhaber eines Seidenladens fragte mich, ob ich nicht in ein *guesthouse* umziehen wolle. Scheinbar genießt Alice Boner unter den Nachbarn einen zwiespältigen Ruf. Sie galt als distanziert und unfreundlich. Und überhaupt: Was trieb eine unverheiratete Frau, ohne Kinder, allein in dem großen Haus? War sie eine Hexe, praktizierte sie schwarze Magie? Manchmal sah man sie monatelang nicht. Sie war verschwunden oder unsichtbar geworden. Die Leute wussten nicht, dass sie ausgedehnte Forschungsreisen unternahm; ihre anspruchsvollen Publikationen zu hinduistischer Kunst waren nur Spezialisten bekannt. Auch dass sie angeblich eine Liaison mit dem berühmten Tänzer Uday Shankar, Bruder des Sitarvirtuosen Ravi Shankar, unterhielt, machte sie eher noch suspekter. Es heißt, das Haus werde von Gespenstern heimgesucht. Eine Künstlerin, die vor ein paar Jahren hier logierte, hielt es nach wenigen Tagen nicht mehr aus. Wenn sie nachts allein war – abgesehen vom Nachtwächter in seinem Zimmerchen beim Eingang –, spürte sie die Gegenwart von jemandem, den sie weder sah noch hörte. Mister Pathy, der Direktor des Hauses, erzählte mir, dass ihm eines Nachts Alice Boner im Traum erschienen sei. Sie führte ihn ins Erdgeschoss, wo sie eine geheime Falltür öffnete, die in einen weiteren Raum in einem Keller führte. Dort hingen drei unbekannte Meisterwerke, die so genial waren, dass sie den Betrachter fast wahnsinnig machten.

Ich selbst bin den Gespenstern bis jetzt nicht begegnet. Aber das Haus empfinde ich gelegentlich auch als ungastlich, ja unheimlich. Ein totes Museum. Kürzlich ging mir ein Filmtitel durch den Kopf – »*Alice doesn't live here anymore* …«.

Im Arbeitsraum, wo ich diesen Text schreibe, steht ein Totenschädel auf dem Bücherregal. Erst gestern, als ich ihn in die Hand nahm, stellte ich fest, dass er nicht echt, sondern modelliert ist. Gegenüber hängt ein großformatiges Bild von Alice Boner. Es zeigt eine schwarze, barbusige, wild gestikulierende Frau, die ihre Zunge herausstreckt und auf einem weißen, nackt am Boden liegenden Mann herumtanzt. Um ihren Hals hängt eine Girlande aus Totenköpfen. Rund um ihr Opfer lodern Flammen, in der Hand hält sie eine Schale mit einer roten Flüssigkeit; Blut, nehme ich an. Mit der anderen Hand schwingt sie ein Schwert, und ihr Lendenschurz besteht aus abgehackten Armen. Aus ihrem Ohr ragt ein lebloser Oberkörper.

Samstag, 15. Januar

Neben dem *Alice Boner House* liegt der *Harmony Bookshop*, wo ich auf dem Nachhauseweg meist hineinschaue und mit dem Besitzer Sharad plaudere. Gestern stieß ich auf den Bildband *End Time City* von Michael Ackerman. Umwerfend. Ich war tagelang entmutigt und blickte meine Kamera nicht mal an. Hervorstechende Charakteristika von Varanasi sind Überfülle und Überwältigung. Wie soll man das auf einem Foto festhalten? Man müsste alles zugleich zeigen können, in einem einzigen Panorama. In einer tausendfach belichteten Aufnahme, die einen stündigen Film kondensiert, in einer Synchronizität, die den Betrachter umhaut. Aber selbst dann würden die Geräusche fehlen, die Gerüche, der Rauch, Staub und Dunst. Ackerman ging den umgekehrten Weg. Er ließ die Farben und die ganze sinnliche Opulenz weg. Reduzierte, abstrahierte Schwarz-Weiß-Aufnahmen. Das ist jedoch nicht mein Naturell, nicht mein Weg. Was aber ist mein Weg?

Sonntag, 16. Januar

»*The holy city, the city of holes*« wird Varanasi genannt. Mister Pathy hat mir dieses Wortspiel geschenkt. Es spielt, erklärt er, auf die Schlaglöcher in den Straßen an, aber auch auf die tieferen Abgründe der Stadt. Vier Gefahren, so der Direktor, werden von alters her mit Varanasi in Verbindung gebracht: Die Sannyasins (die heiligen, und manchmal auch nicht so heiligen, Männer), die ebenso heiligen, aber auch unberechenbaren Kühe, die steilen, glitschigen, abgenutzten Treppenstufen der Ghats und die Huren. Diese letzte Gefahr hat mich erstaunt. Varanasi mag verrückt sein, erotisch ist es definitiv nicht. Die Frauen hier sind vielleicht schön, doch von offensiver Verführung keine Spur. Scharfes Essen, sicher, aber eine scharfe Inderin? Ein Oxymoron. Nach ein paar Tagen könnte man glatt vergessen, dass so was wie Sex überhaupt existiert. »Wenn sich eine Stadt so religiös und heilig gibt, kann das Gegenteil nicht weit sein«, sagt der weise Mister Pathy. Ein amerikanischer Sozialarbeiter informierte mich, es gebe tatsächlich einen Rotlichtbezirk. Ich fragte ihn, wo er sich befinde. Das konnte oder wollte er mir nicht genau erklären, obwohl er offenbar dort gewesen war. »Wenn du durchgehst«, sagte er, »würdest du nie darauf kommen, was abgeht. Alles unsichtbar, versteckt.«

Aber gemäß Mister Pathy hat die Prostitution hier eine jahrhundertelange Tradition. Die züchtige Seite, behauptet er, sei erst mit den viktorianischen Briten ins Indien des Kamasutra gekommen.

Dienstag, 18. Januar

Das Treiben in den Tempeln hat nichts mit Andacht und Kontemplation zu tun. Heute Morgen habe ich den goldenen Kashi-Vishwanath-Tempel besucht, das wichtigste Heiligtum in Varanasi. Man gelangt nur durch enge Gassen hin, die überquellen vor Pilgern. Ich stand lange in einer unendlichen Schlange, die sich nur schneckengleich bewegte, als mir ein Ladenbesitzer bedeutete, ich müsse zum Gate 2, auf der anderen Seite des Tempels. Ein Umstehender profitierte blitzschnell von der Situation, erklärte mir, ich dürfe kein Handy und keinen Fotoapparat mitnehmen, müsse meinen Pass deponieren und bräuchte, als Nicht-Hindu, zwingend einen Führer und Begleiter. Ihn, mit anderen Worten. Das Viertel war schwer bewacht von unzähligen Polizisten in schusssicheren Westen. Sogar auf den Dächern standen sie, Gewehr im Anschlag. Das Problem: Gleich neben dem Shiva-Tempel befindet sich eine große Moschee. Ähnlich wie auf dem Tempelberg in Jerusalem. Warum müssen die ihre Gotteshäuser immer gleich nebeneinander hinstellen? Als ob die Städte nicht groß genug wären. Die Situation ist besonders angespannt, weil vor zwei Wochen am Dashashwamedh-Ghat eine Bombe hochging, mitten in der abendlichen Opferzeremonie mit Musik, Blumen und Priestern, die tänzerisch Lampen über dem schwarzen Fluss schwenken.

Ich wurde mit einem Detektor und von Hand abgetastet und ging rasch durch das Gate, obwohl mein enttäuschter »Führer« hinter mir herrief, das sei nicht der richtige Eingang. Als ich den eigentlichen Tempelbezirk betreten wollte, fragte mich die uniformierte Wächterin, ob ich Hindu sei.

Ich hätte einfach Ja sagen sollen, aber ich sagte Nein. Sie wirkte enttäuscht, ich glaube, sie wollte mich gerne hereinlassen.

»Ich bin Christ«, fügte ich hinzu.

»Dann ist es okay«, sagte sie.

Meine Schuhe musste ich ausziehen. Der Boden war nass und schmutzig. Auch ein Körbchen mit Opfergaben musste ich kaufen: eine winzige Tonschale mit einer weißlichen Flüssigkeit, eine orange Blumengirlande, grüne Blätter und ein Säckchen mit weißen Bonbons. Ein weiterer Uniformierter notierte meine Personalien in ein Schulheft. Wahrscheinlich, damit man im Falle eines Anschlags die Namen der Opfer und eventuellen Täter hätte.

Kaum war ich drin, wurde ich mit der Menschenmenge fortgeschwemmt. Ein reißender Strom, der mich Richtung Altar warf. Gerade als ich meine Blumen niederlegen wollte, stieß mich jemand von hinten an, und mein Trankopfer wurde verschüttet. Es wäre für den *lingam* bestimmt gewesen. Eine erneute Welle, und ich wurde schon wieder aus dem Tempel gespuckt, bevor ich mich auch nur eine Sekunde umschauen konnte. Unzählige Äffchen kletterten auf dem goldenen Turm herum und versuchten, die Opfergaben zu stibitzen. In einem silbrigen Nebenaltar stand der *lingam*, aus glänzendem schwarzem Stein. Der Priester schaute skeptisch in meine Tontasse, in der nur noch ein wenig Flüssigkeit übrig war, und tropfte sie über das Heiligtum. Glocken wurden unaufhörlich geschlagen, jemand hängte mir eine Blumengirlande um den Hals. Benommen torkelte ich wieder ins Freie.

»Woher kommst du?«, fragte mich ein junger Mann.

»Aus der Schweiz.«

»Ihr habt euch für die WM qualifiziert.«

Ich wusste nicht, was ich antworten sollte.

»Was ist euer Nationalsport?«

»Tennis«, sagte ich. »Roger Federer.«

»Oh, ist er Schweizer? Spielt er auch Tischtennis? Ist Kricket bei euch beliebt?«

Ich ging ohne ein Wort davon. Ich wollte mir in Ruhe die goldene Kuppel anschauen. Aber wo immer ich mich platzierte, wurde ich nach kurzer Zeit wieder weggescheucht. Innehalten war hier nicht vorgesehen.

Als ich durch das Tor zurück zu meinen Schuhen wollte, sagte mir der Uniformierte, ich müsse zum anderen Ausgang raus. Das hätte bedeutet, anschließend barfuß eine Viertelstunde lang um den Tempelbezirk herum durch die Gassen zurückzulatschen, durch Kuh-, Hunde-, Ziegen- und Affenkot, Pisse, Betelsaft, Spucke, Bananenschalen, verrottete Blumengirlanden und faule Auberginen.

»Meine Schuhe sind hier«, flehte ich, »bitte.«

Er hatte Erbarmen.

Ein Mann drückte mir mit dem Daumen eine Paste auf die Stirn.

»*Good life.*«

»Danke.«

»*Donate.*«

Ich gab ihm zehn Rupien. Er lachte ungläubig.

»Gib hundert oder fünfhundert, ich habe dich gesegnet.«

»Ich wollte bloß die Schuhe anziehen.«

»Zuerst Geld geben, dann Schuhe anziehen.«

»Erpressung?«

Er blickte mich finster an.

Ich gab ihm hundert. Er segnete mich erneut, und nun war ich es, der finster dreinschaute.

»*Happy?*«, fragte er.

Ich schwieg.

»Ich kenne einen Astrologen«, sagte er. »Er überblickt Vergangenheit, Gegenwart und Zukunft. Ich bringe dich hin.«

»Nein.«

»Er ist sehr gut. Wichtig. Komm. Hier entlang.«

»Nein.«

»Zieh die Schuhe an, wir gehen.«

»Nein.«

»Gehen wir zu Fuß oder mit Rikscha?«

»Nein.«

Mittwoch, 19. Januar

Eine Holländerin, die hier in einem Schulprojekt engagiert ist, erzählte mir vom Bombenattentat am Dashashwamedh-Ghat. Sie war in der Nähe bei einer Familie zu Besuch, als die Bombe explodierte. Erst dachte sie, es sei ein geplatzter Reifen, bis ihr in den Sinn kam, dass es an den Ghats keine Autos gab.

Ein zweijähriges Mädchen wurde beim Anschlag getötet. Und dann gab es ein verwirrendes Nachspiel. Ein armes Ehepaar mit unzähligen Kindern sah im allgemeinen Tohuwabohu nach dem Anschlag eine Gelegenheit, die jüngste Tochter loszuwerden. Sie ließen das Mädchen in der panischen Menschenmenge stehen und machten sich aus dem Staub. Irgendwer nahm sich der Kleinen an und brachte sie zur Polizei, die die Eltern ausfindig machte.

Die Attentäter entkamen, wurden später jedoch in Kalkutta gefasst. Sie erklärten, einer islamistischen Organisation anzugehören, von der aber noch nie jemand gehört hat. Vielleicht blufften sie.

Danach wurde am Ghat der Detektor installiert, den jeder Besucher passieren muss, wie am Flughafen. Piepst es, wird man zusätzlich gefilzt. In der *Benares Times* stand, diese Vorsichtsmaßnahme sei sinnlos, da das Gerät nur auf Metall reagiert. Die meisten Bomben bestehen heute aber aus Plastik. Zudem: Warum sollten Terroristen wieder am selben Ort zuschlagen? Der Schrecken kommt von dort, wo man ihn nicht erwartet.

Donnerstag, 20. Januar

Ich habe mir das Bild mit der wilden Frau etwas genauer angeschaut. Tatsächlich hat sie nicht nur zwei, sondern vier Arme. In einer Hand hält sie wie erwähnt eine blutgefüllte Schüssel, in der anderen ein Schwert. In der dritten hält sie einen abgeschnittenen Kopf am Schopf, die vierte hält sie warnend in die Höhe. Um die Arm- wie auch die Fußgelenke kringeln sich grüne Schlangen. Ich habe mir erklären lassen, es handle sich um die todbringende Göttin Kali. Der wehrlose Mann, auf dem sie herumtrampelt, ist Shiva, der Beschützer von Varanasi.

Shiva ist der hinduistische Gott der Schöpfung und der Zerstörung. Das Wahrzeichen Shivas ist der Phallus. Häufig ist er umgeben von der *yoni*, dem Vulva-Symbol. Ihm gelten die meisten Gebete und Ehrengaben. Für Christen ist diese allgegenwärtige, selbstverständliche Penis-Anbetung reichlich seltsam. Ich habe ein bisschen recherchiert. Man schätzt, dass es in Indien dreißig Millionen *lingams* gibt.

Abbé Dubois, der im 19. Jahrhundert nach Indien reiste, war schockiert. *Das obszöne Symbol*, schrieb er, *ist eine Beschimpfung der Anständigkeit.*

Im berühmten Sanskrit-Text *Shiva Purana* heißt es: *Shiva sagt: Ich bin vom Phallus nicht unterschieden. Der Phallus ist mit mir identisch. Er führt mir meine Anhänger zu, darum muss man ihn verehren. Meine Lieben! Wo immer sich ein erigiertes Glied findet, dort bin ich selbst präsent, auch wenn sonst keine andere Darstellung von mir vorhanden ist.*

In einem weiteren maßgeblichen Text, dem *Lingopasana Rahasya*, steht: *Alle erotische Ekstase, alle Lust ist eine Erfahrung des Göttlichen. Das gesamte Universum entspringt aus der Ekstase. Die Lust ist der Ursprung alles Seienden. Die vollkommene Liebe aber ist die, deren Objekt grenzenlos ist.*

Und nochmals aus dem *Shiva Purana*: *Der Phallus ist die Quelle der Lust. Er ist das einzige Mittel, zu irdischer Lust und irdischem Heil zu gelangen.*

Man könnte denken, es gibt nichts, was weiter vom Christentum entfernt ist als solche Auffassungen. Aber auch im Schatten des Katholizismus lebten ältere Bräuche fort, die den indischen ähneln. So wurde der antike Fruchtbarkeitsgott Priapos (der mit dem riesigen Glied) vielerorts zu einem Heiligen, in Frankreich unter dem Namen St. Foutin. Im 7. Jahrhundert gab es Kirchen, von deren

Decken St. Foutin geweihte Phalli herunterhingen, die eine Art Gemurmel erzeugten, wenn sie vom Wind in Bewegung gesetzt wurden. In Embrun gab es den Brauch, dass Frauen Weinopfer über die Eichel von St. Foutins Glied gossen. Die Kirche St. Walburgis in Antwerpen wurde an der Stelle gebaut, wo früher ein Priapos-Tempel stand. Am Eingang des Kreuzgangs befand sich lange ein Phallus, der zu bestimmten Zeiten des Jahres von den Antwerperinnen mit Blumen bekränzt wurde. Manchmal rieben sie sich auch an ihm. Der an den Kleidern hängen gebliebene Staub galt als Heilmittel gegen Unfruchtbarkeit. In Saintes wurde der Palmsonntag noch bis vor Kurzem als *Fête des Pines* (Fest der Pimmel) bezeichnet, und man verteilte dabei phallusförmige Biskuits.

Ich muss ein paar Bilder von *lingams* machen. Morgen werde ich mich erkundigen, ob das für die Hindus ein Problem darstellt.

Freitag, 21. Januar

Siddharta ist einer dieser alten Hippies, die in den Siebzigern hierherkamen und blieben. Langer grauer Bart, orange wallende Gewänder. Ich kam im *Aum Café* neben ihn zu sitzen und fragte ihn nach Kali. Kali, sagte er, lässt mit ihrem Schrei das ganze All erzittern. Sie verkörpert *shakti*, die weibliche Kraft. Wenn sie auf dem toten Shiva steht, bedeutet das, dass er ohne sie leblos ist (obwohl mir scheint, dass es ihm ohne sie besser ginge). Im hinduistischen Tantra, so Siddharta, gilt das Weibliche als aktiv, das Männliche als passiv.

Er erzählte mir auch von einer Frau, die eines Tages durch all die schmalen Gassen in Varanasi spazierte und plötzlich hinter einer Umzäunung eine wunderschöne Blumenwiese erblickte. Das Tor stand offen, sie trat hinein. Ein weitläufiger Park, ein Garten Eden. Sie war überglücklich. Am nächsten Tag wollte sie wieder hingehen. Sie suchte stundenlang im Gewirr der schattigen Sträßchen, aber der Park war nicht mehr da.

Abends genehmige ich mir in meinem Zimmer jeweils einen Viertel Metallbecher Whisky aus dem Duty-free-Shop in Mumbai. Jetzt ist die Flasche leider leer und Ersatz nicht in Sicht. Bars gibt's nur in den internationalen Hotels im modernen Außenquartier *Cantonment,* am anderen Ende der Stadt, und ich habe keine Lust, für einen Drink da hinauszufahren.

Samstag, 22. Januar

Die Straßenkinder von Varanasi hängen abends am Bahnhof herum, wo sie auch übernachten. Ein junger Amerikaner, der hier für ein paar Monate Sozialarbeit leistet, erzählte mir: Ein sechzehnjähriges Mädchen fand dort vor sechs Jahren eine Neugeborene ohne Augen. Sie nahm sich ihrer an und kümmerte sich die nächsten Jahre wie eine Mutter um sie. Sie hielt sich über Wasser, indem sie Plastikflaschen sammelte, für die sie in einer Recyclingfabrik etwas Geld kriegte. Sie arbeitete für zwei. Die blinde Kleine kann heute gehen, aber sehr langsam und vorsichtig. Dabei wiegt sie den Kopf hin und her. Am liebsten mag sie jedoch, wenn man sie trägt wie ein Baby. Ihre Retterin und Beschützerin, selbst noch ein halbes Kind, sagt: »Sie ist sehr wertvoll.«

Montag, 24. Januar

Was ich über die unsexy Frauen bemerkte, gilt auch für die Männer. Alle reisenden Frauen, mit denen ich mich unterhielt, bestätigten, die Inder seien die unerotischsten Männer der Welt. Zugleich sieht man nirgends auf der Welt so viel Nacktheit. Jeden Morgen kann man die Männer beobachten, wie sie mit ihren Wampen in den Fluss steigen und sich nachher splitternackt am Ufer einseifen und abspülen. Ganz zu schweigen von den vielen Sadhus, die, ihre Haut nur mit Asche bedeckt, an den Verbrennungsstätten herumsitzen.

Es liegt aber nicht nur am Äußeren. Den meisten Indern geht jeder Sinn für Charme, Verführung, Eroberung ab.

Die Touristinnen, mit denen ich rede, sagen: Was sexuelle Belästigung betrifft, gibt es nichts Schlimmeres als Varanasi. Indien ist in dieser Hinsicht generell ein Spießrutenlauf für Ausländerinnen, aber das heilige Varanasi ist am unerträglichsten. Eine Israelin: »Ich sitze auf den Treppenstufen, blicke übers Wasser, da kommt ein Bootsmann und packt meinen Busen. Oder ich stehe vor einem Stand, und der Verkäufer fragt: *Do you fuck with me?*«

Das erstaunt mich nicht. Nimm dich in Acht vor den Frommen. Auch von den Yogis und Sadhus hört man allerhand. Gestern war in der *Hindustan Times* von einem Tantra-Meister zu lesen, der einen neunjährigen Jungen für eine Heilzeremonie zu sich nach Hause nahm und ihn penetrierte. Er sagte ihm: »Ich bring dich um, wenn du es zu Hause erzählst.« Welche Art Ayurveda-Massage an den Touristinnen häufig praktiziert wird, kann man sich ja vorstellen. Und am liebsten experimentieren die Gurus, an die sich westliche Schülerinnen wenden, mit okkulten Sexpraktiken. Zur Lockerung werden zu Beginn gerne ein paar Drogen eingeworfen; tut die Auszubildende anschließend immer noch zickig, wird sie darüber belehrt, dass man erstens in Indien dem Meister bedingungslos folge (Ego-Auflösung) und zweitens die europäische Prüderie der indischen Weltanschauung gänzlich fremd sei. Nützt das alles nichts, gibt es angeblich tantrische Mantras, die paralysieren. Völlig wehrlos, kann einen der Lehrer dann ohne weiteren Widerstand auf die Schnellstraße Richtung Vereinigung von Profan und Heilig schicken.

Mittwoch, 26. Januar

Der Direktor unseres Hauses fragte, ob ich mit der Arbeit begonnen hätte.

»Kommt darauf an, wie man Arbeit definiert«, antwortete ich.

»Hast du Aufnahmen gemacht?«

Nein. Ich erklärte ihm, dass ich konzeptuell vorgehe. »Es gibt eine Phase, die manchmal lange dauert, in der ich beobachte, Informationen sammle, recherchiere, mit Leuten rede, analysiere, schreibe – und dann nimmt das Design langsam Form an. Ich knipse nicht einfach drauflos. Ich habe zwar – neben dem eigentlichen Fotoapparat – eine kleine Digitalkamera, die ich mit mir herumtrage. Sie dient mir als Notizblock, als Erinnerungshilfe. Damit halte ich Eindrücke fest, jedoch nur zum Eigengebrauch, ohne ästhetischen Anspruch.«

Allerdings muss ich zugeben, dass ich auch den kleinen Apparat noch nicht mal aus dem Handgepäck geholt habe. Vielleicht sollte ich mich langsam warmlaufen.

Donnerstag, 27. Januar

Gestern Abend ließ ich mich mit einer Fahrradrikscha zur Kriti-Galerie am anderen Ende der Stadt fahren. Die Ausstellungen dort sind von außerordentlichem, internationalem Niveau. Ich trank Tee mit dem kompetenten und sympathischen Besitzer namens Amal. Er wäre interessiert, meine »Benares-Arbeit« im Herbst zu zeigen. Das gibt mir einen gewissen Ansporn. Immerhin hat sie jetzt bereits einen Namen. Nun muss sie bloß noch produziert werden.

Wir sprachen über Tantra, dubiose Gurus und Geister. Er erzählte mir, wie er einmal spätabends die Ghats entlangspazierte, als ein bärtiger Sadhu, eingeschmiert mit der Asche von verbrannten Toten, auf ihn zukam und ihm einen Apfel in die Hand gab.

»Ein Geschenk für dich. Iss ihn.«

Amal lehnte ab. Aber der Alte drückte ihm die Finger um den Apfel und schickte ihn fort. Amal bog vom Fluss ab und stieg die steilen Treppen zur Altstadt hinauf. Plötzlich war er irritiert. Es war, als ob er erwachte. Er hatte den Apfel in der Dunkelheit nicht gesehen, nur gefühlt: die Form, die schrumpelige Konsistenz der Oberfläche, den Stiel. Aber nun, unter einer der orangen Lampen, öffnete er die Hand und entdeckte, dass er lediglich eine Kugel Sand in der Hand hatte, die zerbröselte, kaum dass er den Griff lockerte. Die Körner rannen durch seine Finger zu Boden, wie in einer Sanduhr.

Als wir über die angeblichen Geister in meinem Haus sprachen, sagte er: »Du weißt, dass dort – vor Alice Boner – eine tantrische Sekte untergebracht war?«

Ich fragte ihn, was Tantra eigentlich genau bedeute.

»Der Tantriker begibt sich auf ein Level, auf dem alles möglich ist«, erklärte er. »Die für uns sichtbare, verbindliche Welt ist für ihn ein Traum, mit dem er beliebig spielt. Durch innere Veränderungen kann er die äußere Wirklichkeit beeinflussen. Uns Außenstehenden erscheint das dann als magischer, okkulter Vorgang.«

Auch die Ex-Direktorin des Hauses, die ich auf ihrer Dachterrasse mit Blick auf den dunstigen Ganges zum Tee traf, erzählte mir eine unheimliche Anekdote: »Einmal war eine Schweizer Ärztin zu Besuch, die im *Alice Boner House* übernachtete. Nach dem Abendessen ging sie zurück, mit einem meiner Artikel, den ich ihr mitgab. Vor dem Zubettgehen legte sie ihn auf den Tisch. Nachts wachte sie auf und sah einen Mann über den Artikel gebeugt stehen. Sie meinte erst, es sei der Nachtwächter, und rief dessen Namen. Doch er reagierte nicht. Seltsamerweise hatte sie keine Angst. Sie wusste, dass es ein guter Geist war, der nur neugierig auf den Text war. Dann schlief sie wieder ein.« Zu meiner Beruhigung fügte sie hinzu: »Das war allerdings im unteren Stock. Im oberen Stock, wo Sie Ihr Zimmer haben, gibt es keine Geister.«

Sonntag, 30. Januar

Gestern Abend trank ich Ingwertee mit Zitrone und Honig im *Samsara Café*. Die Besitzerin, Shashi, spricht ein bisschen Englisch. Mit indischen Frauen kommt man kaum in Kontakt, also schätze ich die Plaudereien mit ihr besonders. Sie hat hellbraune Augen. Sie sind wirklich sehr hell, vor allem, weil man das in ihrem Gesicht nicht erwarten würde. Sie wirken so wie sehr helle blaue Augen bei einer Europäerin mit dunklen Haaren. Ihr Lokal hat sie auf der gedeckten Dachterrasse eingerichtet. Ganz in Blau. Meist bin ich der einzige Gast, aber auch wenn sie in der Küche beschäftigt ist, langweile ich mich nicht. Es läuft immer groovige indische Musik, und aus den bequemen Rattanstühlen genießt man einen wunderschönen Blick über die Dächer und Tempelkuppeln von Varanasi. Einmal sagte sie mir, sie hieße gerne Maya. Maya bezeichnet in Indien die Täuschung, insbesondere die Täuschung, die Welt als fest und dauerhaft aufzufassen, während sie doch ein Fluss ist. Also nenne ich sie nun Maya.

Sie erklärte mir, dass der Ganges eigentlich Ganga heiße und seinerzeit vom Himmel gefallen sei. Eine Göttin. Und da mir in Varanasi wiederholt versichert wurde, wir seien alle göttlich, gefiel mir die Vorstellung, dass Ganga auch durch Maya hindurchfließe, dass sie ein Teil der Ganga sei. Ich hätte sie auch Ganga nennen können, aber man weiß nie, wie so was ankommt.

Alles, was man hier sagt oder tut, ist ein Blindflug. Es kann ohne Weiteres sein, dass man mit einer harmlosen Bemerkung ein heiliges Tabu verletzt, wie gestern, als ich beschuht unsere Küche betrat, oder als ich an einem Stand mit Perücken fragte, ob sie auch welche aus echtem Haar hätten, oder als ich in meiner Lederjacke einen Tempel betreten wollte oder als ich den Rest an weißen Opfer-Bonbons vom goldenen Tempel in einem Schälchen auf den Esstisch stellte und jedes Mal zum *chai* ein bisschen davon naschte, bis mir der Koch erklärte, das sei nicht gut. Aber selbst dann wusste ich nicht, was ich tun sollte. Ich konnte sie ja nicht einfach in den Müll schütten, oder?

Maya bietet auch Ayurveda-Massagen an. Da ich seit einigen Tagen an Rückenschmerzen leide, sagte ich, ich würde am folgenden Tag gerne mal vorbeikommen. Sie bestellte mich auf zehn Uhr.

Als ich eintraf, war nur ihr versoffener Ehemann da. Er konnte kaum sprechen, den Mund voller Betel oder Kautabak. Seine Augen waren rot, und er stank. Seine Frau sei bei ihrer Mutter, sagte er, sie komme erst am Abend zurück. Dann hieß er mich hinlegen. Ich hatte keine Lust, mich von ihm massieren zu lassen, aber ließ es dann doch über mich ergehen. Maya hatte von zwanzig Minuten gesprochen, er war nach zehn fertig. Ich beharrte nicht auf der vollen Dauer. Natürlich wollte er das Doppelte des ausgemachten Preises. Ich sagte ihm, mir selbst den Rücken zu massieren wäre wirksamer gewesen als seine hilflose, ölige Kneterei auf dem wackligen Holzschragen (der mich an die Scheiterhaufen am Ghat erinnerte) mit dem schmuddeligen Tuch auf dem Lederbezug. Das verstand er natürlich nicht, aber er merkte immerhin, dass ich nicht zufrieden war. Er schlug mir vor, morgen um sieben wiederzukommen, seine Frau würde mich zehn Minuten gratis massieren.

Ich ging ins *Aum Café* nebenan. Die Leute wussten schon, woher ich kam, und warnten mich: »Der Mann ist ein Arschloch, seine Frau eine Hure und die Kinder kriminell. Sie haben unser Fahrrad gestohlen, unser WLAN-Passwort, die am Eingang deponierten Schuhe unserer Kunden, und manchmal schmeißt er getrocknete Kuhfladen nach unseren Gästen. Nachts hören wir die Frau schreien, wenn er sie verprügelt oder vergewaltigt. Massage verkaufen sie nur, weil sie gesehen haben, dass wir das auch anbieten und dass es läuft. Geh da nie wieder hin!«

Als ich mir anschließend im *Harmony Bookstore* ein paar Fotobände über Varanasi ansah, sagte mir Sharad ohne irgendeinen Zusammenhang: »Im Hindi gibt es dreiundsiebzig Wörter für Liebe.« Es gibt unzählige »Lieben«, für die wir nur einen einzigen Ausdruck und nur den Singular kennen.

Montag, 31. Januar

Heute Morgen machte ich eine ärgerliche und irritierende Entdeckung. Ich öffnete meinen Handgepäckkoffer. Dort habe ich in einer Plastiktüte alle kleinen elektrischen Utensilien – abgesehen von der Fotoausrüstung – verstaut: Ladegerät, Batterien, Kabel, Rasierapparat, Aufnahmegerät. Und meine kleine Digitalkamera. Als ich sie herausfischte, sah ich, dass sie kaputt war. Das Objektiv, normalerweise eingezogen, mit geschlossenem Verschluss vor der Linse, war ausgefahren und total deformiert. Das Ding ist aus Metall, und es muss einen sehr harten Schlag abbekommen haben, so schief, wie es jetzt aussieht. Ich verstehe es nicht. Denkbar, dass irgendwas im Gepäck zufällig den Knopf berührt hat, der das Objektiv ausfahren ließ. Aber wie kam es zu dieser Demolierung? Die Tüte war gepolstert, es gab keine großen, harten Gegenstände im Koffer. Zu Boden gefallen ist der Koffer nie, schließlich war auch mein Laptop drin, und ich habe darauf aufgepasst.

Es war mir sofort klar, dass sich die Kamera nicht mehr reparieren lässt. Ob ich hier eine neue finde? Ich bezweifle es. Teuer war sie zwar nicht, aber ein nützliches Arbeitsinstrument. Immerhin ist meiner Nikon nichts passiert.

Ich erzählte der Ex-Direktorin davon. Sie machte Andeutungen wegen der Gespenster, aber sie meinte auch, ich müsse das Zimmer immer abschließen, die Nachtwächter seien Elstern. Ich würde ja verstehen, wenn einer den Apparat geklaut hätte. Aber demoliert?

Ich werde ab jetzt immer das Vorhängeschloss anbringen, wenn ich ausgehe. Ich dachte eigentlich, der Nachtwächter passe auf, dass nichts gestohlen wird.

Mittwoch, 2. Februar

Heute verwickelte mich im *Harmony Bookshop* ein Kunde in ein Gespräch, der sich als einer meiner Nachbarn herausstellte. Wie so oft kamen wir darauf, dass mein vorübergehendes Heim *haunted* sei. Er hatte diese Geschichten seit seiner Kindheit gehört. Ob mir aufgefallen sei, dass kein Einheimischer das schmale Gässchen benutze, das zur Tür führe? In der Tat. Bis zu meinem Eingang ist der

Weg begehbar, anschließend eine Müllkippe. Der Mann wohnt auf der anderen Seite dieses Gässchens, gleich gegenüber von meinem Haus. Er erinnerte sich, dass er als kleiner Junge einmal zu Tode erschrak, als er nachts im Bett lag und merkte, dass jemand sein Gesicht ans Fliegengitter presste und mit aufgerissenen Augen in sein Zimmer starrte.

Seiner Meinung nach ist der Geist, der das Haus heimsucht, weiblich. Ein anderer Nachbar sei einmal spätabends nach Hause gekommen, als eine in ein weißes Tuch gehüllte Frau ihm den Weg versperrte. Ihr Gesicht war nicht zu sehen. Er wollte sie verscheuchen, da löste sie sich in Luft auf. Später begegnete er der Frau noch einmal. Er erwachte nachts, und sie saß am unteren Ende seines Bettes. Schaute ihn durch ihren Schleier an und sagte nichts.

»Hau ab!«, rief er, und wieder löste sie sich auf.

In der Luft lag die Frage, ob der Geist Alice Boners ein Wiedergänger sei. Es heißt in Indien, vor allem die Seelen kinderloser Frauen würden nach dem Tod ruhelos umherirren. Es ist der älteste Sohn, der die Verbrennungsriten durchführt, und ohne diese kann die Seele nicht wiedergeboren werden.

Der Mann in der Buchhandlung empfahl mir, einen Gegenstand aus Metall unter das Kopfkissen zu legen. Später präzisierte er, es müsse etwas aus Eisen sein. In diesem Moment kam mir mein Traum von letzter Nacht in den Sinn: Ein Meteorit stürzte aus dem Weltall auf mich zu. Bestehen nicht Meteoriten teilweise aus Metall?

Und: Gespenster lassen sich nicht fotografieren, oder?

Donnerstag, 3. Februar

In der Kriti-Galerie lernte ich einen amerikanischen Fotografen kennen, der an der Faculty of Visual Arts Gallery der Universität Varanasi seine Schwarz-Weiß-Bilder aus den Achtzigerjahren ausstellt. Er erzählte mir, dass er sich einmal mit einem Ruderboot ans andere Ufer übersetzen ließ und dort im Sand auf eine Leiche stieß. Er positionierte sich neben den Füßen des Toten, um eine Aufnahme zu machen. Da kamen aus allen Richtungen bellende Hunde angerannt. Sie waren verwildert und sahen aus wie Hyänen. Wütend fauchten sie ihn an, einige schnappten nach seinen Waden. Sie betrachteten die Leiche offenbar als ihre Beute und befürchteten, der Fotograf wolle sie ihnen wegschnappen und selbst aufessen. »Ich erinnerte mich, dass man angreifenden Hunden gegenüber keine Angst zeigen darf«, sagte er. »Instinktiv brüllte ich wie ein Tier zurück. Ich erschrak über mich selbst, meine Animalität, die da in der Todesangst hervorbrach. Die Hunde erschraken ebenfalls und wichen zurück. Und dann kam der Bootsmann und verscheuchte sie mit seinem Paddel.«

Er erklärte mir auch, Hunde seien Kannibalen. Sie töten zwar keine Artgenossen, aber wenn sie einen toten Hund finden, zögern sie nicht, ihn zu fressen.

Freitag, 4. Februar

Jemand gab mir das Buch *Domra. Am Ufer des Ganges* von Josef Winkler. Er beschreibt auf fast dreihundert Seiten die Verbrennungsriten an den Ghats. Die Leute hier erinnern sich gut an Winkler. Er sprach kein Wort Englisch und konnte sich mit niemandem unterhalten. Er saß nur stundenlang neben den Feuern und beobachtete. Auf dem Umschlag des Buches steht *Roman*, aber eigentlich ist es eine einzige minutiöse, millimetröse Beschreibung. Wie ein Maler zeichnet Winkler ab, schreibt ab, was er sieht, geduldig, pedantisch. Und langweilig. Als Fotograf muss ich sagen: Mach doch eine Aufnahme, da hast du auch alles drauf, und erst noch genauer. Der Witz beim Schriftsteller, im Gegensatz zum Maler und Fotografen, ist doch, dass er Geschichten erzählen kann. Handlung, Aktion. Dafür muss er sich allerdings ein bisschen auf die Menschen einlassen. Interaktion.

Jedoch muss ich zugeben, dass ich – obwohl Fotograf – je länger, je mehr an Storys interessiert bin. Kein Wunder, dass ich bis jetzt noch kein einziges Bild geschossen, dafür unzählige Seiten vollgeschrieben habe. Vielleicht haben Winkler und ich beide kreuzweise den Beruf verfehlt. Wir sollten tauschen.

Samstag, 5. Februar

Wenn hier jemand stirbt, geht der Priester nach der Einäscherung ins Haus des Verschiedenen und nimmt für eine Weile dessen Rolle in der Familie ein. Er trägt dessen Kleider und lässt sich von der Witwe dessen Lieblingsspeisen servieren. Die Seele des Toten nagelt er symbolisch an einen Baum und füttert sie; damit sie nicht herumirrt und alles durcheinanderbringt. Die Plötzlichkeit des Todes wird abgefedert. Dank des priesterlichen Schauspiels ist der Tote immer noch ein bisschen da und verschwindet nicht auf einen Schlag, sondern nach und nach.

Sonntag, 6. Februar

Bei der Leichenverbrennung sind Frauen nicht zugelassen. Ihr Weinen würde die Seele des Verstorbenen zurückhalten. Kinder und Schwangere werden nicht verbrannt, sondern im Fluss versenkt. Sie müssen nicht mehr durch Feuer purifiziert werden, sie sind schon rein.

Das erklärte mir Kalash, der Paria. Und: »Dass Varanasi die Stadt von Shiva ist, des Gottes der Kreation und der Vernichtung, siehst du daran, dass Varanasi immer wieder zerstört wurde, vor allem von Muslimen, und immer wieder aufgebaut. Es verändert sich, aber existiert unaufhörlich fort. Deshalb hat es keinen Sinn, etwas festhalten zu wollen, zu bedauern, nachzutrauern. Reinkarnation.« Er fragte mich nach meinem Beruf. »Oh«, rief er bewundernd. »Fotograf. Du bist ein Künstler. Shiva ist auch der Gott der Künstler. Shiva war der erste Künstler. *Create and cremate.*«

Er liebte Wortspiele. Ich mochte ihn.

»Du bist auch eine Art Künstler«, sagte ich. »Vielleicht sogar ein Weiser.«

»City of burning, city of learning«, antwortete er nur.

Bei der Verbrennung am Harishchandra-Ghat ertappte ich mich, wie ich in der Luft schnupperte auf der Suche nach dem Geruch von verbranntem Fleisch. Barbecue. Aber nichts.

Während des Monsuns stehen die Ghats und viele der Tempel am Ufer unter Wasser. Manche der Jungen tauchen hinunter, um für die Gläubigen trotzdem die Opfergaben vor den Unterwasser-Statuen darzubringen. In der Hand eine luftdicht verknotete Plastiktüte mit einer eingeschalteten Taschenlampe drin.

Nach dem Abendessen machte ich einen Spaziergang am Ganges-Ufer entlang. Jedes Mal, wenn ich hier vorbeikomme, lauern mir kleine Verkäuferinnen auf. Zusammen mit den Jungen und ihrem ewigen: »*Boat, Sir? Cheap. Indian price. Come here.*« Ein Mädchen bot mir im typischen Singsang ein Schälchen aus getrockneten Blättern an, mit Ringelblumen und einer Kerze drin: »*Good Karma for father, mother, brother, sister, son, daughter and wife!*«

Ich ging weiter, ohne zu antworten. Ich schaute sie nicht mal an.

»Sie könnte deine Tochter sein«, sagte ein Inder, leise und freundlich, als wir uns kreuzten.

Ich ging zurück und kaufte dem Mädchen das Schälchen ab. Weil ich kein Feuerzeug hatte, fragte sie einen nur mit einem Lendenschurz bekleideten Meditierenden, der auf den untersten Treppenstufen saß. Er zündete ihr die Kerze an.

Sie forderte mich auf, nun an Vater, Mutter, Bruder, Schwester, Sohn, Tochter und Frau zu denken, während ich das Schiffchen aussetzte. »*Good karma.*«

Wir verabschiedeten uns, ich setzte mich auf die Stufe und schaute der Flamme nach, wie sie langsam, sehr langsam, den Fluss hinuntertrieb, ins Dunkel. Es war fast Vollmond. Weiter oben spielte jemand Gitarre. Einige Jungen hinter mir ließen im orangen Licht ihre Papierdrachen steigen. Einer hatte sich in den Telefondrähten verfangen. Der Junge zog an der Schnur, zerrte, ließ locker, schüttelte, drehte, zog wieder, es nützte alles nichts. Je mehr er sich anstrengte, umso mehr verhedderte sich der Faden in den Leitungen. Schließlich ließ er ihn los, blickte traurig in den Nachthimmel, wollte schon davongehen, da hob ein Windstoß den Drachen hoch und ließ ihn neben den Füßen des Jungen sanft auf den Steinboden gleiten.

Montag, 7. Februar

Ich war am Morgen nach der unerfreulichen Massage von Mayas Mann nicht wie vorgeschlagen nochmals vorbeigegangen. Aber heute Nachmittag geriet ich zufällig in Mayas Gasse und stieß erneut auf ihn. Er fragte mich, ob ich nun käme. Den Mund öffnete er kaum beim Reden, sein Nuscheln war fast unverständlich. Roter Saft lief aus seinen Mundwinkeln. Wieder kaute er Betel oder Tabak, den er beim Reden mit der Zunge zurückhielt. Er machte die entsprechenden Gesten, als er von Massage sprach, und ich vermutete stark, dass *er* mich erneut massieren wollte. Darauf hatte ich definitiv keine Lust. Ich fragte vorsichtig, ob seine Frau nun hier sei.

»Für fünf Tage zu ihrer Mutter gefahren. Massage jetzt?«

»Ich habe leider eine Verabredung. Vielleicht morgen?«

»Öl kaufen?«, nuschelte er und fummelte in seinen Taschen herum, wahrscheinlich auf der Suche nach einem Müsterchen.

»Morgen vielleicht«, sagte ich freundlich lächelnd und ging rasch davon, ohne mich noch einmal umzudrehen. Wie die Hinterbliebenen nach einer Einäscherung.

Verwirrend, wie sehr mich die Mitteilung, Maya sei fünf Tage nicht hier, deprimiert. Ich fühle mich immer noch leer und orientierungslos.

Dienstag, 8. Februar

Gestern war ich zum zweiten Mal am Manikarnika-Ghat, diesmal bewusst auf der Suche nach Sujets, auch wenn ich meine Kamera noch nicht dabeihatte. Ein junger, ärmlich gekleideter Mann fing mich am südlichen Eingang ab.

»Hier kannst du nicht durch«, sagte er autoritär, »das ist für die Familien. Komm mit mir diesen Weg.« Er wies zum Fluss mit den Holzstößen. »Keine Bilder, aber ich zeige dir alles.« Dann legte er los mit seinen Erklärungen. Zeigte auf einen in glänzende Gewänder eingewickelten Toten und sagte: »Ein Toter.« Zeigte auf ein Feuer und sagte: »Feuer.«

»Ich weiß«, sagte ich.

»Woher? Aus Büchern?«

Ich hatte keine Lust zu antworten.

»Ich arbeite hier. Komm.«

Es ärgerte mich, dass ich ihm gefolgt war. Eigentlich hatte ich gewusst, dass es umgekehrt war: Da oben war der normale Weg, wo alle durchgingen. Da, wo er mich hingelotst hatte, fanden die Bestattungen statt. Hier war ich auf unsicherem Terrain, ihm ausgeliefert.

»Woher kommst du?«

»Lappland.«

»Amerika? England?«

»Lappland.«

»Woher? Land? Germany?«

Ich sagte nichts mehr.

»Wo wohnst du? In welchem *guesthouse*?«

»In keinem *guesthouse*.«

»Hotel?«

Ich wäre gerne einfach da gewesen und hätte geschaut. Ein unsichtbarer Geist. Es war unmöglich. Zugleich dachte ich, wenn ich wiederkommen will, um Aufnahmen zu machen, muss ich mich vielleicht mit Leuten wie ihm gut stellen. Ich drückte ihm zehn Rupien in die Hand. Er schaute mich verwundert an und sagte: »Ich erkläre dir alles: Verbrennung, Rituale, Priester, Asche, Domra.«

»Nein danke«, sagte ich. »Das Geld ist nicht fürs Erklären, sondern fürs Schweigen.«

Er blickte mich immer noch verwundert an, und ich schaute aufs Wasser hinaus und tat, als sei ich allein. Bis er ging.

Donnerstag, 10. Februar

Zum ersten Mal bin ich mit der Kamera durch die Gassen gestreift. Erstaunlicherweise reagieren die Leute nicht abweisend aufs Fotografiertwerden. Im Gegenteil. Als ich mit Porträts anfing, versuchten Umstehende, ebenfalls die Aufmerksamkeit auf sich zu ziehen, oder fragten mich direkt, ob ich sie auch aufnehme. Sie baten nicht einmal um die Zusendung eines Abzugs. Es machte ihnen schlichtweg Spaß, geknipst zu werden. Auch verlangte niemand Geld.

Freitag, 11. Februar

Ermutigt von den gestrigen Erfahrungen ging ich heute am Manikarnika-Ghat fotografieren. Es war wieder dasselbe. Zuerst machte ich ein paar Aufnahmen von Weitem, dann näher an den Verbrennungen. Der junge Mann, der mich das letzte Mal so zielsicher vom Weg abgebracht hatte, war auch wieder da. Wir begrüßten uns, ich lächelte ihm zu. Dieses Mal war er zurückhaltender.

»*You photographer?*«

Es freute mich, dass ich offenbar eine gewisse Professionalität ausstrahlte.

Zuerst dachte ich, die Leute an den Verbrennungs-Ghats, insbesondere die Trauernden, seien es vielleicht leid, von Touristen abgelichtet zu werden, und versuchten, sie auf Distanz zu halten. Doch dann stellte ich etwas Erstaunliches fest: Als ich mich näher ans Geschehen wagte, wurden die Leute nicht abweisender, sondern neugieriger. Offenbar waren sie es gewohnt, dass Touristen die Leichenverbrennung von fern knipsten (es gab eine Aussichtsterrasse mit Sitzbänken, wo sich die meisten Beobachter aufhielten), aber es normalerweise doch nicht so genau wissen wollten.

Ein Mann trat auf mich zu. Ich dachte, er wolle mich wegweisen, stattdessen fragte er: »Bei euch werden die Leute begraben, nicht wahr? In einem Holzsarg.«

Er war der Neffe des Verstorbenen, der gerade verbrannt wurde. Aber er war mehr daran interessiert, sich über Beerdigungen in Europa zu unterhalten. Am Ende forderte er mich auf, ein Bild von ihm zu machen, wie er neben dem verglimmenden Feuer stand, und bedankte sich höflich.

Samstag, 12. Februar

Nicht ganz zufällig kam ich bei Mayas Café vorbei. Ich war froh, nicht ihren Mann anzutreffen, sondern die Tochter. Und ohne dass ich fragte, sagte sie: »Mutter noch nicht hier. Zwei Wochen weg.« Ich hoffe, das bedeutet nicht »zwei Wochen ab heute«.

Meinen Ingwertee nahm ich dann im *Ashish Café*. Ich saß auf einer Matte, an die Wand gelehnt, vor mir auf dem Tischchen das Josef-Winkler-Buch. Ein etwa vierzigjähriger Mann in einer Lederjacke kam mit einem Mädchen herein. Er blickte sich im Lokal um, sein Blick fiel auf das Buch. Dann schaute er mich an und fragte: *»From Germany?«*

»Switzerland.«

»*Wow, me too!* Wie geht's?«

Die beiden setzten sich zu mir. Er hieß Richard, das Mädchen stellte er als seine Tochter vor. Sie glich ihm überhaupt nicht. Er arbeitete an einem Buch über Indien und Afrika. Inder in Afrika und Afrikaner in Indien. Obwohl er lange darüber dozierte, wurde ich nicht schlau daraus. Er lebte als Journalist im Senegal, sagte er, aber war nun seit zwei Monaten hier unterwegs. Klang alles reichlich schwammig. Ich glaubte ihm kein Wort, aber als ich mich selbst vorstellte, sagte er: »Oh, der Fotograf?«

Ich war beschämt, wie gut er meine Arbeit kannte, und revidierte mein Urteil über ihn (was natürlich auch etwas fragwürdig ist).

Auf dem Nachhauseweg sprach mich ein Inder an. Er streckte mir die Hand hin, was eher ungewöhnlich ist. Als ich ihm meine gab, nahm er sie, drehte sie um und schaute sich die Innenfläche an.

»Schlechtes Karma«, sagte er. »Sie haben jemanden getroffen, der Unglück bringt.«

Er zeigte auf eine Linie, die vom Handgelenk zum Mittelfinger führte.

»Gute Lebenslinie. Glück. Aber dann biegt sie plötzlich ab, wie Ganga in Varanasi. Sie müssen einem Bettler Reis geben.«

Ich wurde wütend. Hatte ich ihn nach seiner Meinung gefragt? Mir erst Angst machen und dann ein Beruhigungsmittel verkaufen? Ich riss mich los und marschierte davon.

»*You pay something*«, rief er mir nach. »*Sacrifice very important. Otherwise bad luck. Don't run away. Future very important.*«

Montag, 14. Februar

Es ist bitterkalt. Laut der *Times of India* haben die eisigen Temperaturen im Norden des Landes bereits siebenundzwanzig Todesopfer gefordert. Die Verbrennungs-Ghats laufen auf Hochtouren. Immerhin hat es etwas Tröstliches, nach einem Kältetod nicht begraben, sondern verbrannt zu werden. Vielen Ziegen hat man alte T-Shirts angezogen, damit sie nicht frieren. Wenn ich nachts die Ghats entlanggehe, sehe ich die Obdachlosen eng zusammengekuschelt unter dünnen Decken, an die Mauern gepresst, neben verglühenden Feuerchen. Ich habe mir einen kleinen Elektro-Ofen gekauft und saß gestern den ganzen Tag im Zimmer, mit Schal und Wollmütze, in eine Decke gehüllt, neben den orange glühenden Heizstäben, die heißer aussehen, als sie sind.

Die Kälte – aber ich muss zugeben, dass es auch die Abwesenheit von Maya ist. Es fehlt der Anreiz hinauszugehen. Ob sie sich wohl fotografieren ließe?

Auf dem Weg zu den Verbrennungsstätten komme ich jeweils an einem Mauergemälde vorbei, das einen alten, bärtigen Mann zeigt, der auf seinem Rücken eine Wolke den Berg hinaufschleppt. Der Boden ist mit Skeletten übersät. Vielleicht Männer, die es vor ihm versucht haben, und gescheitert sind.

Ich leide an Durchfall und ernähre mich von *chai*, weißem Reis und Bananen. Nun ist eine Erkältung hinzugekommen. Es fröstelt mich, wenn ich am Morgen früh die Pilger sehe, die ins kalte Wasser tauchen. Wenn sie herauskommen, prusten sie und schütteln sich wie Hunde.

Gestern habe ich einen Mann bemerkt, der eine Ratte an einer blauen Schnur spazieren führte. An einer Ecke des Marktes hielt er an, damit sie in einem Haufen faulem Gemüse wühlen konnte.

Der Wirrwarr an Drähten, Tafeln und Plakaten an den ausgewaschenen, rissigen, baufälligen Gebäuden der Innenstadt. Über die Straße gespannte Transparente, oft zerrissen, jahrealt, Konzerte ankündigend, an die sich kein Mensch mehr erinnern kann, für neu eröffnete Geschäfte werbend, deren Türschlösser längst eingerostet, die Fensterscheiben zertrümmert und die Leuchtreklamen zersprungen sind. Veranden haben sich so bedenklich gesenkt, dass sie niemand mehr zu betreten wagt. Kaputte Fensterläden hängen schief in den Angeln. Schaut man in den Himmel hoch erblickt man das Durcheinander der Telefonleitungen. Wie in einem Spinnennetz haben sich unzählige Papierdrachen darin verfangen. Manche Schilder über Ladeneingängen sind von einer so dicken Staubschicht bedeckt, dass die Schrift nicht mehr erkennbar ist. Das Gedudel aus den Lautsprechern, das unaufhörliche Gehupe, Geklingel, Geschimpfe, das Drängeln, Stoßen, Ausweichen, Im-letzten-Moment-in-eine-Lücke-Springen. Ein permanenter Kampf. Der Verkehr wird nicht durch Regeln organisiert, sondern durch Hierarchie, wie die ganze indische Gesellschaft. Zuoberst in der Kastenordnung stehen die Autos, dann kommen die Motorräder, dann die motorisierten Rikschas, dann die Fahrrad-Rikschas, dann die Fahrräder. Fußgänger gelten noch weniger als Kühe. Wer überfahren wird, ist selbst schuld. Dass alle Menschen gleichberechtigt seien, ist eine eurozentrische Vorstellung.

Im *Ashish Café* kam ich mit einem Inder ins Gespräch. Er fragte mich, wie alt ich sei und wann ich Geburtstag hätte. Dann ob ich verheiratet sei oder nicht.

»Ledig.«

»Kinder?«

»Nein.

»Freundin in Varanasi?«

»Nein.«

»Du bist Wolf.«

Ich dachte, er meine das im Sinne von »du bist ein einsamer Wolf, ein Steppenwolf«, aber es stellte sich heraus, dass er seine Berechnungen angestellt hatte. Nach indischer

Astrologie war ich im Sternzeichen Wolf geboren. Ich wusste bereits, dass ich nach chinesischer Sterndeutung ein Drache war.

»Fisch, Wolf und Drache«, sagte ich, »coole Mischung.«

»Erotisch wird dieses Jahr ein Desaster für dich«, prophezeite er lächelnd und wiegte freundlich den Kopf.

»Hör auf!«, entgegnete ich barsch. »Ich will nichts hören.«

Aber er fuhr fort, in seinem melodiösen Falsett: »Auch in beruflicher Hinsicht bist du blockiert.«

»*Fuck it,* ich scheiß' auf Horoskope.«

»Sag das nicht. Astrologie sehr alte Wissenschaft. Ich habe das studiert.«

Ich legte die zwanzig Rupien für den Tee auf den Tisch und ging raus.

Treppauf kam ich an einem roten Tempelchen vorbei. Ein blumengekränzter *lingam*, von einer Kerze beleuchtet. Erst auf den zweiten Blick sah ich im Dunkeln den alten Mann mit einer Wolldecke über dem Kopf. Mit gekreuzten Beinen saß er auf dem Steinboden, im engen, feuchten Allerheiligsten, hinter Gitterstäben wie in einer Gefängniszelle, und murmelte vor sich hin.

Dienstag, 15. Februar

Auf den Treppenstufen, die zum Ganges hinunterführen, fotografierte ich am Morgen von hinten einen Mann, der dort hockte, mit der Hand Wasser aus dem Fluss schöpfte und trank. Wenig später machte ich ein Bild von einem Sadhu, der im Lotussitz auf einer Plattform saß, unter einem Schilfschirm, und im Sonnenaufgang meditierte.

Auch er wandte mir den Rücken zu und realisierte nicht, dass ich ihn fotografierte. Als ich mir die zwei Bilder später ansah, war von beiden im Gegenlicht nur die fast schwarze Silhouette sichtbar. Der Rumpf und darauf, wie ein Zylinder, der Kopf. Wie ein *lingam*. Vielleicht könnte ich daraus eine Serie machen und sie mit Aufnahmen von echten *lingams* kombinieren.

In der Zeitung las ich von Eltern, die ihre Tochter umbrachten. Man fand sie in ihrem Bett, mit eingeschlagenem Schädel; Ohren und Nase abgeschnitten, Augen ausgestochen. Am Boden lag der Hausangestellte, ebenfalls tot. Offenbar verdächtigten die Eltern sie einer Affäre mit dem Diener, der, wie es ohne Umschweife hieß, einer niederen Kaste angehörte. Die Eltern behaupteten der Polizei gegenüber, sie hätten keine Ahnung, wie es zu diesem Mord gekommen sei, und versuchten sogar, die Schuld dem toten Angestellten in die Schuhe zu schieben. Aber der Fall war ziemlich klar. Am Ende des Artikels deutete der Journalist an, die Eltern hätten durch die Verstümmelung sicherstellen wollen, dass das Mädchen auch im nächsten Leben keinen fremden Mann mehr hören, riechen oder ansehen konnte und die Ehre ihrer Familie nicht mehr beschmutzen würde.

Familie ist in Indien eine Falle. Ich sprach mit einer Frau aus New Delhi, die hier als Lehrerin arbeitet. Sie war drei Jahre lang mit einem Mann zusammen, den sie wirklich liebte. Dann wollte er sie heiraten und Kinder haben. Schweren Herzens trennte sie sich von ihm. »Was du als Frau in einer Ehe bekommst und was du gibst«, sagte sie, »steht in keinem Verhältnis.«

Ich spazierte den Fluss entlang, als mich ein junger Mann ansprach.

»Hasch?«

»Nein, danke.«

»Mädchen?«

Ich antwortete nicht.

»Junge Mädchen?«

»Was heißt das?«, fragte ich.

»Zwölf.«

»Nein, danke.«

Er war enttäuscht. »Dreizehn?«

»Nein.«

Noch entmutigter: »Vierzehn?«

»Zu jung.«

»Okay: fünfzehn.«

»Kein Bedarf.«

Ich spürte, wie mit jedem zusätzlichen Altersjahr seine Begeisterung dahinwelkte (wohl parallel zum Sinken von Preis und Provision).

Eröffnung einer Fotoausstellung an der Universität. Draußen im Freien wurde Kaffee ausgeschenkt. Plötzlich ein Aufruhr. Was war passiert? Eine amerikanische Besucherin hatte eine Zigarette zu ihrem Kaffee geraucht. Wegen der Kälte waren kaum Leute dort. Ein anderer Besucher, ein indischer Student, griff ihr ohne Umschweife an den Busen, sie rief um Hilfe, ein uniformierter Aufpasser kam, um zum Rechten zu schauen. Worauf er allerdings nicht den Grabscher zur Ordnung rief, sondern die Frau. Er erklärte ihr, sie verstehe nichts von der Kultur hier, sie solle sich anpassen, und wenn sie öffentlich rauche, müsse sie sich nicht wundern. Als sie erwiderte, sie fände diese Aussagen skandalös, äußerte er ultimativ, es sei besser, sie gehe jetzt nach Hause.

Mittwoch, 16. Februar

Heute habe ich meine Tochter angerufen. Ich hätte das schon lange tun sollen. Wir sprachen eine Stunde lang, Telefonieren ist billig. Sie war mit ihrer Mutter in Paris, der Eiffelturm hat sie beeindruckt, vor allem das in der Spitze eingerichtete Zimmerchen mit der Wachsfigurenfrau am Spinnrad. Daran kann ich mich gar nicht erinnern. Ist allerdings auch schon länger her. Ein Einbruch ihrer Fantasie? Sie sagte, sie könne jetzt ohne Schwimmflügel schwimmen. Ich wollte bemerken, ich selbst sei noch nicht so weit, ließ es aber bleiben. Stattdessen erzählte ich ihr von meinem Gespensterhaus. Sie wollte jedes Detail wissen. Als ich schloss, persönlich hätte ich die Geister noch nicht zu Gesicht bekommen, fragte sie: »Sind die andern, die dir davon erzählten, auch Fotografen?«

»Nein.«

»Das Gespenst hat Angst, dass du es fotografierst. Deshalb versteckt es sich. Vielleicht zeigt es sich am letzten Tag.«

Smarte Schlussfolgerung, ich musste lachen und sagte: »Das werde ich gleich in mein Tagebuch schreiben.«

»Veröffentlichst du das Tagebuch zusammen mit den Bildern in einem Buch?«

»Das ist eine gute Idee«, antwortete ich. Das war es wirklich, ich war noch nicht darauf gekommen. »Ich habe nämlich bisher mehr geschrieben als fotografiert.«

»Und du schreibst dann, dass die Idee von mir kommt, ja? Mit meinem Namen, im Buch, okay? Versprichst du es?«

Ich gab ihr mein Ehrenwort, und sie gab mir einen Kuss durchs Telefon.

Später stieß ich im *Harmony Bookstore* beim Durchblättern einiger Bücher auf eine Stelle, die sich in meinem Kopf festsetzte. Es war eine Aufsatzsammlung von Salman Rushdie; er zitiert einen Song von Neil Young, in dem es um seinen Sohn geht, der bereits auf eigenen Beinen steht. Young realisiert plötzlich, dass er sich zu wenig um das Kind gekümmert hat. *Ich dachte, es würde jetzt langsam losgehen mit uns beiden, dabei ist es schon fast vorbei.*

Mir kam das obdachlose Mädchen am Bahnhof in den Sinn. Eigentlich seltsam, dass ich in diesem Moment nicht eher an meine Tochter gedacht habe. Ehrlich gesagt vergesse ich sie manchmal tage-, ja wochenlang. Könnte man irgendwann völlig vergessen, dass man ein Kind hat? Dabei verbindet einen ja weiterhin so viel mit ihm. Ich habe nicht mal ein schlechtes Gewissen, dass ich sie dermaßen aus meinem Leben verbannt habe. Vielleicht entwickelt sie sich ja so gut, gerade weil ich weg bin. Kann auch sein, dass sich meine Gleichgültigkeit irgendwann rächt. Das Schicksal, Gott, die Natur, das Kind – sie vergessen nicht.

Die Anteilnahme meiner Tochter, ihr Interesse für jede Einzelheit meines Tuns, ihr Stolz, einen Fotografen als Vater zu haben, schmerzt mich.

Im *Ashish Café* kam ich mit einer italienischen Künstlerin ins Gespräch, die eine »feministische Konzeptarbeit« über die Schwarze Madonna macht. Sie ist fasziniert von der schwarzen Göttin Kali. Ich erzählte ihr von der Schwarzen Madonna in Einsiedeln, die zu einem Pilgerort für Tamilen geworden ist. Gleich nach ihrer Rückkehr fahre sie hin, versicherte sie. Eine geschlagene Stunde quasselte sie mich voll, bis ich die Flucht ergriff. Erschöpft, ja verzweifelt. Hoffentlich begegne ich ihr kein zweites Mal.

Gegen Abend ging ich beim *Samsara Cafe* vorbei. Die Eingangstür war mit einem Vorhängeschloss verriegelt. Gut, es war bereits acht Uhr, aber ich war auch um neun noch auf einen Tee vorbeigegangen. Vielleicht lag's an der Kälte, oder Maya war immer noch weg. Ich blieb ratlos auf der Gasse stehen, blickte hoch, ob auf der Dachterrasse oder in einem Fenster Licht brannte, da sagte ein Mädchen neben mir: »Sie ist nicht hier.«

Ich dachte an die Worte des Mannes damals an den Ghats: »Sie könnte deine Tochter sein.«

An so einem Abend hätte ich mir an jedem anderen Ort der Welt einen Drink genehmigt. Aber was soll man hier tun, wenn man weder Yoga noch Meditation praktiziert und auch nicht nach einer Einäscherung ins Nirwana eingeht? Kein Alkohol, kein Kaffee, kein Fleisch, kein Sex, nicht mal Zärtlichkeit oder Berührungen. Selbst bei Begrüßungen gibt's keinen Händedruck, geschweige denn eine Umarmung oder einen Kuss.

Donnerstag, 17. Februar

Heute Morgen beim Aufwachen war mein linkes Auge verklebt. Ich konnte es kaum öffnen. Eine Augenentzündung.

In einer Apotheke fragte ich nach Tropfen.

»Haben Sie ein Arztzeugnis?«

»Nein.«

Er verkaufte mir mir trotzdem etwas. Seltsamerweise waren es zugleich Augen- und Ohrentropfen. Kein Beipackzettel. Ich gab vorsichtigerweise einen einzigen Tropfen ins Auge. Es brannte. Hoffentlich verätzt es mir nicht die Netzhaut.

Später meinte ich, die Linse des Fotoapparates sei schmutzig oder unscharf eingestellt. Aber es war der weißliche Ausfluss in meinem Auge.

Ich ging ziellos durch die Stadt, knipste da und dort, uninspiriert, aus Pflichtgefühl. Ich fühle mich leer, desintegriert, fahrig. Im *Harmony Bookstore* servierte mir Sharad Tee in einem Tässchen aus gebranntem, unbemaltem Ton. Es fiel mir aus der Hand, auf den Steinboden. Das war nicht so schlimm, da sie sie nach einmaligem Gebrauch sowieso fortschmeißen. Aber symptomatisch. Eher Disharmonie als *harmony*.

Als es dämmerte, irrte ich immer noch durch enger und dunkler werdende Gassen. Ich wäre für jeden Scheiß zu haben gewesen, wäre jedem Rattenfänger nachgelaufen. Da sprach mich ein Mann aus einem Laden mit Parfümen und Ölen an.

»Kennst du mich nicht mehr?«

»Nein, du musst mich verwechseln.«

»Wir haben vor ein paar Tagen miteinander gesprochen. Wo kommst du her?«

»Aus der Schweiz.«

»Ja, genau. Du wolltest etwas kaufen, oder?«

Ich zögerte mit einer Antwort.

»Komm«, sagte er, »wir gehen in meinen anderen Laden. Dort habe ich noch weitere Waren. Fast alles.«

Ich hatte so eine Ahnung und folgte ihm. Nachdem wir schon eine Weile unterwegs waren, sagte ich: »Eigentlich muss ich in die andere Richtung. Lassen wir's für heute bleiben. Ich dachte, es sei nahe. Ich komme ein anderes Mal.«

»Nein, nein. Es wird dich interessieren.«

Schließlich kamen wir an. Ein Laden für Seide und Kaschmir. Wir setzten uns auf die Kissen am Boden, er bestellte Tee. Ein jüngerer Mann holte die Stoffe vom Regal und breitete sie für mich aus. Ich sagte ihm, ich hätte vor ein paar Tagen Halstücher aus Seide und Halbseide auf dem Basar gekauft. Der Tee wurde gebracht, und der Händler kam, wie erwartet, auf das eigentliche Thema.

»Ich habe auch Hasch, wenn du interessiert bist.«

Interesse hatte ich nicht, aber ich wollte wissen, wie es weitergehen würde.

»Und sonst?«

»Coke. Opium, Trockenes zum Rauchen und auch welches zum Essen oder zum Auflösen im Tee.«

Ich hatte noch nie Opium geraucht und war hin- und hergerissen zwischen Neugierde und Angst.

»Preis?«

»Das Trockene 6000 Rupien.«

Welche Menge sagte er nicht. Und da ich nicht als Ignorant dastehen wollte, fragte ich nicht nach.

»Und das Coke?«

»Für denselben Preis fünf Gramm. Willst du probieren?«

Bevor ich antworten konnte, schickte er seinen Assistenten los. Der kam nach kurzer Zeit mit einem Plastiksäckchen Kokain zurück und hielt dann zwischen Schaufenster und uns zweien einen großen Kaschmirstoff in die Höhe, als ob er ihn mir zeigte, und währenddessen bot mir der Inhaber zum Probieren an. Ich hielt den angefeuchteten Zeigefinger ins Pulver, leckte ein bisschen davon ab und rieb mir den Rest ins Zahnfleisch. Schmeckte nicht schlecht, die übliche Katzenpisse.

»Wie viel kaufst du?«

Ich dachte nach.

»Wie viel?«, wiederholte er.

»Riskant.«

»Nicht riskant«, entgegnete er. »So wär's riskant«, und er imitierte die Geste einer Injektion. »Aber so nicht«, und dazu verzog er das Gesicht zu einer Andeutung von Sniffen.

»Ich meine riskant, weil … Du könntest mir das verkaufen und die Polizei rufen.«

»Ich bin ein Ehrenmann«, sagte er und hielt sich die Hand ans Herz. »Du kannst nachher zu mir hochkommen, ich stelle dir meine Familie vor. Wie viel?«

»Ich habe nicht viel Geld dabei. Ich komme morgen noch mal vorbei.«

»Ich gebe dir ein halbes Gramm mit, zum Probieren.«

»Nein, ich komme morgen.«

»Zu Hause probierst du. Du wirst sehen.«

»Ich besuche noch jemanden. Ich möchte das Zeug nicht den ganzen Abend mit mir herumtragen.«

Dann wollte er mir wenigstens etwas Hasch oder Gras verkaufen. Ich dachte an Siddharta, der mir erzählt hatte, dass Haschisch manchmal mit Kuhmist gestreckt werde.

»Ich habe noch welches zu Hause«, log ich.

»Bei wem gekauft, für wie viel?«

»Ich hab's von einem Freund gekriegt, als Geschenk.«

Er anerbot sich, mir die Ware am nächsten Tag zu bringen. Natürlich wollte ich ihm nicht sagen, wo ich wohnte, und behauptete, ich logierte im *Guesthouse Tiwari*. Man musste schlagfertig sein mit dem Mann. Es ging mir nur noch darum, rasch aus der Sache herauszukommen. Sogar ein Seidenhalstuch erstand ich, um mich loszukaufen. Schließlich verabredeten wir uns für den nächsten Morgen um zehn vor der *Lotus Lounge*, und er begleitete mich zur Hauptstraße zurück.

Auf dem Nachhauseweg bekam ich kalte Ohren. Ich hatte meine Wollmütze beim Dealer vergessen.

Freitag, 18. Februar

Zerfällt eine Götterfigur oder ein heiliges Bildnis, wird ein neues hergestellt. Hat der Künstler das Werk vollendet, haucht ihm der Priester in einer Geheimzeremonie in einem verdunkelten Raum Leben ein, indem er die Augen vom alten ins neue Antlitz verpflanzt. Damit die Gottheit sieht. Manchmal werden die alten Augen ausgestochen und die neuen mit Honig bestrichen.

Das weiß ich von einem indischen Künstler, der mir erklärte, dass wirkliche Kunst immer eine magische Dimension habe. Ein gelungenes Werk entwickelt ein echtes, eigenes Leben.

Ich erzählte ihm im Gegenzug die Legende vom alten chinesischen Meister, der sich nach der Fertigstellung seines letzten Werkes verbeugte und darin verschwand.

Ich ging zum *Samsara Café*. Die Tür stand wieder offen. Ich stieg die Treppe hinauf zur Dachterrasse. Niemand da. Ich wartete. Auf dem Blechdach hörte ich von Zeit zu Zeit Geräusche. Vielleicht ein Äffchen, dachte ich. Irgendwann trat ich auf die kleine Terrasse neben der Küche und blickte hoch. Da saß der Ehemann auf dem Dach und ließ selbstvergessen einen Papierdrachen im Wind flattern.

»Shashi kommt morgen«, murmelte er, den Mund wie immer voller Betelsaft, vorsichtig darauf bedacht, die Lippen nicht zu sehr zu öffnen, damit nichts herausrann und verloren ging.

Um zehn Uhr zeigte ich mich nicht in der *Lotus Lounge*. Gestern beim Einschlafen, aufgewühlt, hatte ich noch gedacht, ich würde hingehen. Aber beim Aufwachen, ernüchtert, entschloss ich mich, es bleiben zu lassen. Vielleicht war ich noch zu müde.

Beim Spaziergang nach dem Mittagessen entschied ich mich dann doch, einen Kaffee in der *Lotus Lounge* trinken zu gehen. Typischer Kompromiss. Anstatt selbst einen Entschluss zu fassen, ließ ich das Schicksal Schiedsrichter spielen. Vielleicht wäre der Seidenhändler ja noch oder wieder da, vielleicht würde ich ihm zufällig über den Weg laufen, vielleicht nicht.

Beim Eingang war er nicht. Ich stieg zur Terrasse hoch und machte es mir auf einer grünen Matte bequem. Da sah ich Maya, hinter dem letzten Tischchen. Ich stand auf, um sie zu begrüßen. Sie erwiderte meinen Blick, verwirrt, dann wandte sie den Kopf ab. Ich merkte, dass sie es nicht war, drehte mich ebenfalls um und tat so, als hätte ich lediglich ans Geländer treten und die Aussicht auf den Ganges genießen wollen. Als ich aus den Augenwinkeln sah, dass die Frau nicht mehr in meine Richtung schaute, wandte ich verstohlen den Kopf zu ihr hin. Sie glich Maya überhaupt nicht. Verwirrt kehrte ich an meinen Platz zurück.

Wozu brauche ich Drogen? Ich halluziniere schon so.

Als ich mit Blick auf den Fluss dasaß, ging mir durch den Kopf, dass ich den Ganges von nun an Ganga nennen würde.

Samstag, 19. Februar

Buchhändler Sharad stellte mir Baba vor. Er sei Geisterspezialist. Neben uns lag ein Bildband über Wildtiere in Indien, mit einem Tiger auf dem Titelbild. Baba wies mit dem Finger darauf und sagte: »Wird jemand von einem Tiger getötet, geht er nachher als Tiger mit Menschengesicht durch die Welt, um die Hinterbliebenen zu erschrecken. Sagt man.«

Als ich den Artikel über die junge Frau erwähnte, der man Nase und Ohren abgeschnitten hatte, sagte er: »Hast du gewusst, dass die Geister von Enthaupteten als besonders gefährlich gelten? Sie sind schwer zu bannen, weil sie keine Ohren haben und die Beschwörungsformeln nicht hören … In Indien kannst du übrigens auch Geister kaufen. Die schützen dein Haus gegen Diebe und andere Geister. Besser und günstiger als ein Wachhund.«

»Wie läuft das konkret?«

»Der Geisterhändler gibt dir einen verkorkten Bambuszylinder, in dem der Geist eingesperrt ist. Man bringt das Gefäß zum Baum, wo der Geist nun wohnen soll. Eine Zeremonie wird abgehalten, der Zylinder entkorkt, und der Geist verschwindet im Baum.«

»Und wie ist der Geisterdealer zum Geist gekommen?«

»Meist ist der Verkäufer ein Exorzist. Der Geist wurde einem Besessenen ausgetrieben und domestiziert.«

Er erklärte mir, dass man es bei Besessenheit zuerst mit Freundlichkeit versuche. Man streiche mit einer Pfauenfeder eine magische Marmelade auf die Stirn des Opfers und bitte den Geist höflich, seinen Namen mitzuteilen. Der Name sei die Schnur, an der man den Geist herausziehe.

»Fruchtet das nichts, zieht man andere Saiten auf. Auf einem Feuer verbrennt man eine Mixtur aus Leder, Salz, Kümmel, Affen-, Esel- und Hundekot. Den Rauch bläst man dem Besessenen in die Nase und schlägt ihn so lange, manchmal die ganze Nacht, bis der Geist durch den Mund endlich kundtut, wie er heißt und welche Opfer man ihm darbringen muss, damit er entweicht.«

Ich wollte gerade nach der »Domestizierung« fragen, als Baba sagte: »Es birgt Risiken, so einen Geist zu kaufen.«

Er schlug mir eine Stadtführung zum Thema »Geister« vor, einen Tag lang für fünfzig Franken. Klingt vielversprechend. Die Frage ist nur, warum ich mich, als Fotograf, hier seit Wochen mit Unfotografierbarem beschäftige.

Nach dem Mittagessen ging ich beim *Samsara Café* vorbei. Als ich die Treppe hochstieg und im ersten Stock ankam, stand die Tür halb offen. Ich guckte hinein, und eine weibliche Stimme sagte: »*Yes?*«

Ich sah im Halbdunkel ein Bett, einen Haufen Tücher, und dann erkannte ich das Gesicht von Maya.

Sie sagte: »*Hello!*«

Ich sagte auch »*Hello!*«, und sie erhob sich. Sie hüllte sich in eine der Decken, kam heraus und lächelte mich an.

»Du warst lange weg«, sagte ich.

»Ja, bei meiner Mutter. Letzte Nacht zurückgekommen.«

Sie zeigte die Treppe hinauf.

»Zum Café?«, fragte ich, und als Antwort streifte sie leicht meine Hand.

Wir stiegen hinauf.

»Tee?«

»Gerne.«

Sie ging in die Küche, ich setzte mich auf das alte Sofa an der Wand. Durch die Öffnung in der Mauer sah ich, wie sie, während sie das Feuer auf dem Herd entzündete und Wasser aufsetzte, immer wieder lächelnd zu mir hinüberblickte, wie schon beim ersten Mal.

Sie brachte den Krug und eine halbe Zitrone auf einem Tellerchen und setzte sich mir gegenüber. Ich betrachtete ihr Gesicht, den goldenen Ring in ihrem rechten Nasenflügel, den roten Punkt auf der Stirn.

»Ich kam für die Massage, aber du warst nicht da.«

»Mein Vater ist krank. Aber jetzt geht es besser.«

Wir sprachen so gut es ging über ihre Familie, die vergangenen Wochen und die Kälte.

Ihr Mann kam vom Dach herunter, wir begrüßten uns. Die beiden sahen sich nicht an.

Als er weg war, sagte sie: »Komm heute Abend um acht.«

Zurück im *Alice Boner House* fielen mir die geschnitzten, dunklen Türen auf, die ich noch nie geöffnet hatte. Es gab falsche Türen. Eine führte vom Essraum ins Nichts. Öffnete man sie, schaute man von oben auf die steile Treppe herunter. Ich öffnete eine weitere Tür im zweiten Stock. Ein schummriger, winziger Raum. Ich tastete nach dem Lichtschalter. Im Schein der schwachen Lampe sah ich einen Altar, mit einem Bildnis von Kali, leeren Schüsseln davor, Räucherstäbchen. An der Wand eine Vitrine mit alten zusammengeschnürten, handbeschriebenen Schriften aus Palmblättern. Wie geschlossene Fächer. Die geheimen Zauberbücher. Alice Boners Andachtsraum. Ich erinnerte mich, was man von den Geistern im Haus erzählte, vom zwiespältigen Ruf der Frau, von tantrischen Ritualen. »Kein Wunder, dass sie einen Altar einrichtete«, hatte jemand bemerkt. Was ich so verstanden hatte: Hier geschahen dermaßen viele unheimliche, okkulte Dinge – sie versuchte diese Kräfte durch den heiligen Schrein in Schach zu halten. Oder sich einen frommen Anschein zu geben.

Ich machte das Licht aus und verschloss die Tür sorgfältig. Niemand sollte merken, dass ich sie geöffnet hatte.

Nach dem Abendessen nahm ich eine Dusche, zog frische Kleider an und ging zum Café. Als ich beim Zimmer mit dem Bett vorbeikam, rief wieder jemand aus dem Dunkel. Aber diesmal war es ihr Mann. Er kam heraus, mit einem schwer zu deutenden Gesichtsausdruck.

»Ja?«, sagte er.

Bevor ich antworten konnte, wies er nach oben.

»Tee?«

»Okay.«

Er brachte mir den Tee.

»Shashi?«

»Schläft.«

»Sie bestellte mich um acht Uhr hierher. Massage.«

Er dachte nach, während er einen kleinen Ofen auf den Tisch setzte.

»*Confusion.* Morgen früh um acht.«

Ich war verärgert. Er sah es mir an und sagte entschuldigend: »Kalt. Sie schläft schon.«

Ich war drauf und dran, aufzustehen und zu gehen.

»Viel Polizei diese Tage. Wegen Bombenattentat. Alles wird beobachtet. Besser morgen früh.«

Maya. Mal sichtbar, mal unsichtbar. Zwischen Sein und Nichtsein, wie die Gespenster.

Jetzt liege ich im Bett, unter vier Decken, den angenehm warmen Laptop auf meinem Bauch.

Das englische Wort *»obsession«* geht mir durch den Kopf. Obsession, Zwanghaftigkeit, Besessenheit.

Sonntag, 20. Februar

Punkt acht Uhr verließ ich das Haus und ging durch die noch leeren, nebelverhangenen Gassen, die nach frischem Kuhdung rochen. Die Tür des Cafés stand ein wenig offen, ich trat ein. Maya erwartete mich im Behandlungszimmer.

»Ich bin gleich so weit«, sagte sie und stellte mir einen Stuhl hin. In einer Mauernische lagen Faltblätter auf mit den verschiedenen Ayurveda-Therapien, die hier angeboten wurden. Es war beunruhigend.

Es gab Kotz-Therapie *(Therapeutic vomiting with the help of Ayur. medicine for balancing kapha dosha)* und Aderlass *(Blood letting with help of leech)*. War *leech* nicht dieser Parasit oder Wurm mit je einem Kopf an beiden Enden? Auch nasale, anale, vaginale und urethrale Einläufe wurden angeboten *(Ayur oil is given through nostrils for cleansing the disorders head region, Ayur medicine is given through urethra and vaginal passages for urogenital disorders and through anus for the balancing vata dosha)*. Was war gemeint mit *Full body forestation*? Bewaldung, Wiederaufforstung des Körpers, nach einem therapeutischen Kahlschlag? Und was bedeutete *Purgation – 200 Rupees/day*? Fegefeuer, nach Tagen berechnet?

Maya nahm etwas aus der Tonschüssel, die an einer Schnur von der Decke baumelte. Dann entzündete sie eine Art Gaskocher unter dem Holzschragen. Es zischte, und ich sah die vielen kleinen, blauen Flammen auflodern. Meine schlimmsten Befürchtungen wurden bestätigt. Sie gab mir ein Zeichen, mich auszuziehen, und verriegelte die Türen.

Erst jetzt sah ich das Bild von Kali, das über dem Massagebett hing.

Als ich bis auf die Unterwäsche entkleidet war, machte Maya ein Stoppzeichen und sagte, ich solle mich auf den Rand der Holzkonstruktion setzen. Sie erhitzte Öl auf dem Feuer. Ob ich wohl angebraten oder frittiert werden sollte?

Dann löste sie ihr Haar und nahm die türkisfarbenen Armringe ab.

Jemand klopfte an die Tür, sie öffnete kurz und nahm eine dampfende Tasse entgegen, die sie mir weiterreichte.

»Was ist das?«

»*Tea. Medicine. Drink.*«

Die emaillierte Blechtasse war so heiß, dass ich sie kaum halten konnte. Ich stellte sie an den Rand des Bettes.

»*No, drink. Drink very hot. Chakra open.*«

Also trank ich vorsichtig und verbrannte mir prompt die Zungenspitze.

Als ich fertig war, sagte sie mir, ich solle mich nun ganz ausziehen und bäuchlings hinlegen. Ich dachte, sie würde erst ein Tuch auf die abgenutzte Lederoberfläche breiten. Tat sie aber nicht. Dafür stopfte sie mir eine Art Waschlappen zwischen die Beine.

»*Do you take bhang?*«, fragte sie.

»*Bhang?*«

»*Yes!*« Sie lachte. »*Bhang very good.*«

Mit dem Gesicht auf dem Lederkissen fiel es mir schwer zu reden. Also ließ ich das Nachfragen.

Sie schaltete einen alten CD-Player ein. Traditionelle indische Musik, Sitar und Tabla, aber extrem verlangsamt. Zeitlupen-Musik.

Sie goss sich etwas heißes Öl in die hohle Hand, rieb die Handflächen gegeneinander und begann mir den Rücken zu massieren. Es gab in dem hohen Raum nur einen kleinen Elektro-Ofen mit einer zerbrochenen Röhre, und es war ungemütlich kühl. Mayas warme Hände taten gut, die Hitze der Reibung, das Öl. Nach kurzer Zeit fiel ich in einen Dämmerzustand. Es war seltsam. Ich träumte intensiv, aber ohne zu schlafen. Zugleich nahm ich die Massage nur wie von fern war, als ob es nicht mein eigener Körper war, der da geknetet, geklopft, gestreichelt und gewalkt wurde. Ich hörte, wie das behelfsmäßige Massagebett, auf dem ich aufgebahrt war, ächzte und knarrte. Das ganze Zimmer duftete intensiv nach dem parfümierten Öl, eine

Mischung aus geschmolzenem Bienenwachs und Anis. Ich folgte den ausufernden Sitarklängen, die mich weit aus meinem Körper hinauszutragen schienen. Einmal dachte ich: Wir bestehen zu neunzig Prozent aus Wasser. Wir sind dem Fluss verwandt. Auch durch mich fließt ein Nebenarm der Ganga. Es ging mir durch den Kopf, dass »Varanasi« gebildet wird aus Varuna und Asi, den beiden kleineren Flüssen, die sich hier mit der Ganga vereinigten, und ich stellte mir vor, wie Maya und ich zusammenflossen. Oder zusammen eine Musik bildeten. Sie war die Sitar und ich die Tabla. Ich war glücklich. Die Überwindung des Todes. Wie mir kürzlich am Assi-Ghat erklärt wurde: »Wir sind Sprösslinge eines Riesenbaumes. Wenn wir verblühen, gehen wir lediglich zurück in den großen Stamm.« Der Fluss, die Musik, der Baum und das Leben würden immer weiterexistieren.

Sie sagte: »Jetzt kannst du dich umdrehen.«

Ich hörte die Worte, aber realisierte nicht, dass sie mir galten. Sie gab mir einen leichten Schubs in die Seite, ich öffnete die Augen und legte mich auf den Rücken. Der Raum drehte sich. Die Erde, die um die Sonne kreist und zugleich um die eigene Achse rotiert. Maya war die Sonne, das warme Energiezentrum. Vielleicht war sie auch der Mond, der mein eigenes Licht reflektierte. Es schien mir, als würde ich von mindestens vier Händen massiert. Von einer vielarmigen Göttin. Ich spürte, dass es kalt war im Raum, aber ich fror nicht.

Sie sagte: »Zieh etwas an.« Wieder hörte ich die Worte, aber realisierte nicht, dass sie mit mir zu tun hatten. Sie strich mir über die Stirn, dann tätschelte sie leicht meine Wange, und ich öffnete die Augen.

»Zieh etwas an.«

Sie reichte mir Unterwäsche, Socken, Hose und Hemd. Ich dachte, die vereinbarte Stunde sei vorüber, aber sie machte mir ein Zeichen, ich solle mich wieder hinlegen, und dann massierte sie mein Gesicht. Einmal drückte sie mir fast die Augen ein. Ich verzog den Mund, sie sagte *»sorry«* und rubbelte stattdessen meine Ohren. Als ich kurz die Lider öffnete, war ihr Gesicht mit den strahlend hellen Augen unmittelbar über mir. Ich hätte bloß die Lippen spitzen müssen, um ihre Wange zu streifen. Oder den Kopf ein paar Millimeter heben, um mit meinen Wimpern über ihre Stirn zu streichen. Aber ich war paralysiert. Ich schloss die Augen wieder, und die Wellen der Musik trugen mich fort.

Irgendwann, viel, viel später, tippte sie mir mit dem Finger an die Stirn, und ich tauchte auf, dem Licht entgegen, das ich jenseits der Wasseroberfläche sah.

Ich öffnete die Augen und blickte mich um. Wo war ich? Maya räumte ihre Utensilien zusammen und zeigte auf den Haken an der Wand. Dort hingen mein Pullover und meine Jacke. Ich erinnerte mich, beides auf den Stuhl gelegt zu haben. Maya hatte sie offenbar aufgehängt. Bevor sie die Tür aufschloss, fragte ich nach dem Preis.

»500 Rupees«, sagte sie. Das war weniger, als ich erwartet hatte.

Ich gab ihr das Geld, und sie fragte mich, ob ich noch auf einen Tee auf die Terrasse komme. Aber ich musste hinaus.

Als ich auf die schlammige Gasse trat, blendete mich das Licht, obwohl der Himmel wolkenverhangen und das Viertel in dämmeriges Grau getaucht war.

Zu Hause warf ich einen Blick in meine Börse. Es waren nur noch ein paar Hundert-Rupien-Scheine drin. Das erstaunte mich. Ich hatte geglaubt, zwei Fünfhunderterscheine hineingelegt zu haben. Hatte Maya mich beklaut während meiner Tauchfahrt? Aber ganz sicher war ich mir nicht, wie viel Geld drin gewesen war.

Ich setzte mich aufs Bett und blickte zum Fenster hinaus an die gegenüberliegende Mauer jenseits der schmalen Gasse, durch die nie jemand kam. Keine Ahnung, was ich tun sollte. Ich fühlte mich schwer und müde. Hatte keine Lust rauszugehen. Um mich an den Tisch zu setzen und zu arbeiten, war es zu kalt. Und ins Bett kriechen mochte ich auch nicht.

Viele Leute hatten mir in den letzten Tagen von ihren Meditationserfahrungen berichtet – also setzte ich mich im Schneidersitz auf die Matratze, zog die Decke über die Beine und hüllte meinen Oberkörper in eine Wolldecke. So saß ich da, blickte auf den Überwurf mit den blauen Elefanten vor mir und ließ die Gedanken vorbeiziehen, ohne mich an einen zu heften. Ich stand am Ufer der Ganga und ließ es fließen. Langsam wurde es angenehm still in meinem Kopf. Es war ein entspannendes Gefühl, nichts tun zu müssen, einfach da zu sein, zu existieren.

Aber auf einmal bildeten sich Strudel im ruhigen Fluss. Ich blickte durch sie hinunter wie durch einen tiefen Trichter. Ein beängstigender Abgrund ins Leere, der mich an diese Horrormeldung vor ein paar Wochen erinnerte, als in einer südamerikanischen Stadt plötzlich die Erde absackte. Die Häuser verschwanden in einem Loch von mehreren hundert Metern Tiefe. Von oben sah man den

Grund nicht mehr. Die Geologen rätselten, wie so etwas möglich war, die Menschen aus der Umgebung flüchteten in Panik. Ein paar Tage später passierte dasselbe in einem anderen Stadtteil. Und wenn das so weiterginge? Wie ein Katastrophenfilm aus Hollywood, aber real. Ich blickte in diese Strudel, die feine Tunnels in die Finsternis bildeten. Schwarze Löcher, in denen alles verschwand, sogar die Zeit, und die alles um sich herum aufsogen, auffraßen, sich immer weiter ausbreiteten.

Ich dachte an meine Tochter, ihre Mutter, die Geister, die Tantriker, die Bombe, die ungemachten Fotos, die vergeudeten Wochen, die Einsamkeit. Das Gift der Sinnlosigkeit breitete sich aus, zerstörerisch wie Säure.

Wie aus einem Albtraum schreckte ich hoch, öffnete die Augen, drehte den Kopf.

Meditation ist gefährlich, dachte ich, schwer atmend wie nach einer Flucht. Unser unaufhörlicher Bewusstseinsstrom hat sein Gutes. Er verdeckt die unwirtlichen, zerstörerischen Schichten darunter. Stoppt man diesen Fluss, wird plötzlich der Müll auf seinem Grund sichtbar. Nichts für mich.

Ich zog mich an und ging zum *Harmony Bookstore*. Dort war eine Unterhaltung über einen Hardcore-Tantriker aus Australien im Gang, der sich bei den Verbrennungsstätten an halb verkohlten Armen gütlich getan hatte. Sharad erklärte: »Bei den Tantrikern ist es üblich, dass sie *ein* Mal – bei der Initiation – ein kleines Bisschen menschliches Fleisch, oft nur ein Stückchen Haut, in den Mund nehmen. Meist schlucken sie es nicht einmal. Es hat nichts mit Kannibalismus zu tun, sondern ist symbolisch zu verstehen: Es gibt nichts Unreines, alles ist pur.«

Der Nachbar, der dem weiblichen Geist in der Gasse zwischen unseren Häusern begegnet war, erzählte von einem Sadhu, der sich im Laufe der Jahre scheibchenweise den rechten Arm abgeschnitten hatte, um die Macht des Geistes über den Körper zu demonstrieren. Auf der Höhe des Bizeps angekommen, starb er an einer unstillbaren Blutung.

»Dürfte ich kurz ein anderes Thema anschneiden?«, warf ich ein. »Gibt's hier eigentlich auch so was wie Partys? Klar gibt es keine Diskos und Bars in einer heiligen Stadt. Aber organisieren die Leute ihre Unterhaltung dann nicht umso mehr selbst? War Varanasi nicht einst berühmt für seine Bohème, so wie Tanger in Marokko?«

»Bis vor wenigen Jahren«, antwortete Sharad. »Aber die Bomben haben auch das kaputt gemacht.«

»Die Leute haben Angst vor den Muslimen?«

»Nein. Aber die Polizisten sind omnipräsent. Weil sie wissen, dass sie den nächsten Anschlag nicht verhindern können, markieren sie anderswo Präsenz, einfach um zu demonstrieren, dass sie für *law and order* sorgen. Sie verhaften alles, was nach Alkohol, Marihuana, Prostitution, Sex oder Partys riecht. Eine gute Gelegenheit, was dazuzuverdienen. Sie haben es vor allem auf Ausländer abgesehen. Oh, ein Joint, sagen sie. Weißt du, dass du dafür zehn Jahre in den Knast wandern kannst? Und wenn der arme *traveller* am ganzen Körper zittert vor Angst, sagen sie: Okay, gib uns 200 Dollar, und wir vergessen die Sache. Der eingeschüchterte Kiffer ist vor lauter Dankbarkeit bereit, jede Summe zu zahlen. Schließlich hat er gehört, wie's hier in den Gefängnissen aussieht. Und so erreichen die Islamisten – mithilfe der Polizei, die gegen sie vorgehen sollte – indirekt ihr Ziel einer gesäuberten Stadt.«

Vielleicht hatte Mayas Mann auf diese Dinge angespielt, als er mich an jenem Abend mit den Worten »viel Polizei diese Tage« nach Hause schickte. Eine Frau massierte jemanden nach Einbruch der Dämmerung – ein Verhaftungsgrund.

Gegen Abend ging ich auf einen Tee zu Maya. Zum ersten Mal setzte sie sich neben mich auf das Sofa. Sie sagte nicht viel, aber sah mich immer wieder von der Seite an, mit ihren klaren Augen, transparent und leuchtend wie Bernstein. Wenn ich in ihre Richtung blickte, wandte sie das Gesicht ab und schaute knapp an mir vorbei, auf den alten Computer im Hintergrund oder den Ofen, der kaum Wärme abgab.

Ich fragte sie, wo sie Massieren gelernt habe, und sie erwähnte den Namen eines Doktors. Sie fügte hinzu, sie praktiziere auch ..., aber ich verstand das Wort nicht recht. Etwas wie »Pancha« oder »Bhakti«.

Ich blickte sie fragend an, und sie wiederholte das geheimnisvolle Wort, gefolgt von »Karma«, »Yoga« und »Tantra«. Ein Wortschwall. »Tantra. Nur eine Frau, ein Mann. Sitzen auf dem Campus der Benares Hindu University. Auf der Wiese. Am Morgen früh. Sonst niemand dort. Sehr gefährlich. Aber erst im März. Jetzt zu kalt.«

»Warum sehr gefährlich?«

Sie blickte zur Seite, rieb sich die Nase, spielte mit dem Ohrring, antwortete nichts.

»Wegen ein Mann, eine Frau?«

»Ja genau!« Sie strahlte mich an und lachte. Dann wurde sie wieder ernst und wiederholte: »Sehr gefährlich.«

Wir schwiegen eine Weile, bis sie fragte: »Du bist Fotograf?«

Ich wunderte mich, wie sie darauf kam.

»Ja.«

»Fotografierst du mich?«

Ich war überwältigt vor Freude.

»Sehr gerne. Aber ich habe die Kamera nicht dabei.«

»Hast du *eine* Kamera, oder mehrere?«

Ich wusste nicht recht, ob ich die kaputte dazuzählen sollte.

»Eine.«

»Ich mache mich schön. Komm morgen Abend. Um neun. Erst Foto, dann Massage.«

Als ich die Treppe zu meinem Zimmer hochstieg, stellte ich fest, dass die Tür zu Alice Boners Altar-Zimmerchen jetzt mit einem Vorhängeschloss verriegelt war. Ich legte mich aufs Bett und verfiel erneut in meinen Dämmerschlaf. Aufgeweckt wurde ich durch das Piepen meines Handys. Eine SMS. Der amerikanische Fotograf, den ich kennengelernt hatte, teilte mir mit, er habe vor einer halben Stunde vorbeischauen wollen. Leider habe ihm der Wächter gesagt, ich sei nicht zu Hause. Ich blickte auf die Uhr und sah erstaunt, dass ich drei Stunden dagelegen hatte. Warum sagte der Wächter, ich sei nicht zu Hause? Ich wollte aufstehen und ihn zur Rechenschaft ziehen, aber mir war zu kalt, um das warme Bett zu verlassen. Ich mochte auch nicht auf die SMS antworten. Es war sowieso zu spät, wahrscheinlich war er bereits wieder in Cantonment, wo er logierte, am anderen Ende der Stadt.

Erneut tauchte ich in meinen Traumzustand ab.

Von fern hörte ich einen heftigen Wortwechsel zwischen der Köchin und dem Nachtwächter. Mitten im unverständlichen Hindi-Fluss glaubte ich, »Shashi« und meinen Namen zu hören. Was hatte Maya mit den beiden zu tun? Ich hatte den Hausverwalter über die kaputte Kamera informiert. Ich wusste, dass er mit der Köchin darüber sprach. Vielleicht hatte sie ihm einen Hinweis auf den Nachtwächter gegeben, der dann zur Rechenschaft gezogen worden war und nun die Denunziantin attackierte. Man hatte mir gesagt, den Wächtern sei nicht zu trauen. Aber vielleicht war er nicht selbst in mein Zimmer gegangen, sondern hatte Shashi – oder eher ihren Mann – während meiner Abwesenheit hereingelassen. Und der hatte meine Kamera zertrümmert, warum auch immer. Wenn ich mich recht erinnerte, hatte ich den demolierten Apparat entdeckt, kurz nachdem ich zum ersten Mal ins *Samsara Café* gegangen war.

Später, mitten in der Nacht, weckten mich seltsame Geräusche. Ich wusste nicht, ob sie von Menschen oder Tieren stammten. Ein Stöhnen oder Muhen. Der Nachtwächter sang, von Zeit zu Zeit lachte er irr. Er war doch allein, oder? Ich hatte schon früher festgestellt, wie merkwürdig er war. Ich hörte auch Schritte. Er schlurfte durchs Haus. Das war nichts Besonderes. Aber dann schreckte ich plötzlich auf durch ein schweres Kratzen. Als ob Möbel über den Fußboden geschoben würden, ein unangenehmes Geräusch, wie Kreide auf einer Wandtafel. Etwas fiel krachend herunter, ein Klirren, Leute rannten davon. Laute Stimmen, Lachen. War das auf der Gasse draußen oder im Haus? Der Ring polterte gegen die Tür, der schwere Riegel wurde zurückgeschoben. Wer kam um diese Zeit? Wollte mich jemand sehen, vielleicht Maya, und der Wächter sagte, ich sei nicht da? Dann ein Schlagen und In-die-Hände-Klatschen, dreimal, viermal. Hantierte der Nachtwächter in der Küche oder wurde an meine Tür geklopft? Schließlich vernahm ich ein Flüstern, nahe an meinem Ohr, und riss die Augen auf. Nichts.

Endlich wurde es ruhig, oder vielleicht schlief ich ein.

Montag, 21. Februar

Ich erinnere mich, wie Maya fragte: »Hat dir die Massage gefallen?«

»*I liked it*«, antwortete ich.

Aber stimmt es wirklich, dass Maya erwiderte: »*You like it now, but you will love it later*«?

Das klang verheißungsvoll, aber auch gefährlich, wie eine Drohung. Als ob sie gesagt hätte: »Du wirst mir verfallen.«

Noch den ganzen gestrigen Tag war ich in einem schwankenden Taumel-Zustand. Und heute wartete ich auf den Abend.

Als es so weit war, ging ich zum Café. Maya empfing mich im von Fahrrädern verstellten Eingang und führte mich die rohe Betontreppe hinauf.

Oben servierte sie mir *chai* mit Konfekt aus Nüssen, Honig und aromatischen Blättern.

Sie war in einen bordeauxroten, golddurchwirkten Sari gehüllt und trug Pantoffeln mit Glitzersteinchen. Ich machte ein paar Blitzlichtaufnahmen, die ihre Augen aufleuchten und fast durchsichtig wirken ließen. Dann nahm ich sie in der Küche auf, wie sie ein Holzscheit ins Feuer legte. Der Widerschein der Flammen in ihren glänzenden Augen.

Der Kontrast zwischen ihrer 1001-Nacht-Aufmachung und der schäbigen Unordnung der Kochnische. Schließlich posierte sie vor dem Nachthimmel mit der geheimnisvollen, in oranges Flutlicht getauchten Tempelkuppel. Am besten wurde wohl eine Aufnahme ohne Blitz mit langer Belichtungszeit, die die Sterne über ihr hervortreten ließ, während ihr Kleid fließend in den schwarzen Hintergrund überging.

Einmal fragte sie mich etwas, ich begann zu erzählen, und plötzlich hatte ich einen Blackout.

»Sorry, was war gleich die Frage?«

Sie lachte. Kurz darauf hatte sie es plötzlich eilig, mit der Massage zu beginnen.

Wir stiegen die steilen Stufen hinunter und betraten ihr Behandlungszimmer. Dieses Mal hatte sie den havarierten Ofen neben das Massagebett gestellt. Wie eine Höhensonne. Ich wurde an der Schulter unangenehm heiß angestrahlt, während meine Füße eiskalt waren.

Schon nach kurzer Zeit glitt ich wieder in den Dämmerzustand. Die unwahrscheinlichsten Gedanken und Erinnerungen sausten durch meinen Kopf. Aber dann verlangsamte sich alles, und die Zeit schien fast stillzustehen. So wechselten sich Beschleunigung und Verzögerung ab. Maya verfiel in einen hypnotischen Singsang, während sie mich massierte. Jedes Mal, wenn ich kurz die Augen öffnete und sie anblickte, sah sie anders aus.

Einmal wollte ich nach einem Kristall greifen, der vor mir in der Luft schwebte. Aber als ich versuchte, die Hand auszustrecken, merkte ich, dass ich ja auf dem Bauch lag, mit geschlossenen Augen, und nichts vor meinem Gesicht schweben konnte.

Ich sah all die Touristen an den Ghats vor mir, die nicht verpflichtet waren zu fotografieren. Sie konnten sich treiben lassen, ihr Blick war nicht gefiltert, kein Röhrenblick wie meiner, immer auf der Suche nach dem noch besseren Sujet. Sie mussten nichts festhalten. Sie *waren* in dieser Welt, die ich lediglich durch ein Glas hindurch fixierte.

Aber warum zum Teufel fotografierten diese so unabhängigen Besucher mehr als ich?

Kurz tauchte ich auf, als ich von fern ein Flüstern hörte. Ein heftiger Wortwechsel oder Streit. Zwischen Maya und ihrem Mann? Eigentlich schrien sich die zwei an, aber mit unterdrückter Stimme. Ein Flüstern unter Hochdruck. Es schien mir, der Mann verlange etwas, womit sie nicht einverstanden sei. Ich versuchte, den Kopf zu drehen, aber brachte die Kraft nicht auf. Dann versank ich abermals in meinem bunten Fluss aus Bildern und Szenen.

Der Seiden- und Drogenhändler erschien, und ich überlegte wieder hin und her, ob ich etwas bei ihm kaufen sollte oder ob Drogenkonsum in Varanasi zu riskant sei. Stimmt es, dass ich in meinem Delirium Mayas nackte Beine berühren wollte, sie aber meine Hand wegzog mit den Worten: »Sie sind ganz stopplig. Weil ich schon lange keinen Sex mehr habe, mache ich auch keine Wachsbehandlung mehr.«? Vermutlich habe ich das geträumt. Später dachte ich an den Geist in meinem Haus, den offenbar alle gesehen hatten außer mir. Vielleicht weil ich selbst der Geist bin, dachte ich, und die Erkenntnis kam mir so genial vor wie eine Schlussfolgerung von Sherlock Holmes.

»Du kannst jetzt aufstehen.«

Die trübe Ganga, die sich unendlich langsam vorwärts wälzt. Das unmerkliche Fließen wird erst sichtbar, wenn man ein Schälchen mit einer Kerze aufs Wasser setzt; es dreht sich ein paarmal im Kreis, bevor es sich zögernd in Bewegung setzt. Der große Meister Yogi Lalibaba, zu dem mich ein australischer Sinnsucher schleppte, schaute sich bei unserem Eintreten gerade eine indische Seifenoper auf einem uralten Fernseher an und rauchte John-Player-Zigaretten. »Ich habe 700 Freunde auf Facebook und 500 auf Tagged«, sagte er. »Die Leute kennen mich auf der ganzen Welt. Ich bin der Master-Blaster.«

»Du kannst jetzt aufstehen.«

Im *Open Hands Café* lagen die zerfledderten Ausgaben eines indischen Fotomagazins auf, *Better Photography*. Wie beruhigend, sie durchzublättern. Die harmlosen Tipps. *Wie fotografiere ich ein Gesicht im Gegenlicht, Was zeichnet einen guten Dia-Vortrag aus, Worauf muss ich achten, wenn ich in fremden Ländern fotografiere.*

»Du kannst jetzt aufstehen.«

Eine kalte Hand berührte meine Stirn. Ich blinzelte mit einem Auge. Ein chinesisches Gesicht über mir. Oder war es eine Spanierin? In der spärlichen Beleuchtung veränderten sich ihre Züge unaufhörlich.

»Du siehst aus wie Tom Hanks. Nein, wie Woody Allen.« Wer hatte das gesagt?

Die kalte Hand schüttelte mich, ich blinzelte mit dem anderen Auge.

War das nicht Maya? Was machte sie in meinem Zimmer, wie war sie ins Haus hereingekommen?

»Es ist vorbei. Wach auf, zieh dich an.«

Ich hob den Kopf. Das Massagezimmer. Mit einem Ruck setzte ich mich auf. Es war, als ob mein Hirn auf dem Kissen blieb und erst verzögert wieder im Kopf ankam.

Ich musste meine ganze Konzentration aufwenden, um mich anzuziehen. Mit jedem Kleidungsstück fror ich weniger. Schließlich band ich mir schweigend die Schuhe. Als ich den Oberkörper nach vorne neigte, schien mein Hirn wieder hinauszufließen. Ich richtete mich auf, und es floss an seinen angestammten Platz zurück.

Meine Fototasche lag am Boden. Ich öffnete sie kurz, um nachzusehen, ob ich nichts vergessen hatte. Die Kamera war nicht drin. Ich überlegte. Hatte ich sie im Café oben liegen lassen? Nein, ich sah genau vor mir, wie ich sie in der Tasche verstaut hatte.

Mit einem Mal war ich nüchtern.

»Wo ist mein Fotoapparat?«

»Ich weiß nicht.« Ich sah ihr an, wie unbehaglich ihr zumute war.

»Habe ich ihn auf der Dachterrasse vergessen?«

»Ich weiß nicht«, sagte sie nervös. War das eine Träne, die beinahe aus ihrem Auge kullerte?

»Hey Shit!«, schrie ich. »Wo ist meine Kamera?!«

Sogleich öffnete sich die Tür, und ihr Mann kam herein.

»Was ist los?«

»Wo ist meine Kamera?!«

Er trat nahe an mich heran, mit seinen geröteten Joint-Augen und den vom Betelsaft braunen Lippen.

»Wenn du Probleme machst«, sagte er heiser flüsternd, »rufen wir die Polizei. Wir sagen: Du hast Drogen konsumiert und hast sie vergewaltigt.«

»Okay«, sagte ich. »Eins zu null für dich. Aber rück wenigstens den Chip mit den Aufnahmen heraus. Für mich sind die ziemlich wichtig, und dir nützen sie nichts.«

»Du gehst jetzt besser.«

Maya schlich hinter ihm aus dem Zimmer. Ich tastete die Innentasche meiner Jacke ab, um zu kontrollieren, ob meine Geldbörse noch da war. Ich konnte sie fühlen. Aber war auch noch Geld drin? Hier vor seinen Augen mochte ich sie nicht herausnehmen.

»Du gehst jetzt besser.« Mit mehr Nachdruck.

Ich dachte: Das wirst du büßen, du Hurensohn. Ich werde dich fertigmachen. Ich werde dein Leben, dein Haus, deine Familie, deine Scheißfresse – alles werde ich zerstören. Ich werde dich zugrunde richten, deine Kinder und deine Frau werden dich nicht mehr wiedererkennen – nicht mal du selbst, wenn du in den Spiegel schaust.

In Wirklichkeit sagte ich nichts, nahm meine leere Fototasche und verließ den Raum.

Auf der Kuhfladengasse draußen warf ich einen Blick in meine Börse. Natürlich fehlte Geld. Ich ging zum Assi-Ghat hinunter, um diese Zeit fast menschenleer und dunstverhüllt. Nur ein paar Frauen mit ihren Kindern, alle in Tücher eingehüllt, hockten vor ärmlichen Feuerchen. Der Platz wirkte gespenstisch im orangen Licht der Nachtlampen. Ich setzte mich auf einen windschiefen Holztisch am Ufer, um nachzudenken. Drei Geier landeten im Sand.

Ich fühlte mich am Ende.

Wenn ich schon nicht fähig bin, hier zu leben, wäre ich vielleicht immerhin fähig, hier zu sterben, dachte ich. Aber wie? Die Benommenheit hielt an, nun kamen noch hämmernde Kopfschmerzen hinzu. Was hatten mir Maya oder ihr Mann in den Tee getan? Würde ich ertrinken, untergehen wie ein Stein, wenn ich in die Ganga spränge? Ich vermutete, dass ich im kalten Wasser augenblicklich nüchtern würde und zu schwimmen begänne. Eine andere Möglichkeit wäre, in ein Feuer zu springen. Aber die müden Feuerchen zwischen den Frauen hätte ich dadurch lediglich gelöscht.

Plötzlich sagte eine Stimme hinter mir: »Papi?«

Ich drehte mich um, aber da war niemand.

Es war eindeutig die Stimme meiner Tochter, aber in der Dunkelheit war kein Mensch zu sehen.

»Was machst du hier um diese Zeit so allein?«, fragte die körperlose Stimme. »Du siehst aus wie einer dieser indischen Freaks.«

»Was machst *du* hier?«

Sie ist tot, dachte ich. Unsichtbar. Es ist lediglich ihr Geist, der hier herumstreunt. Ich realisierte, wie einsam sie war. So viel einsamer als ich. Sogar ihren Körper hatte sie verloren, nicht nur ein Auge, einen Arm oder einen Fuß, sondern alles.

Eine Zeile aus einem Song ging mir durch den Kopf: *»You could be a reason to live.«* Du könntest ein Grund sein zu leben, weiterzuleben, zu überleben. Aber es war zu spät. Ich hatte sie getötet, indem ich nie mehr an sie gedacht hatte. Ich blickte mich um. Rundum herrschte Dunkelheit, auch in meinem Innern. Jemand hatte das Licht vor Langem schon ausgemacht. Ich tastete und tastete nach einem passenden Wort, bis ich endlich, unsicher und blind, stammelte: »Wenn ich die Uhr zurückdrehen könnte … Ich wünschte, du wärst wirklich hier, oder wir wären wenigstens zusammen tot.«

DIE ANONYMEN ANRUFE

Die *Konkurs*-Bar lag gleich beim Institut um die Ecke. Arthur hatte soeben Bier für sich und seinen Kollegen Al bestellt, als sein Handy klingelte. Es war seine Frau Stella. Sie sagte, sie hätte in einer Viertelstunde Feierabend und würde ihn gerne in einem Café treffen. Um etwas zu besprechen. Seltsam. Das hatte sie noch nie gemacht.

»Worum geht es denn?«, fragte Arthur.

»Ich möchte das nicht am Telefon diskutieren. Um 18.30 Uhr in der *Schanze*?«

»Okay.«

Arthur war Soziologe und kürzlich vierzig geworden. Mit seiner Goldrandbrille, seinem Designerjackett, dem Dreitagebart, den langen Locken und der abgewetzten Ledermappe war er ein seltsamer Hybrid aus ewigem Student und Yuppie. Das entsprach seiner Situation. Er hatte zwar gute Chancen, in ein paar Jahren Professor zu werden, aber vorläufig verdiente seine Stella, Chefsekretärin in einer Firma für Kommunikationsberatung, mehr als er an seiner Forschungsstelle. Trotz Doktortitel und jahrelanger Dozententätigkeit galt er, als Habilitand, innerhalb der universitären Hierarchie immer noch als Lehrling, der sich erst beweisen musste. Al war Amerikaner und Assistenzprofessor am selben Institut, und Arthur hätte gerne mit ihm die Details für ihren Beitrag am Kongress in Oslo besprochen. Sie verschoben die Planung auf den folgenden Tag, leerten ihre Gläser, und Arthur nahm das Tram zur *Schanze*.

Stella kam rasch zur Sache.

»Ich habe heute Nachmittag einen Anruf gekriegt. Eine Frau. Sie sagte: Arthur hat eine Freundin.«

Arthur war sprachlos. Aber er wusste, dass es auffällig wäre, allzu lange nichts zu sagen.

»Eine Freundin?«

Obwohl er wirklich überrascht war, spielte er zugleich Überraschung, um ja keinen falschen Verdacht aufkommen zu lassen.

»Und wer war die Frau, die anrief? War es diese angebliche Freundin selbst?«

»Nein. Sie sagte, sie kenne mich, sie möge mich. Sie wolle mich lediglich informieren. Von Frau zu Frau. Warnen vor dieser anderen.«

»Wie heißt sie denn?«

»Die Freundin?«

»Na, die auch. Aber ich meinte diejenige, die anrief.«

»Sie sagte mir ihren Namen nicht. Sie wolle keinen Ärger, weil sie eine Bekannte dieser angeblichen Freundin sei. Sie rufe mich hinter deren Rücken an. Wie die Freundin selbst heißt, sagte sie mir auch nicht.«

»Na super. Es gibt keine Freundin.«

»Das habe ich auch angenommen. Aber warum ruft mich diese Frau an?«

Er konterte mit einer Frage: »Hast du ihre Stimme nicht erkannt?«

Es war wichtig, das Gespräch selbst zu steuern, sich nicht in die Defensive, in die Ecke drängen zu lassen.

»Nein«, sagte sie. »Das heißt, irgendwie kam sie mir zuerst bekannt vor, aber ich weiß nicht woher. Sie hatte einen ganz leichten Akzent in ihrem Deutsch. Italienisch vielleicht, aber ich bin mir nicht sicher.«

»Bei der Polizei würde man nun fragen: Haben Sie Feinde?«

»Ich oder du?«

Er lachte. »Beide.«

Erst jetzt bestellten sie. Sie einen Tee, er ein Bier.

»Die Frau rief etwa um vier an. Sie sagte: Ich habe Arthur soeben mit ihr gesehen, in der Hohlstraße. Wo warst du heute Nachmittag?«

»Aha, also doch ein Verhör. Im Institut, Zimmer 303, am Tisch beim Fenster. Ein hieb- und stichfestes Alibi. Es gibt etwa ein Dutzend Zeugen mit tadellosem Leumund.«

Sie lächelte zufrieden und gab ihm einen Kuss über den Tisch hinweg.

Arthur lehnte sich zurück.

Es war lächerlich, es gab keine Geliebte. Aber dass er am Nachmittag nicht im Institut gewesen war, sondern in der Hohlstraße, in Begleitung einer Frau, stimmte.

Stella wollte noch bei einer Freundin vorbeischauen, und Arthur ging schon mal nach Hause. Dort traf er Flores an, eine gebürtige Mexikanerin, die vorübergehend bei ihnen wohnte. Stella hatte vergangenen Sommer einen Sprachkurs in Venedig besucht und sie dort in einem Café kennengelernt. Flores war Künstlerin. Sie arbeitete mit ausrangierten Computern, die sie so präparierte, dass auf dem Bildschirm seltsame Botschaften erschienen, sobald der Betrachter einen Knopf drückte. Die Mitteilungen tauchten nach dem Zufallsprinzip auf, aber der Betrachter bezog sie automatisch auf sich selbst. Es funktionierte wie ein Orakel, und so verwandelte sich der Computer in etwas Magisches. Dasselbe machte sie mit GPS-Geräten und Handys, auf denen man eine Nummer anwählen konnte und dann in ein bizarres Gespräch (mit Flores selbst) verwickelt wurde. Sie besaß keine Aufenthaltsgenehmigung in Italien. Stella hatte sie im Auto in die Schweiz gebracht; sie hatten einen stillgelegten Grenzübergang in den Bergen passiert, und nun war Flores seit zwei Wochen hier.

Arthur mixte zwei Campari Orange und unterhielt sich mit ihr über Beuys, den sie beide doof fanden. Als Stella nach Hause kam, aßen sie zu dritt Spaghetti. Arthur war froh, dass Flores an diesem Abend hier war. Er fühlte sich Stella gegenüber befangen. Einerseits drängte es ihn nachzubohren, wer hinter dem ominösen Anruf stecken könnte. Andererseits war es vielleicht besser, nicht mehr darauf zurückzukommen.

Am nächsten Morgen wollte Flores einen Bekannten in Bern besuchen. Arthur bot ihr an, sie zum Bahnhof zu begleiten, um ihr dort eine Fahrkarte zu kaufen. Danach würde er weiter ins Institut fahren. Als sie die Wohnung verließen und gerade die kleine Brücke überquerten, die zur Tramlinie jenseits der Bahngleise führte, kam ihnen ein Mann entgegen. Er war untersetzt, trug ein senfgelbes Hemd mit einer braunen Krawatte, ohne Jackett, und eine große Mappe unter dem Arm. Ihre Blicke trafen sich kurz.

Arthur hatte Flores soeben am Bahnhof verabschiedet, als Stella anrief.

»Ein Polizist in Zivil hat geklingelt. Er teilte mir mit, er habe eine Meldung erhalten, dass wir jemanden ohne gültige Aufenthaltspapiere beherbergten, und er müsse diesem Hinweis nachgehen. Ob er einmal durch die Wohnung gehen dürfe. Er wusste, dass sie Flores heißt und nicht Deutsch spricht. Als er nichts fand, fragte er: Sagt Ihnen der Name etwas? Ich antwortete, du habest beruflich viel im Ausland zu tun und wir hätten oft Gäste aus aller Welt.«

»Hat er nicht bemerkt, dass im Gästezimmer jemand wohnt?«

»Er schaute sich nur flüchtig um. Ich glaube, es war ihm etwas peinlich. Wir sind verpflichtet, jeder Meldung nachzugehen, sagte er fast entschuldigend. Wir haben verdammt Glück gehabt. Er kam fünf Minuten nachdem ihr das Haus verlassen habt.«

»Ich glaube, ich habe ihn gesehen. Weißt du, wer Anzeige erstattet hat?«

»Es war ein anonymer Brief.«

»Es gibt nur wenige Leute, die von Flores wissen und sie sogar mit Namen kennen. Irgendein Nachbar, der vielleicht ihren Namen aufgeschnappt hat? Und gibt es einen Zusammenhang mit dem gestrigen Telefonanruf?«

»Keine Ahnung. Aber besser, Flores sucht sich eine andere Bleibe.«

Ein paar Tage später, Flores war inzwischen nach Italien zurückgekehrt, hatte Arthur unter der Tür des *Cocuna* in der Langstraße Germaine gerade ein Küsschen zum Abschied gegeben, als sein Handy klingelte. Es war Stella.

»Ich habe eben wieder einen Anruf von dieser Frau gekriegt«, sagte sie. »Du seist in der Langstraße mit deiner Freundin. Wo bist du?«

»Ich bin tatsächlich in der Langstraße, aber alleine. Vielleicht hat sie mich verwechselt.«

»Sie sagt, du trägst ein blaues Hemd und schwarze Hosen. Mit einer Ledermappe unter dem Arm.«

»Alles korrekt.«

Er musste verhindern, dass Stella weitere Fragen stellte. Er wollte nicht zum Lügen gezwungen werden.

»Das letzte Mal die Hohlstraße, jetzt die Langstraße«, sagte er. »Deine Informantin scheint ein Flair für den Kreis 4 zu haben. Vielleicht eine unterbeschäftigte Prostituierte? Eine neue, originelle Art, Kunden zu akquirieren?«

»Sie scheint dir zu folgen.«

»Ein zweifelhaftes Vergnügen. Was sollen wir tun?«

»Es nervt mich selber, dass sie mich so in Aufregung versetzt. Ich sollte dich gar nicht anrufen. Sie sät Misstrauen.«

»Ja. Aber du musst dir keine Sorgen machen. Vielleicht sollten wir eine Fangschaltung installieren.«

Arthur gab am nächsten Tag tatsächlich eine Fangschaltung in Auftrag. Jedes Mal, wenn ein dubioser Anruf hereinkäme, sollte er sich die genaue Zeit notieren, eine bestimmte Nummer wählen und die Information durchgeben. Aber die geheimnisvolle Frau meldete sich die nächsten Tage bis zu seiner Abreise nach Oslo nicht mehr.

Er war zu einem Kongress zu Ehren von Niklas Luhmann eingeladen worden. Systemtheorie.

Passt, dachte Arthur auf dem Rollband des Flughafens Kloten. Versuchen, den Beobachter zu beobachten. Oder die Beobachterin.

Während er am Gate auf den Abflug wartete, spielte er verschiedene Möglichkeiten durch.

Handelte es sich um eine Frau, die in ihn verliebt war und seine Ehe zerstören wollte? Oder um einen Mann, der in Stella verliebt war und eine Frau für diese Anrufe einspannte – mit demselben Ziel? Steckte Flores dahinter? Wollte sie ihn Stella abspenstig machen? Arthur und Flores verstanden sich, gerne nahm sie seine Hand oder berührte seinen Arm, wenn sie ihm etwas erzählte. Er schrieb das ihrem mexikanischen Temperament zu. Aber schließlich war *sie* ja denunziert worden. Es lag nahe, dieselbe Person dahinter zu vermuten wie hinter den Anrufen. Oder hatte das eine nichts mit dem anderen zu tun? Ein bloßer Zufall? Oder ging es gar nicht um Liebe, sondern um Hass? Feinde, beispielsweise berufliche Konkurrenten, die ihm oder ihr schaden wollten? Ein weiterer Verdacht beschäftigte Arthur (während er zugleich dachte: Wie gut es dieser anonymen Angreiferin gelingt, auf beiden Seiten Misstrauen zu säen, ohne dass wir es wollen!): Vielleicht erkannte Stella die Frauenstimme, aber wollte ihm nicht sagen, wer es war. Vielleicht hatte auch sie ein Geheimnis.

In Oslo fuhr Arthur direkt zum *Rica Holberg Hotel*, wo die Referenten untergebracht waren, in der Nähe des Königlichen Schlosses mit seinem weitläufigen Park. Er nahm eine Dusche, warf sich den Bademantel um, machte sich im Zimmer einen Tee und rief Stella an.

»Vor einer halben Stunde wurde ich wieder belästigt«, sagte sie ohne Umschweife.

»Na, dann muss ich dir ja nichts mehr erzählen. Wie geht es mir, was mach' ich?«

»Hör auf, ich find's nicht mehr lustig. Sie sagte, du hättest heute Morgen den Zug zum Flughafen genommen, mit einem schwarzen Rollkoffer. Das weiß ich selber, sagte ich. Wissen Sie auch, fragte die Frau, wen er in Oslo treffen wird? Da hängte ich auf.«

»Zu deiner Beruhigung: Ich sitze zwar halb nackt auf einem Doppelbett, bin aber ganz alleine mit meinem Tee. Hast du abgeklärt, wer anrief?«

Sie hatte vergessen, den Abfangservice anzurufen und die Uhrzeit durchzugeben. Aus irgendeinem Grund musste man das rasch machen, sonst funktionierte es nicht mehr.

Er hauchte einen Kuss durch die Leitung, legte auf und zog sich an.

Am Nachmittag tauchte er ganz in die Differenz von System und Umwelt, in Selbstorganisation und Indeterminiertheit ein und insbesondere in das faszinierende Thema der operativen Geschlossenheit des Psychischen und des Sozialen mit der gleichzeitigen Möglichkeit von deren Interpenetration in Form von Störungen. Die Geschichte mit seiner angeblichen Freundin rückte angenehm in den Hintergrund.

Später ging er mit ein paar Kollegen aus Berlin, die er von früheren Kongressen kannte, in einem Straßenrestaurant in der *Karl Johans gate* essen. Es war Juni, fast schon

Mitternachtssonne, um zehn saßen sie noch draußen, die Jacken über die Stuhllehne gehängt, und tranken Bier. Als Arthur gegen Mitternacht ins Hotel zurückkehrte, traf er in der Lobby auf Al, der mit der Zwanzig-Uhr-Maschine eingetroffen war. Er lud Arthur auf einen *nightcap* in die Hotelbar ein, wo er ein paar letzte Details zu ihrem morgigen Paar-Vortrag besprechen wollte.

Sie hatten sich eine originelle Form für ihr Referat ausgedacht. Al kam von der Ethnopsychoanalyse, das heißt, er versuchte in seinen Forschungen, Ethnologie mit Freud zu kombinieren. Sein Interesse galt dem Einzelnen, dem Subjektiven in der Kultur. Demgegenüber war Arthur ganz und gar Systemtheoretiker. Für ihn war das Individuum keine valable Größe innerhalb der Gesellschaftsanalyse. Der Mensch teilte sich für ihn auf in ein psychisches System und ein anderes, das via Kommunikation am sozialen System teilnimmt. Diese beiden Teile hatten seiner Ansicht nach und entgegen dem Anschein nicht viel miteinander zu tun. Wir denken das eine, aber tun das andere, so sein Ansatz. Was wir nach außen tun, wird nicht vom Innern, sondern von sozialen Erfordernissen bestimmt.

Al begann den Vortrag und skizzierte kurz seine Position, worauf ihm Arthur mit einem Gegenentwurf antwortete. Unvereinbare Positionen. Nach und nach näherten sie sich aber an, indem sie andere Konzepte einbezogen, die in gewisser Weise Brücken schlugen zwischen ihren Standpunkten: Familien- und systemische Therapie, das Konzept des Symbolischen bei Lacan, Devereux mit seiner These des doppelten Diskurses und ein bisschen Deleuze/Guattari, Lyotard und Žižek.

Aber sie kamen nicht richtig in Fahrt. Vielleicht waren sie zu nervös, konnten sich nicht so gehen lassen, wie wenn sie in Zürich im kleinen Rahmen des Instituts zu zweit ihre Vorlesungen hielten. Alles wirkte arg konstruiert, leblos. Vielleicht war es auch undankbar, dass sie ihren Beitrag morgens um halb zehn präsentieren mussten. Vom Publikum war keine Resonanz spürbar. Ein dänischer Zuhörer meinte in der anschließenden Diskussion, sie seien als wissenschaftliches, zusammen reflektierendes Duo doch eigentlich der beste Beweis, dass man Bewusstsein und Kommunikation nicht trennen könne, dass auch ein Denken zu zweit möglich sei. Das war nett gemeint, aber Arthur spürte, dass es ihnen nicht gelungen war, ihre Gedankenwelten zu verbinden.

Beim Mittagessen im Kongresssaal war er schlecht gelaunt und nahm am angeregten Tischgespräch kaum teil. Immer wieder riefen ihm Stichworte in Erinnerung, was er beim Vortrag noch hatte erwähnen wollen.

Arthur schwänzte die Workshops am Nachmittag und ging stattdessen ins Nationalmuseum. Auf direktem Weg steuerte er das Meisterwerk der Sammlung an, Munchs *Der Schrei*. Normalerweise ist man ja beeindruckt, wenn man nach unzähligen Reproduktionen endlich das Original zu sehen bekommt. Hier war es umgekehrt. Zum ersten Mal merkte Arthur, wie trivial das Bild eigentlich war. Pathetischer, juveniler Fin-de-Siècle-Kitsch. Er nahm der Figur auf dem Gemälde die Verzweiflung nicht ab. Sie kam nicht von innen. Das Werk schielte allzu offensichtlich auf Wirkung. Mit wachsender Verärgerung schaute er sich die anderen Munch-Bilder an, die noch schlimmer waren. Paranoid und egozentrisch. Man hätte auf das jugendliche Frühwerk eines Künstlers getippt; aber es war nicht das Frühwerk. Und als sich Arthur dann den Rest des Museums anschaute – vorwiegend andere norwegische Künstler –, war es, als ob Munch alles vergiftet hätte. Sentimentaler, manierierter, effekthascherischer Mist. Er bereute, dafür die Nachmittagsveranstaltungen verpasst zu haben. Aber er hatte nicht die geringste Lust verspürt, auf den Vortrag vom Vormittag angesprochen zu werden, und auch nicht die geringste Lust, Al zu sehen. Zunehmend realisierte er, dass es vor allem Als Schuld war. Er hatte sich während des ganzen Referats in seiner psychoanalytischen Wagenburg verschanzt, dieser ganzen brillanten Dogmatik, und Arthur kein einziges Mal die Hand ausgestreckt. Während Arthur selbst unaufhörlich Brückenschläge versuchte, was ihm ohne Zweifel als theoretische Unsicherheit ausgelegt worden war.

Steckte Al hinter den mysteriösen Anrufen? Es war, als hätte Arthur endlich seine Brille aufgesetzt. Al war eifersüchtig. Er hatte als Assistenzprofessor zwar die bessere Stelle als Arthur; aber sie war befristet. Während es ausgemacht war, dass Arthur in ein, zwei Jahren Oberassistent werden würde – auf unbegrenzte Zeit. Ja, und Als Missgunst betraf auch das Privatleben. Er war Single und mochte Stella. Das hatte Arthur gleich beim Weihnachtsessen des Instituts gemerkt, als sich Al ungefragt neben Stella gesetzt und den ganzen Abend nur mit ihr geredet hatte, bevor Arthur sie gegen Mitternacht loseisen und Al aus seiner Hypnose wecken musste.

Arthur teilte sein Büro mit Al. Al bekam mit, was er am Telefon besprach, und niemand war besser über seinen

Tagesablauf informiert. Nur Al konnte wissen, dass Arthur damals in der Hohlstraße war, dann im *Cocuna*, und mit welchem Gepäck er nach Oslo reiste.

Aber Arthur war doch erstaunt, dass ein kultivierter Mensch wie Al zu so billigen Tricks griff, um ihm eins auszuwischen.

Zurück im Hotel überreichte ihm der Rezeptionist eine Nachricht. Al lud ihn ein, an einem Empfang mit einer Gruppe norwegischer Schriftsteller und Intellektueller im Literaturhaus teilzunehmen. Der falsche Hund!

Arthur betrat das Foyer mit den vielen Gästen, und schon winkte ihm Al jovial und lebhaft aus der Menge zu. Die besten Freunde der Welt, hätte ein Außenstehender gedacht. Arthur ging wie zufällig und sehr langsam auf ihn zu und begrüßte ihn beiläufig. Al klopfte ihm auf die Schulter, deckte ihn mit einer Kaskade amerikanischer Willkommensfloskeln ein und beglückwünschte sie beide zu ihrem vormittäglichen Duett.

»Wie war's im Museum?«

Arthur hatte keine Lust zu antworten. Es war so offensichtlich. Hinter derart übertriebener Kumpelhaftigkeit *musste* sich etwas anderes verstecken.

»Ich hol' mir mal was am Buffet«, sagte er lediglich.

»Was ist?«, fragte Al. »War Munch eine Enttäuschung?«

Du bist die Enttäuschung, dachte Arthur, wandte Al den Rücken zu und holte sich zwei Canapés mit Lachs und Spargel. Dann wandte er sich ostentativ einer norwegischen Kollegin zu, die letztes Jahr einen Artikel zum Thema »Drogeninduzierte Bewusstseinsveränderungen aus systemischer und evolutionspsychologischer Sicht«

veröffentlicht hatte. Er gratulierte ihr zu ihrem radikal konstruktivistisch-relativistischen Ansatz und reichte ihr ein Glas eiskalten Prosecco, verschwörerisch lächelnd.

Aus den Augenwinkeln sah er, wie Al ihn beobachtete.

Erst später am Abend, als sich der Saal leerte und Arthur sich nicht mehr in der Menge verstecken konnte, stand er Al wieder gegenüber.

»Sag mal«, ergriff Al das Wort und zugleich Arthurs Hand, »stimmt irgendwas nicht zwischen uns? War ich am Morgen zu dominant mit meinem Part? Oder ist sonst was? *Spit it out, go ahead!*«

»Stella hat mich angerufen«, sagte Arthur und ließ dabei Als Gesicht keinen Moment aus den Augen. »Sie wird von einer anonymen Anruferin belästigt, die behauptet, ich hätte eine heimliche Geliebte. Mit konkreten Details, im Stil von: Er steht jetzt grad mit Sonnenbrille in einer Bar in der Langstraße, oder: Er unterhält sich angeregt mit Dr. Solveig über Luhmanns *Liebe als Passion*. Details aus meinem Leben, über die nur wenige Leute auf dem Laufenden sein können.«

Arthur beglückwünschte sich zu seiner coolen Ausdrucksweise. Es war, dachte er, zugleich ein schönes Beispiel für Luhmanns Postulat von der operativen Getrenntheit von Bewusstsein und Kommunikation. Einerseits rief nämlich sein Bewusstsein: »Al, du bist ein Schwein.« Und andererseits dann dieser kommunikative Eiertanz! Aber Al war ein *intelligentes* Schwein, und deshalb verstand er die Botschaft hinter dem gewählten Blabla zweifellos. Er blickte Arthur mit einem Ausdruck an, der nicht leicht zu deuten war. Vermutlich suchte er die passenden Worte.

»Und jetzt«, sagte er endlich, »gehst du im Geist alle möglichen Alternativen und Verdächtigungen durch und bist dabei auch auf mich gekommen, *right?*«

Arthur blickte ihn unverwandt an. Das Schwein hat den Trüffel gefunden.

»Aber welches Motiv sollte ich haben, dich anzuschwärzen, falls du eine Freundin hättest?«

Arthur schwieg immer noch. *Go ahead*, dachte er.

»I give a damn«, sagte Al. »Wenn ich dir einen Ratschlag geben darf: Trete nicht auf dieses *game* ein. Bleib einfach draußen.«

»Es ist etwas faul«, sagte Arthur endlich.

»Lass dich nicht verrückt machen.«

»Ich muss auf der Hut sein.«

»Du misstraust mir?«

»Auch dir. Je näher, desto verdächtiger.«

»Lass mich in Ruhe mit diesem Scheiß.«

»Wenn man *mich* in Ruhe lässt.«

»Biete den Unterstellungen weniger Anlass.«

»Das geht dich nichts an.«

»Dann verschon mich mit dem *shit.*«

»Werd' ich in Zukunft. Bin vorgewarnt.«

»Du wirst paranoid.«

»Shut up, stupid.«

»Asshole.«

Mit dieser abschließenden Zusammenfassung ging Al ab.

Sie warfen sich oft solche Kraftausdrücke an den Kopf, aus Spaß, um die Feingeister am Institut ein bisschen zu schockieren. Aber heute, dachte Arthur, steckte nicht mehr allzu viel Ironie in diesem Schlagabtausch.

Am folgenden Tag gingen sich Arthur und Al aus dem Weg. Arthur war froh, dass sie auf dem Rückflug nicht nebeneinandersaßen. Bei der Gepäckausgabe in Zürich verabschiedete sich Al wortlos, indem er beim Vorbeigehen kurz die Hand hob.

Auch Stella wirkte an diesem Abend distanziert. Als Arthur ihr andeutungsweise von der Auseinandersetzung mit Al erzählte, sagte sie nur: »Schade.«

Beim Einschlafen – Stella hatte ihm, kaum im Bett, den Rücken zugedreht – kam ihm in den Sinn, dass »schade« doppeldeutig war. Es konnte, nebst dem Bedauern, auch die Aufforderung oder den Befehl ausdrücken, jemandem möglichst viel Schaden zuzufügen:

»Schade!«

Am nächsten Tag dachte er nicht mehr daran.

Donnerstag war Germaine-Tag. An diesem Abend, so das Arrangement, traf sich Stella jeweils mit ihren Freundinnen und Arthur mit seinen Freunden. Bloß, dass es in seinem Fall keine Männer waren, und auch nicht mehrere. Jeden Donnerstagabend traf er sich mit Germaine, mal zum Abendessen, öfter zum Theater, zu einer Vernissage oder einem Konzert. Und immer wurde viel getrunken. Germaine studierte Kunstgeschichte und schrieb gelegentlich Ausstellungskritiken. Sie hatten sich auf einer Galerieveranstaltung kennengelernt. Eine Woche später rief er sie an, ob sie auch zur Ausstellungseröffnung von Andrea Corciulo komme, eine weitere Woche später sagte er ihr, er würde gerne das Konzert von Marcus Miller besuchen, aber nicht alleine – und so hatte sich rasch ein

Kulturrhythmus eingespielt. Es war seine *hidden agenda*, aber es blieb doch eine Agenda – ein etwas starres und repetitives Setting. Manchmal träumte Arthur von anderen, unvorhersehbaren, wilderen, taktlosen Rhythmen mit der jungen Germaine. Vielleicht tranken sie jedes Mal so viel bei diesen Rendezvous in der Hoffnung, einmal die Kontrolle zu verlieren. Eine Selbstüberlistung. Vielleicht wollten sie es auch nicht wirklich, zogen es vor, lediglich mit dem Feuer zu spielen, oder warteten darauf, verführt zu werden.

Was genau heißt schon *wollen.*

An diesem Donnerstag schauten sie sich *1979*, nach dem Roman von Christian Kracht, im Schiffbau an. Teheran am Vorabend der Revolution, während die Jeunesse dorée ihre letzte deliriöse Party feierte. In diesem Stück – Arthur hatte es vorgeschlagen – wurde viel getrunken, geschnupft und gevögelt. Vielleicht wollte er sich und ihr Mut machen, endlich einen Schritt weiter zu gehen. Blitz und Donner. Doch abermals ging es beim anschließenden Barbesuch nicht über geistreiche Konversation zum Thema Exzess, Haltlosigkeit und Überschreitung (mit besonderer Berücksichtigung Batailles) hinaus.

»Nächste Woche bin ich in Italien«, sagte Germaine, während sie – wie immer fein säuberlich getrennt – kurz nach Mitternacht die Rechnung beglichen, gerade noch rechtzeitig, um es auf das letzte Tram nach Hause zu schaffen. Der Satz bedeutete natürlich: »Nächste Woche sehen wir uns nicht« (außer er würde sie nach Italien begleiten, aber diese Möglichkeit war wohl kaum mitgemeint). Und egal, ob Germaine wirklich nach Italien fuhr oder nicht – für Arthur war offensichtlich, dass aus dieser Ankündigung ein gewisser Überdruss an ihren ritualisierten Zusammenkünften sprach.

Seltsam war, dass er den Namen »Germaine« Stella gegenüber nie erwähnte, obwohl es ja nichts zu verheimlichen gab und sie auch nicht übermäßig eifersüchtig war – so schien es ihm zumindest. Er fand das Versteckspiel reizvoll. Es gab zwar ein stilles Einverständnis zwischen Arthur und Stella, dass man über diese Donnerstage nicht allzu viele Fragen stellte. »Mein kleiner Geheimgarten«, nannte es Stella. Aber vielleicht war das völlige Verschweigen Germaines doch ein Zeichen, dass die beiden mehr verband, als man von außen hätte annehmen können.

Nachdem Arthur Germaine wie immer mit einem Küsschen links und einem Küsschen rechts verabschiedet hatte, kam ihm ein überraschender Gedanke: Hinter den mysteriösen Anrufen steckte vielleicht *sie*. Germaine mit ihrem zierlichen Modigliani-Gesicht und ihrem mädchenhaften Degas-Körper. Vielleicht wollte sie ihn endlich aus der Reserve locken.

Als er zu Hause ankam, war Stella im Bett. Er schlüpfte zu ihr unter die Decke, machte das Licht aus, meinte, sie schlummere schon tief – als sie im Halbschlaf murmelte: »Sie hat wieder angerufen.«

»Und, was hat sie heute gesagt?«

»Wie immer: Du seist mit dem Mädchen zusammen.«

»Hast du den Anruf kontrollieren lassen?«

»Telefonzelle.«

Im Traum flog Arthur über afghanische und pakistanische schneebedeckte Gebirge. Krampfhaft bemühte er sich, durch das Flugzeugfenster etwas in den komplizierten Felsfalten zu finden.

Am nächsten Morgen erwachte er verwirrt und versuchte umsonst, sich daran zu erinnern, *was* er so angestrengt gesucht hatte.

Beim Frühstück wurde im Radio »In My Secret Life« von Leonard Cohen gespielt.

»... I smile when I'm angry
I cheat and I lie.
I do what I have to do
To get by ...
... And I miss you so much
There's no one in sight
And we're still making love
In my secret life ...«

Kann man auch jemanden vermissen, den man (noch) nicht kennt?

Der eigenartige Gedanke kam Arthur, dass er vielleicht tatsächlich eine heimliche Freundin hatte – so heimlich, dass er es selbst nicht wusste; in seiner geheimen Welt, zu der auch die undurchdringliche Felsformation gehörte, die er nachts überflogen hatte und mit der ihn eine rätselhafte Beziehung verband.

Arthur hatte ein Muttermal in der Kniekehle, das im Laufe der Zeit größer geworden war. Schon lange hatte er gedacht, es müsste einmal untersucht werden. Als er wegen Rückenproblemen seinen Hausarzt aufsuchte, zeigte er ihm den dunkelbraunen Fleck.

Arthur war ein wenig hypochondrisch, das wusste er. Und deshalb nahm er an, er habe sich sicher grundlos Sorgen gemacht und der Arzt würde sich darauf beschränken, ihn zu beruhigen.

Aber der Arzt sagte: »Das sieht seltsam aus. Ich gebe Ihnen die Nummer der Dermatologie-Abteilung des Universitätsspitals. Lassen Sie sich möglichst bald einen Termin geben.«

Arthur rief noch am selben Nachmittag an und wurde gleich für den folgenden Tag vorgemerkt.

Als er durch die labyrinthischen Gänge des Krankenhauses ging, auf der Suche nach Zimmer 254c, dachte er: Malignes Melanom, Metastasen, Sterbehilfe. Aber zugleich wusste er, dass es ein neurotisches Spiel war, dass er eine gewisse Erregung daraus bezog, sich fatale Situationen auszumalen.

Der Spezialist entfernte das Ding und sagte, er werde es zur Analyse ins Labor schicken. Arthur solle morgen anrufen.

Auf dem Weg zum Ausgang verirrte er sich. Der Aufzug brachte ihn in ein Zwischengeschoss mit nackten Mauern zwischen Parterre und Keller, und auf einmal befand er sich vor einem unbeleuchteten Tunnel. Ein großes Schild warnte vor dem Weitergehen – wegen radioaktiver Strahlung. Als er versuchte, zu Fuß ins Parterre zurückzufinden, landete er in einer Sackgasse, vor einer verschlossenen, grauen Tür. Schließlich fand er den Rückweg zum Aufzug und drückte *E*. Hier merkte er, dass er vorher aus Versehen *E-1* gedrückt hatte.

Arthur hatte Stella nichts von der Konsultation gesagt. Um sie nicht zu beunruhigen, würde er ihr erst davon erzählen, wenn sich alles als falscher Alarm herausgestellt haben würde. Aber am Abend – er saß gerade am Bildschirm und wollte Germaine eine Mail schicken – kam Stella zur Tür herein und sagte, ohne ihn auch nur zu begrüßen: »Warst du im Krankenhaus?«

»Ja, warum?«

»Wieso hast du nichts gesagt?«

»Was ist los?«

»Was ist mit *dir* los? Warum warst du im Krankenhaus?«

»Wegen einem Muttermal.«

»Wegen einem Muttermal?«

»Ja, zur Abklärung. Gutartig oder bösartig.«

»Warum hast du mir nichts gesagt?«

»Ich hätte es dir gesagt, aber du hast mir ja keine fünf Minuten Zeit gegeben. Du kommst rein und nimmst mich unter Sperrfeuer. Was ist los?«

»Ich hab' einen Anruf gekriegt. Von der Frau. Sie sagte mir: Dein Mann ist schwer krank. Er ist im Krankenhaus.«

Arthur fühlte etwas in sich absacken und dann Leere.

»Ach ja? Und was war denn ihre Diagnose, verdammt noch mal? Tripper, Syphilis, Aids?«

»Hör auf. Ich stand schön blöd da. Ich sagte: Das wüsste ich. Mein Mann ist im Institut. Dann rufen Sie doch dort an, sagte die Frau. Ich rief an, Al hob ab und sagte, du seist nicht hier.«

»Al hat mein Telefon abgenommen?«

»Ja, oder vielleicht wird es umgeleitet, ich weiß doch nicht.«

»Gar nichts wird zu Al umgeleitet.«

»Und was ist jetzt mit deinem Muttermal?«

»Das erfahre ich morgen.«

»Und wer hat dich dort gesehen?«

»Der liebe Gott, das allwissende Auge, der Geheimdienst – zum Teufel, wie soll ich das denn wissen?!«

Nach dem Abendessen saß Arthur missmutig in seinem Arbeitszimmer. Er hatte Stella gesagt, er müsse noch etwas schreiben. Er hatte keine Lust, mit ihr zu reden. Sie lag im Bett und schaute fern.

Arthur blickte zum Fenster hinaus. Gegenüber befand sich eine kleine Autowerkstatt. Die war jetzt geschlossen, und auch in den darüberliegenden Wohnungen brannte kaum irgendwo Licht, obwohl es erst neun war. Germaine. Er wollte gar nicht an sie denken, er dachte auch an nichts Bestimmtes, einfach an sie als Name, als eine Art Platzhalter. Wofür? Er wusste es nicht. Wahrscheinlich wäre das Leben mit ihr gar nicht viel anders als mit Stella. Er hatte Lust, etwas Irrationales, etwas absolut Falsches zu tun. Mit ihr eine Affäre anzufangen, bloß um ein Chaos anzurichten.

Brüsk lehnte er sich in seinem Bürostuhl zurück, meinte einen Moment, er kippe nach hinten, griff rasch nach der Tischkante, um sich festzuhalten, streifte die Eule aus gebranntem Ton neben seinem Computer – sie fiel krachend zu Boden. Er hatte sie von seinem Neffen erhalten. Sie zersprang in tausend Stücke.

»Was ist los?«, rief Stella aus dem Schlafzimmer.

Er antwortete nicht.

»Was machst du?«

Er schaltete den Computer an und rief: »Nur ein kleines Malheur. Ich bin fast fertig.«

Dann dachte er an Flores. Die war jetzt zurück in Venedig. Germaine war auch in Italien. Wo? Vielleicht auch in Venedig. Vielleicht kannten sich die beiden. Vielleicht gab es irgendeine Verschwörung hinter seinem Rücken gegen ihn. Eine Frauenverschwörung.

Er öffnete seine E-Mails und wollte an Germaine oder Flores schreiben. Klickte auf *Neue Nachricht verfassen*. Aber dann schaute er bloß lange auf das leere Quadrat. Er dachte nicht wirklich darüber nach, was er schreiben könnte. Eigentlich dachte er überhaupt nichts. Seine Verfassung überraschte ihn. Er konnte sich nicht erinnern, schon einmal in so einem seltsamen, paralysierten Zustand gewesen zu sein. Als ob die innere Uhr stehen geblieben war. Es war unerklärlich und ein wenig beängstigend.

Er wechselte auf Google, gab seinen eigenen Namen ein und klickte mechanisch eine Seite nach der anderen an.

»Ich hätte Lust, etwas zu machen, was überhaupt nichts mit meiner Gedankenwelt zu tun hat«, dachte er wieder.

Er kehrte zu seinen E-Mails zurück und gab die Adresse des Institutleiters, Professor Schwarz, ein. Dann schrieb er darunter: *Ihre Frau hat eine Affäre mit einem Ihrer Mitarbeiter.*

Er versuchte herauszufinden, wie es sich anfühlte, so etwas zu schreiben. Aber er fühlte nichts. Er wollte das Fenster schließen, wurde gefragt, ob die Mail unter *Entwürfe* gespeichert werden sollte, drückte *Ok* und schaltete den Computer aus.

Zu Bett mochte er noch nicht gehen. Er trank einen Whisky auf dem Sofa im Wohnzimmer. Irgendwann wachte er auf, es war zwei, und er wankte ins Schlafzimmer. Er war nur halb wach, aber genug, um festzustellen, dass die merkwürdige Leere immer noch anhielt.

Normalerweise stand Arthur mit Stella um sieben Uhr auf. Aber als er hörte, wie sie sich neben ihm im Bett streckte und gähnte (was sonst das Signal für ihn war, ihr Guten Morgen zu sagen und einen Kuss zu geben), drehte er sich zur Seite und murmelte: »Ich gehe heute später ins Institut.«

Sie antwortete etwas, was er – den Kopf im Kissen vergraben – nicht verstand.

Erst gegen zehn erwachte er. Er hatte glatt vergessen, dass er von neun bis elf für die Studentensprechstunde zuständig war. Auf der letzten Seminarkonferenz hatte der Professor eine Assistentin attackiert, die während ihrer Sprechstunde nicht anwesend gewesen war. Er rief – noch vom Bett aus – das Sekretariat an und sagte, er habe sich den ganzen Morgen lang erbrochen. Es wurde ihm mitgeteilt, mehrere Studenten hätten nach ihm gefragt; einer habe sogar gedroht, er werde sich beim Institutsleiter über ihn beschweren.

In seinem Büro angekommen (Al war zum Glück nicht da), rief Arthur als Erstes die Universität in Oslo an. Ein Sammelband mit den Konferenzbeiträgen sollte erscheinen, und er erkundigte sich, wohin er sein Referat genau schicken müsse.

»Wir haben die definitive Auswahl nach der Konferenz vorgenommen«, sagte der Koordinator, »und haben uns für eine gewisse Straffung entschieden. Unter denjenigen

Beiträgen, die wir nun herausgenommen haben, befindet sich leider auch Ihrer.«

»Ok, ich verstehe. Also, dann wünsche ich noch einen schönen Tag.«

Arthur war schockiert. Dieses Jahr hatte er noch nichts publiziert und fest mit dieser Veröffentlichung gerechnet. War sein Beitrag so schlecht gewesen? Und was war mit Al? Wurden sie beide rausgeschmissen oder nur er? Es ließ ihm keine Ruhe, aber es wäre peinlich gewesen, nochmals anzurufen. Und Al mochte er auch nicht fragen.

Als er sich auf seinem Mailserver einloggen wollte, erschienen auf der Seite des Providers die News des Tages. *Samsung-Smartphone explodiert*, stand da. Er klickte die Meldung an. Angeblich war das Handy einer Frau in Flammen aufgegangen, als sie in ihrem Jeep saß. Sie erlitt schwere Verbrennungen. Es handelte sich um dasselbe Handy, das er auch benutzte. Gerüchte, dachte er, *urban legends*. Er hatte es eilig, seine Mails zu lesen.

Aber da war nichts Interessantes. Sicherheitshalber checkte er auch die Nachrichten, die im Spamfilter hängen geblieben waren. *Jemand liebt dich*, stand in einer Betreff-Zeile. Er öffnete die Nachricht. Sie stammte von einer Flirt-Seite namens 2 Roses. *Jemand liebt dich, aber getraut sich nicht, es dir zu sagen*, las er. Dann folgten eine Nummer und die Aufforderung anzurufen.

»Wir machen Sie darauf aufmerksam, dass diese Nummer kostenpflichtig ist«, teilte eine neutrale Stimme mit. »Die erste Minute kostet vier Franken, jede weitere drei Franken.«

Dann übernahm eine charmante Mädchenstimme: »Hier 2 Roses, was kann ich für Sie tun?«

»Ich habe eine Mail bekommen, ich solle anrufen.«

»Geben Sie mir bitte den Code.«

Arthur wandte sich wieder dem Computer zu, es dauerte lange, bis er den Code gefunden hatte, und dann kam auch noch ein Student herein und beschwerte sich, dass er am Morgen nicht in der Sprechstunde gewesen war. Arthur schickte ihn ziemlich barsch hinaus und gab den Code durch.

»Und Sie möchten mit der Dame sprechen?«, säuselte die Stimme.

Arthur war etwas erstaunt über den Ausdruck »Dame«, sagte aber »Ja«.

»Ich verbinde Sie.«

Lange Pause, dann: »Arthur? Wie geht's? Lange her, nicht?«

»Mit wem spreche ich?«

»Erkennst du meine Stimme nicht? Ich bin enttäuscht! *Ich* habe dich nicht vergessen.«

»Ich ..., ich kann mich wirklich nicht erinnern ... Woher kennen wir uns?«

»Wir sind uns einmal ziemlich nahegekommen ...«, hauchte die unbekannte Stimme. »Aber dann bist du verschwunden.«

So ging das ein paar Minuten weiter, dann ertönte wieder die Maschinenstimme: »Die bisherigen Gesprächskosten belaufen sich auf fünfzig Franken. Wollen Sie weiterfahren?«

»Also, komm schon«, sagte Arthur hastig, »gib mir deinen Namen. Oder deine Nummer, dann ruf' ich dich zurück.«

»Sollen wir uns treffen? Wäre das nicht interessanter?«

»Ja, prima. Wann, wo?«

»Ruf mich heute Abend noch mal an, dann werden wir sehen.«

»Um welche Zeit? Und kannst du mir nicht eine normale Nummer geben?«

»Heute Abend verabreden wir uns. Tschüss.«

Das war's.

Arthur schaute auf das Display des Telefons. Vierundsechzig Franken.

Er stand auf, öffnete die Bürotür. Der Student war verschwunden.

»Er ist zu Professor Schwarz gegangen«, sagte die Sekretärin.

»Und der hat ihn reingelassen? Der hat doch gleich wieder Vorlesung.«

»Erstaunlicherweise ja. Er wirkte nämlich heute Morgen noch grimmiger als sonst.«

Sie winkte ihn verschwörerisch heran.

»Wissen Sie, wer der Student ist?«

»Nein.«

»Max Cronenberg.«

»Sagt mir nichts.«

»Cronenberg. Der Sohn.«

»Cronenberg? Von der Bank?«

»Bank, Schauspielhaus, FDP ...«

»Au weia.«

Seit einiger Zeit baue ich nichts als Scheiße, dachte er. Das gefiel ihm. Unsinn, Dekonstruktion, Zerstörung, Chaos.

Erst am übernächsten Tag rief Arthur den Hautarzt an.

»Harmlos«, sagte der ihm. »Aber es ist besser, wenn Sie nochmals vorbeikommen.«

Arthur wagte nicht zu fragen weshalb und ließ sich für den folgenden Vormittag einen Termin geben.

Am Abend fragte Stella, ob er den Laborbericht eigentlich schon erhalten habe.

»Ja«, sagte er, »ich habe heute angerufen. Harmlos.«

Vom neuen Termin sagte er nichts.

Dieses Mal war der Dermatologe mit zwei Studentinnen und einem Studenten da. Erst schaute er sich nochmals die kleine Narbe in Arthurs Kniekehle an, dann bat er ihn, sich auszuziehen.

»Ganz?«

»Ja, bitte.«

So stand Arthur splitternackt in der Mitte des Raums und wurde von den vier Spezialisten begutachtet. Sie suchten seinen Körper nach weiteren Muttermalen oder anderen verdächtigen Erscheinungen ab. Gelegentlich wies der Arzt die Studenten auf gewisse Hautstellen hin, und sie traten näher. Es war kühl, Arthur fröstelte. Der Arzt befühlte eine dunkle Stelle auf seinem Bauch und forderte die Studenten auf, es ihm gleichzutun. Dann traten sie wieder einen Schritt zurück und betrachteten ihn aufmerksam, wie eine Skulptur.

»Sie können sich anziehen.«

Unterdessen sprach der Arzt halblaut mit den Studenten am anderen Ende des Raumes.

»Wollen Sie mir nicht auch mitteilen, was Sie beobachtet haben?«, sagte Arthur, während er sein Hemd in die Hose stopfte.

»Kein Grund zur Sorge«, entgegnete der Arzt.

Arthur ging zu Fuß vom Krankenhaus ins Institut. Auf halbem Weg klingelte sein Telefon. Stella.

»Was machst du?«, fragte sie.

»Ich bin unterwegs.«

»Nicht im Institut?«

»In zehn Minuten.«

»Warst du nochmals im Krankenhaus?«

Er zögerte einen Moment. »Ja.«

»Warum hast du mir nichts gesagt?«

»Eine harmlose Nachkontrolle. Es ist nichts.«

»Und warum belügst du mich dann?«

»Hab ich nicht. Ich habe dir gesagt, es sei harmlos.«

»Und warum musstest du nochmals hin, wenn es harmlos war?«

Er spürte Wut in sich hochkochen und sagte einen Moment lang nichts.

»Hallo?«, rief sie. »Was ist?«

Er wollte sagen: Ich habe keine Lust weiterzureden. Aber das hätte erst recht ein endloses Hin und Her provoziert.

»Ich habe soeben wieder einen Anruf gekriegt«, sagte sie. »Man teilte mir mit, du seist im Krankenhaus.«

Er schwieg.

»Wie findest du das?«, fragte sie.

Er schwieg weiter.

»Die Stimme sagte mir: Dein Mann ist schwer krank. Aids. Aber er will es dir nicht sagen.«

»*Fuck.*« Er hängte auf.

Im Institut versuchte ihn Stella mehrmals anzurufen. Er sah ihre Nummer auf dem Display, doch er nahm den Hörer nicht ab. Es war nicht ihre Schuld, wenn sie diese Anrufe bekam; aber er hielt dieses bescheuerte Spiel und vor allem ihre Art, ihn in die Ecke zu drängen, nicht mehr aus. Egal wie er reagierte, es nährte ihren Verdacht. Er konnte nur Fehler machen. Immerhin wurde er von Professor Schwarz nicht in dessen Büro zitiert.

Am Nachmittag rief er nochmals die Nummer von 2 Roses an. Wieder meldete sich eine charmante weibliche Stimme, wieder wurde er durchgestellt. Als sich die Unbekannte mit der Codebezeichnung meldete, war er sich nicht mal sicher, ob es dieselbe war wie beim letzten Mal. Es war allzu deutlich, dass es sich um einen Betrieb handelte, eine Inszenierung, die nur dafür da war, Idioten wie ihm das Geld aus der Tasche zu ziehen.

»Wie geht's?«, fragte sie. »Was hast du heute so gemacht? Hast du an mich gedacht? Warum hast du mich nicht mehr angerufen? Ich denke immerfort an dich.« Sie sagte tatsächlich »immerfort«.

Arthur hatte sich vorgenommen, sich dieses Mal definitiv mit ihr zu verabreden. Klappte es nicht, würde er nie mehr anrufen.

»Heute Abend? Bist du in Zürich?«

»Warum so eilig?«, säuselte sie. »Erzähl ein bisschen von dir. Es ist schon so lange her. Was hast du in der Zwischenzeit gemacht?«

Zeit schinden.

»Wie wär's im *Terrasse*, um achtzehn Uhr?«

Sie behauptete, sie kenne das *Terrasse* nicht.

»Am Bellevue, gegenüber vom *Odeon*.«

Sie behauptete, sie kenne auch das *Odeon* nicht.

Schließlich meinte sie, er solle gegen fünf nochmals anrufen.

»Nein«, sagte er. »Ich bin um achtzehn Uhr im *Terrasse*. Wenn du nicht dort bist, rufe ich nicht mehr an.«

Als er aufhängte, blickte er ängstlich auf den Zähler. Er hatte es geahnt. Fast fünfzig Franken.

Irgendwo in seinem Hirn hegte er die absurde Hoffnung, bei diesem Blind Date Germaine zu begegnen – *Jemand liebt dich, aber getraut sich nicht, es dir zu sagen* –, obwohl es sich bei der Telefonstimme offensichtlich nicht um sie handelte. Oder gab es eine Verbindung zu den anonymen Anrufen? *Come on*, sagte er sich, du bist auf einem verrückten Trip, bleib auf dem Teppich. Aber irgendwie genoss er seine ... erotische Panik.

Er holte sich einen Kaffee aus der Maschine im Flur. Als er den Becher unter die Düse stellte, realisierte er, dass er zitterte vor Aufregung.

Als Arthur das *Terrasse* um Viertel vor sechs betrat, standen lediglich ein paar Geschäftsleute an der Bar. Er holte sich eine *NZZ* vom Zeitungsständer an der Wand, durchquerte das weite, lichtdurchflutete Café und trat hinaus in den Garten. Dort setzte er sich auf einen Stuhl unter einem Baum, von wo aus er sowohl den Garten wie auch den Eingang ins Café gut überblicken konnte. Er blätterte das Feuilleton durch, bestellte einen Tee und gab sich den Anschein eines beschäftigten, ernsthaften Mannes, der lediglich für eine kurze Pause zwischen zwei Sitzungen hierherkam.

Sein Atem stockte, als eine Asiatin die Treppenstufen herunterstöckelte. Er erinnerte sich an einen Kollegen, der sich in Taiwan einmal auf eine Affäre eingelassen hatte. Arthur war nie weiter östlich als bis Istanbul gekommen, es gab – leider – keine Asiatin, die ihn plötzlich hätte aufsuchen wollen. Tatsächlich würdigte sie ihn keines Blickes, kehrte ins Café zurück und verschwand. Er blätterte wieder in der Zeitung und stieß auf einen Artikel über einen Straßenjungen, den die Polizei schwer verletzt in einem Istanbuler Straßengraben gefunden hatte. Der Junge hatte Papiertaschentücher verkauft und gebettelt und war aus Versehen in das Territorium einer anderen Gruppe von Straßenkindern geraten, die ihn krankenhausreif schlugen. Als die Polizei Nachforschungen anstellte, fand sie heraus, dass die Familie des Jungen gar nicht arm war. Warum schickten ihn die Eltern jeden Morgen hinaus, um Geld zu verdienen, anstatt in die Schule? Der Knabe behauptete, er werde vom Vater jeweils aus dem Haus geprügelt. Die Eltern stritten alles ab.

Als Arthur die Seite umblättern wollte, blickte er kurz hoch und bemerkte die Asiatin. Sie hatte sich schräg gegenüber von ihm an denselben Tisch gesetzt. Er hatte ihr Kommen gar nicht bemerkt. Vielleicht schaute er sie einen Moment zu lange oder zu verdutzt an.

Sie sagte: »Ist hier frei? Ich wollte Sie nicht …«

»Nein, nein, kein Problem. Ich habe Sie gar nicht gesehen, ich war so … vertieft.«

»Ich wollte Sie nicht stören.«

»Sie stören mich nicht. Im Gegenteil.« Er lächelte.

Die Frau war schätzungsweise dreißig, trug ein schwarzes Deux-Pièces. Vielleicht kam sie von der nahen Bahnhofstraße. Neben ihr auf dem freien Stuhl lag ihre bunte, teuer aussehende Handtasche.

Konnte es sein, dass dies sein Blind Date war? Sie war ihm nicht bekannt.

Er schaute sich um. An den Nebentischen hatte sich in der Zwischenzeit niemand hingesetzt. Ein Blick auf die Uhr, fünf nach sechs.

»Sind Sie öfter hier?«, fragte er.

»Zum ersten Mal. Ich habe eine Verabredung. Und Sie?«

»Ja, ich verabrede mich meistens hier. Schön zentral gelegen. Als Student trafen wir uns immer im *Odeon* gegenüber, aber ...« Er wollte sagen: Das ist nun ganz in schwuler Hand, doch das erschien ihm etwas deplatziert und er fuhr fort: »... hier ist es heller und luftiger.«

Sie lächelte charmant und undurchsichtig.

»Ich bin noch nicht lange in Zürich. Vor vier Monaten kam ich aus Berlin in die Schweiz.«

»Sie sprechen perfekt Schweizerdeutsch.«

»Mein Vater ist Berner. Die Mutter kommt aus Berlin, ursprünglich aus Japan. Ich heiße übrigens Miu.«

»Sehr erfreut. Arthur.«

Sein Hirn knüpfte Verbindungen in alle Richtungen. Aber er kam zu keinem Ende.

Eigentlich sollte ich mich nun langsam erkundigen, ob sie die Unbekannte von 2 Roses ist, dachte er. Aber falls sie es nicht war, würde er den angenehmen Schwebezustand der Konversation durch die Frage zerstören.

Sein Telefon klingelte. Es war die Sekretärin vom Institut.

»Haben Sie vergessen, dass heute Seminarkonferenz ist?«

»Oh, heute ist ... Dienstag ...« Er schaute auf die Uhr. Viertel nach sechs. »Ich ..., äh ..., ich musste zum Arzt, es hat etwas länger gedauert. Ich schaue, dass ich noch ... Also bis gleich, auf Wiedersehen.«

Er spürte eine Welle von Hitze durch seinen Körper strömen. Schwarz. Das würde Ärger geben. Er legte fünf Franken auf den Tisch und reichte Miu seine Visitenkarte.

»Ich muss leider. Es würde mich freuen, wenn Sie mal anrufen und ich Sie zu einem Kaffee einladen könnte. Ich wäre pünktlich …«

Sie lächelte dezent, und er rauschte davon.

Als er außer Atem das Sitzungszimmer betrat, war der erste Teil – Besprechung von aktuellen Themen und Problemen – gerade vorbei. Schwarz nutzte die kurze Pause, um auf ihn zuzutreten, und sagte kühl: »Könnten Sie morgen um zehn in mein Büro kommen?«

Arthur sah aus den Augenwinkeln, wie er während des Wortwechsels von Al beobachtet wurde.

Vom zweiten Teil, einem kleinen Referat mit Diskussion über den Kampf um Ressourcen in Osttimor, bekam er wenig mit.

Nach der Seminarkonferenz gingen die Teilnehmer jeweils noch auf ein Glas in die *Konkurs*-Bar. An diesem Abend machte sich Arthur davon, ohne sich zu verabschieden.

Er wusste nicht, wohin er gehen sollte. Nach Hause? Daheim fühlte er sich dort definitiv nicht. Bestimmt würde ihn Stella schon unter der Tür mit den Worten begrüßen: »Ich habe wieder einen Anruf erhalten …« Und falls nicht, würde sie ihm Vorhaltungen machen, weil er während ihres letzten Gesprächs einfach aufgehängt und nachher ihre Anrufe nicht mehr entgegengenommen hatte. Er dachte daran, nochmals ins *Terrasse* zurückzugehen. Aber Miu war wohl kaum noch dort. Oder Germaine anrufen? Ach, die war ja immer noch in Italien. Er nahm sich vor, sie bei ihrer Rückkehr zu überraschen. Er würde sie zu einem romantischen Abendessen oder in einen Club, zum Beispiel in die *Zukunft*, einladen.

Was war mit Schwarz? Seine Stimme hatte sogar für seine Verhältnisse außerordentlich kalt geklungen. Gut, da waren die verschlafene Studentensprechstunde, Cronenberg junior und die kleine Verspätung bei der Seminarkonferenz. Und seine nicht sehr zahlreichen Publikationen dieses Jahr. Aber das erklärte Schwarz' seltsamen Ausdruck nicht hinreichend. Spielte die Auseinandersetzung mit Al eine Rolle? Hatte er Arthur bei Schwarz angeschwärzt? So oder so: Kündigen konnte man Arthur kaum. Er war als Oberassistent praktisch gesetzt. Es gab weit und breit keinen anderen valablen Anwärter, er war in der Poleposition.

Er erinnerte sich an die Mail an Schwarz, die er zum Spaß angefangen und dann unter *Entwürfe* abgespeichert hatte. Auf einmal kamen ihm Zweifel. Wenn er sie nun aus Versehen abgeschickt hatte? Er war an jenem Abend in einem unerklärlichen Zustand gewesen. Leer, somnambul, wie unter Drogen. Zurechnungsfähig?

Er musste abklären, ob sich diese Mail wirklich im *Entwürfe*-Ordner befand oder ein paar Millimeter darunter, unter *Gesendet*.

Aus irgendeinem Grund konnte er seit einigen Tagen auf seinem Handy keine Mails mehr abrufen. Er musste unbedingt ein Fachgeschäft aufsuchen. Das Ding war auch schon nach einem kurzen Gespräch immer so heiß an seinem Ohr.

Also drehte er um und ging zum Institut zurück. Er würde rasch auf seinem Bürocomputer nachschauen und dann entspannt heimgehen.

Das Institut war bereits abgeschlossen. Er suchte nach seinem Schlüsselbund, aber noch bevor er ihn in der Hand hatte, wusste er, dass der Institutsschlüssel nicht dabei war. Weil die Tür während der Arbeitszeiten immer offen war, nahm er ihn kaum je mit. Er schaute die Fassade hoch, ob noch irgendwo Licht brannte. Nichts.

Sollte er nun doch nach Hause gehen, um seinen E-Mail-Account zu kontrollieren? Aber Stella ... Er war über den Widerwillen erstaunt, den er ihr gegenüber plötzlich verspürte. Eine ganze Weile ging er einfach weiter, ohne zu wissen, was er nun tun sollte. Schließlich zog er sein Handy hervor und rief zu Hause an. Hebt sie ab, hänge ich gleich wieder auf, sagte er sich. Hebt sie nicht ab, gehe ich nach Hause, kontrolliere meine Mails und verschwinde wieder, bevor sie auftaucht.

Niemand hob ab.

Also nach Hause? Auf einmal merkte er, dass er sich schon fast am Bellevue befand. Offenbar hatten ihn seine Beine in diese Richtung dirigiert, ohne dass er sich besonders viel überlegt hatte. Also entschied er sich, auch weil es inzwischen kühl geworden war, doch einen Blick ins *Terrasse* zu werfen.

Es war selbst um diese späte Stunde noch voll. Er suchte sich einen Fensterplatz, von wo aus er abwechselnd hinaus auf die Straße schauen oder das große Café überblicken konnte. Er bestellte ein Bier und dachte an den Jungen aus Istanbul. So wie für den Jungen gab es eigentlich auch für ihn keinen Grund, sich in den dunklen, labyrinthischen Hinterstraßen des Lebens herumzutreiben, wo man von einem Moment auf den anderen in sinnlose, unverständliche Auseinandersetzungen verwickelt werden konnte. Geh zurück auf die gut beleuchteten, gefahrlosen Plätze …

Nach langer Zeit merkte er, dass er das Bier gar nicht angerührt hatte, dass er nur unverwandt immer auf den Zapfhahn hinter der Theke starrte. Sein Nacken knackte, als er den Kopf endlich bewegte. Warum war er hierhergekommen? Wen suchte er? Er blickte sich um. Niemand, den er kannte. Miu. Natürlich nicht hier. Hatte er im Ernst damit gerechnet, sie sei bis jetzt geblieben, vielleicht gar in der Hoffnung, ihn wiederzusehen? Oder, falls sie nichts mit dem Blind Date zu tun hatte, dass diese geheimnisvolle Dame vom 2 Roses auf ihn warten würde? *Come on.* Er nahm einen Schluck vom abgestandenen Bier und rief mechanisch, ohne irgendeinen Gedanken, Stella an, zuerst zu Hause, dann auf ihrem Handy. Niemand. Er blickte auf die Uhr. Fast Mitternacht. Hatte er tatsächlich eine Stunde so dagesessen, anästhesiert, paralysiert, den Blick auf den Bierhahn fixiert? Zeit, das letzte Tram zu nehmen.

Als Arthur die Tür aufschloss, spürte er gleich, dass die Wohnung leer war. Er ging ins Wohnzimmer, in die Küche, ins Bad. Ins Schlafzimmer – wo die Hoffnung, die Befürchtung, sie anzutreffen, am größten war – ging er zuletzt. Das ungemachte Bett. Ansonsten: nichts, keine Spuren, keine Zeichen, die auf irgendetwas hindeuteten.

Angezogen legte er sich auf die zerwühlten Laken, starrte an die Decke und schlief ein.

Am nächsten Morgen stand er wie ein ferngesteuerter Roboter auf. Stella war nicht aufgetaucht. Er setzte Tee auf, strich sich ein Honigbrot, ging auf die Toilette, duschte, zog sich an, verließ das Haus. Auf Autopilot.

Im Institut hatte er sich gerade in sein Büro gesetzt, als die Sekretärin anklopfte. Professor Schwarz erwarte ihn.

Ach ja, er war ja vorgeladen, um zehn.

Schwarz sprach von der befristeten Erasmus-Übergangslösung für die Schweiz, einem neu geschaffenen Posten für die Post-Übergangsperiode, erwähnte die unbesetzte Professorenstelle, vorläufig aufgeteilt auf zwei Förderprofessuren, also eigentlich Assistenzprofessuren, nannte einen Namen, der Arthur nichts sagte, ein Engländer, Gastdozent aus Cambridge. Arthur war über all das mehr oder weniger auf dem Laufenden, wusste aber nicht, welches Bild diese Mosaikteile am Ende ergeben sollten. Das heißt, er ahnte es schon, war aber immer noch in diesem Betäubungszustand, wie auf Valium. Als ob er den Kopf unter Wasser getaucht hätte und Schwarz' Stimme lediglich von fern hörte, ein unbestimmtes Blubbern.

Als Schwarz dann allerdings von »Restrukturierung« sprach, nahm das Puzzle langsam Gestalt an und Arthur wurde aufmerksamer. Schwarz drückte sich verklausuliert aus, aber Arthur meinte zu vernehmen, dass die Oberassistentenstelle, mit der er fest gerechnet hatte, ebenfalls, wie die Professur, zugunsten von zwei anderen Stellen aufgelöst würde. Anderen Stellen, für die er notabene – »aus strukturellen Gründen« – nicht infrage kam. Nie war ein Tritt in den Arsch subtiler vollzogen worden als an diesem Vormittag im Institut.

»Ja, natürlich«, sagte Arthur, »dafür habe ich vollstes Verständnis.«

»Ich werde Ihnen dann also das entsprechende Formular zukommen lassen, das Sie bitte unterschrieben an mich retournieren wollen.«

»Wird gemacht. Auf Wiedersehen ... Ja, danke, Ihnen auch.«

Arthur hörte sich von außen reden. Seine Stimme erinnerte ihn an seine Mutter. Zum ersten Mal realisierte er, dass er wie seine Mutter sprach. Und das war keine angenehme Entdeckung.

Zurück in seinem Büro dämmerte ihm erst, was vorgefallen war. Schwarz hatte ihm vorsorglich gesagt, bei Problemen solle er sich mit Herrn Kalberer, dem Ombudsmann der Human-Resources-Abteilung, in Verbindung setzen. Schwarz selbst hatte offensichtlich kaum noch humane Ressourcen. Und, für Schwarz ganz wichtig, Arthur solle die entsprechenden Änderungen in seinem elektronischen *Identity Manager* vornehmen. Dort waren die persönlichen Koordinaten seines internen Uni-Accounts gespeichert. Okay, blablabla. Aber hatte Schwarz von »gewissen unerfreulichen Entwicklungen« gesprochen? Waren damit möglicherweise nicht nur die personellen Umstrukturierungen rund um Erasmus gemeint? Erst langsam tauchte die Sache mit der E-Mail wieder an die Oberfläche von Arthurs Bewusstsein.

Und dann schlugen die Wellen über ihm zusammen. Irgendwann musste es passieren, er hatte es immer gewusst. Er hatte sich seit jeher auf dünnem Eis bewegt, seit seiner Jugend. Seine akademische Karriere war so unwahrscheinlich gewesen. Welch ein Gegensatz zwischen seinem konventionellen und kompakten Äußeren, seiner Schale, und dem inneren Brei. Nun fiel alles auseinander – wie bei einem rohen Hummer, wenn der Panzer aufgeknackt wird – und das weiße, amorphe, schleimige Innere kam zum Vorschein.

Er blickte zum Fenster hinaus und bemerkte den Mann am Stock mit dem roten Gesicht. Ein Alkoholiker. Er ging jeden Morgen um die gleiche Zeit die Straße hinunter. Tagsüber sah Arthur ihn oft vor dem Bahnhofbuffet, allein mit einem Glas Rotwein. Er saß offenbar den ganzen Tag dort, hielt seinen Pegel auf der richtigen Höhe, und am Abend kehrte er nach Hause zurück. Den Stock brauchte er nicht etwa, weil er gehbehindert gewesen wäre.

Gegenüber dem Institut stand ein kleiner, roter Fiat. Arthur hatte die Besitzerin schon gesehen. Ex-Jugoslawien. Einmal wollte ihr Sohn nicht rasch genug aussteigen. Da zog sie ein Taschentuch hervor, riss damit sorgfältig eine Brennnessel vom Straßenrand ab, schrie den Kleinen an, er solle endlich aussteigen, und als er draußen war, schlug sie ihn mit der Brennnessel auf den nackten Arm und ins Gesicht, immer sorgfältig darauf bedacht, ihre eigene Hand mit dem Taschentuch zu schützen. Pervers hatte Arthur vor allem gefunden, dass der Junge mit der Aussicht aussteigen musste, sich draußen malträtieren zu lassen. Toller Anreiz. Hätte er nicht besser daran getan, stattdessen drinzubleiben, die Türen zu verriegeln und, falls der Autoschlüssel steckte, davonzufahren, auf Nimmerwiedersehen? Überhaupt dieses Haus gegenüber. Ein Gruselkabinett. Polizei und Krankenwagen fuhren fast jede Woche vor. Es gab ein Mädchen, vielleicht dreizehn, das alle paar Tage im dritten Stock die Fenster reinigte. Sie trug nur ein Trägertop, stieg auf einen Schemel und musste sich jeweils so hoch strecken, dass er fürchtete, sie würde eines Tages auf den geteerten Vorplatz hinunterstürzen.

Ein Auto mit Schnee auf dem Dach fuhr vorbei. Das war seltsam. Welcher Monat? War nicht Frühling? Er konnte sich nicht erinnern. War März oder April? Er blickte auf eine Zeitung auf dem Nebentisch, aber sie war alt. Wo war eigentlich Al? Er hatte ihn schon lange nicht mehr gesehen. Vielleicht hatte er das Büro gewechselt. Wo wohl das Auto herkam, vom Khyber-Pass? Wie kam er darauf? Kürzlich war etwas gewesen – ein Gespräch, ein Artikel, eine Fantasie – von wegen afghanisches Gebirge. Er konnte sich nicht erinnern was genau. Nur an Schnee und Wüste. Schnee, Wüste, Einsamkeit und ein Gefühl von Aussichtslosigkeit.

Eine Frau schloss einen Schlauch am Wasserhahn an der Hausecke an. Was wollte sie damit? Die Hecke gießen? Es hatte doch in der Nacht ausgiebig geregnet. Sie verschwand um die Ecke mit dem Schlauch, und Arthur bekam nicht mehr mit, was sie damit machte. Vielleicht war auch sie im Begriff, eines ihrer Kinder zu bestrafen. Vielleicht hatte sie es im Geräteschuppen im Hinterhof an einen Marterpfahl gebunden. Arthur stellte sich die Düse des Schlauchs mit dem Abzugshahn vor, wie bei einem Gewehr. Ein Kind hinrichten, einen Angestellten des Instituts hinrichten.

Das Telefon klingelte. Er blickte auf das Display. Es war keine interne Nummer. Es war auch nicht Stella und nicht Germaine. Er kannte die zwei Nummern. Er hob nicht ab und blickte wieder hinaus auf die Straße. Die kahlen Birken. Das Parkverbotsschild. Das hin- und herbaumelnde Schild eines Nähateliers. Ein Handwerker in einem orangen Overall näherte sich dem Problemhaus gegenüber. Er lehnte eine Leiter an die Mauer und stieg hinauf. Arthur hoffte, er möge abstürzen.

Dann zog er die Gardinen zu und stand entschieden auf. Das heißt, er tat entschieden. Er ahmte die Gesten und Bewegungen eines Entschiedenen nach. Oder er war entschieden, aber wusste nicht zu was.

Bevor er hinausging, versuchte er, Stella zu erreichen. Nichts. Normalerweise konnte man auf ihrem Handy eine Nachricht hinterlassen, aber nun kam eine Ansage, die er zum ersten Mal hörte. »Dies ist der Anrufbeantworter von Stella Kienast. Sie ist momentan nicht erreichbar. Sie können keine Nachricht hinterlassen. Bitte hängen Sie auf.« Das klang – brutal. Auch dass die Ansage in der dritten Person formuliert war, erschreckte ihn wie ein böses Omen. Der Dialog war zu Ende.

Im Flur ging Arthur durch den Kopf, dass der Anruf vielleicht von 2 Roses gekommen war. Aber er mochte nicht mehr zurück ins Büro gehen. Es wurde auch langsam zu auffällig, all die teuren Anrufe von seinem Telefon aus. Er wollte Schwarz nicht noch zusätzliche Munition liefern. Obwohl es eigentlich keine Rolle mehr spielte, jetzt, da er Arthur bereits totgeschossen hatte. Schwarz' Sekretärin zwängte sich an ihm vorbei und blickte ihn fragend an, ohne etwas zu sagen. Arthur verließ das Institut schnellen Schrittes. Draußen auf dem Gehsteig wählte er auf seinem Handy die 2-Roses-Nummer. Wieder dauerte es Minute um Minute, bis er mit seiner »Dame« verbunden war. Sie tat vertraut, vertraulich.

»Warum bist du nicht gekommen?«, fragte er.

»Wohin?«

»Na, dort, wo wir uns verabredet haben.«

»Ich sagte, du solltest mich vorher nochmals anrufen.«

»Warum bist du nicht gekommen?«

»Ich bin zwar nicht gekommen, aber ich bin gekommen.« Sie lachte.

»Ich habe mehr als eine halbe Stunde gewartet.«

»Frauen brauchen etwas länger, wusstest du das nicht?«

»Willst du mich verarschen?«

»Du hast einen schönen Arsch.«

»Woher willst du das wissen?«

»Ich war doch da.«

»Wo?«

»Du bist ein Dummkopf. Ruf mich wieder an, wenn du …«

»Können wir uns heute treffen?«

Aber es war zu spät, sie hatte schon aufgehängt.

War sie Miu? War sie die ganze Zeit da gewesen, schräg gegenüber, im Gespräch mit ihm, während er auf sie wartete?

Erneut versuchte er, Stella anzurufen. Nichts, bloß wieder diese herzlose Ansage. Sie erinnerte ihn an Mugabe, der kürzlich in eine hungrige, protestierende Menge gerufen hatte: »Hängt euch doch auf.«

Sollte er ins *Terrasse* zurück, warten? Glücklicherweise kam ihm in den Sinn, dass er am Limmatplatz noch Fotos abholen musste. Er ging zu Fuß. Eine Gelegenheit, sich etwas abzulenken.

Er nahm die Fotos an sich.

»Wollen Sie nicht kontrollieren, ob es die richtigen sind?«, fragte die Verkäuferin.

Er antwortete nicht und ging davon.

An einem Stand kaufte er sich einen Wurstweggen und aß im Gehen. Ein Auto bremste scharf und hupte, als er die Straße überquerte. Er ging weiter, ohne den Wagen eines Blickes zu würdigen. Wenig später verlangsamte der Fahrer neben ihm. Als Arthur nicht reagierte, kurbelte er die Scheibe herunter und rief: »Schlafen Sie?«

Arthur drehte den Kopf. »Nein«, sagte er. »Ich schlafe seit einiger Zeit kaum.«

»Gehen Sie zum Psychiater!«

»Ja, danke«, sagte Arthur, ohne ihn anzusehen. Der Wagen dahinter hupte.

»Spinner!«, rief der Fahrer Arthur ins Gesicht und raste endlich mit quietschenden Reifen davon.

Arthur fühlte sich erschöpft. Er hätte sich am liebsten an den Straßenrand gelegt. Die letzten Jahre hatte er sich, wenn er einen Bettler sah, oft gefragt, wie das wohl wäre: sich einfach aufzugeben, den ganzen Tag nur dazusitzen, die Passanten und das Leben an sich vorbeiziehen zu lassen, ohne Ambitionen. Sich fallen zu lassen. Die Vorstellung war gefährlich verführerisch.

Ein Mann in Lederjacke wich ihm im letzten Moment aus.

»Passen Sie doch auf!«, zischte er.

Es war Arthur schon öfter aufgefallen, dass die Frage »Wer weicht aus, wer geht weiter?« jedes Mal einer Machtprobe gleichkam. In Sekundenbruchteilen schätzten Fußgänger ihren Status ab, der Unterlegene wich aus, der andere ging geradeaus weiter. Der Lederjackentyp war offenbar davon ausgegangen, Arthur würde ausweichen. Egal. Hätte Arthur in einem Auto gesessen, hätte er ihn überfahren können.

Er zog sein Handy aus der Tasche und versuchte, Stella anzurufen.

»Momentan können keine Anrufe entgegengenommen werden. Versuchen Sie es später noch einmal.«

Warum plötzlich eine andere Ansage, eine andere Absage? Arthur wiederholte die gewählte Nummer und sah, dass er aus Versehen Germaine statt Stella angerufen hatte.

Er überquerte die Straße und betrat eine Bar mit verspiegelten Fenstern. Ein paar ältere, versoffene Männer und zwei Blondinen saßen am Tresen. Aus der Jukebox hämmerte »Highway to Hell«.

»Eine Stange.«

Er leerte das Bier bis zur Hälfte in einem Zug. Auch er fühlte sich leer. Als Student hatte er gelegentlich meditiert. Versucht, sich innerlich leer zu machen. Nirwana. Ganz im Hier und Jetzt. Es war ihm nie gelungen. Nun fühlte er sich tatsächlich leer, aber es war anders, als die Buddhisten sich das vorstellten. Er war nicht im Hier und nicht im Jetzt, er war – wie ein Geist – überhaupt nicht anwesend. Und im Nirwana auch nicht.

»Zigarette?«

Es dauerte eine Weile, bis er merkte, dass die Frage an ihn gerichtet war. Er blickte zur Seite und sah, dass die Blondine im roten Latexmini ihm eine Zigarette hinhielt.

»Geht's gut?«, fragte sie.

»Prima.« Er steckte sich die Zigarette in den Mund, und sie gab ihm Feuer, das sie mit der anderen Hand gegen einen nicht existierenden Wind abschirmte.

»Ich bin Lydia«, sagte sie. »Wie heißt du?«

Arthur starrte ihren langen Hals an und sagte nichts.

»Wie heißt du?«

Drei Muttermale, die ein Dreieck bildeten.

»Verstehst du Deutsch?«

Eigentlich war es logisch, dass drei Punkte ein Dreieck bildeten. Aber irgendwie war es doch erstaunlich.

»Ist dir dein Name entfallen? Macht auch nichts. *My name is Lydia.*«

»*Where do you come from?*«

Es war erleichternd, sich das Inkognito einer anderen Sprache zu geben.

»*I come from many places*«, sagte sie. »*What about you?*«

»*I come from nowhere.*«

Sie legte ihm die Hand auf den Oberschenkel.

»Willst du in meinen Raum kommen?«, sagte sie, wieder auf Deutsch wechselnd.

Arthur schaute auf die Hand und sagte: »In deinen Raum?«

Sie blickte ihn verwirrt an, dann sagte sie: »In den Weltraum«, und lachte.

Als er eine ganze Weile nicht antwortete, obwohl sie ihn immer im Auge behielt, wurde sie konkreter: »Gehen wir nach oben? *Love, amor, baiser?*«

»Ich weiß nicht«, sagte Arthur. »Ich bin müde.«

»Ich bin noch Jungfrau.« Sie leckte sich die Lippen ab.

»Ich auch.«

»Trifft sich gut. Also?«

»Zu müde.«

Sie legte den Kopf zur Seite und blickte ihn traurig an.

»Wir können auch einfach nebeneinanderliegen. Oder ein bisschen schlafen. Ist sowieso noch nichts los.«

Das war tatsächlich das Einzige, worauf er Lust hatte. Er dachte nach – oder versuchte es zumindest.

»Was arbeitest du?«, fragte sie.

»Nichts. Und du?«

Diesmal war sie es, die nicht antwortete. Sie strich sich den Mini glatt.

»Ich arbeite ebenfalls nichts«, sagte sie schließlich. »*I'm just here.*«

Er nahm noch einen Schluck Bier.

»Gehen wir?«, sagte sie.

»Okay.« Und er ließ sich vom Barstuhl hinuntergleiten.

Er bezahlte und folgte ihr hinaus auf die Straße. Sie bog um die Ecke und trat auf der anderen Seite des Hauses wieder ein. Ein Concierge überwachte zwei graue Bildschirme. Er begrüßte sie gleichgültig, und sie stiegen die Treppe hoch.

Nachdem sie eine Flasche billigen Prosecco entkorkt hatte, legten sie sich auf das Bett. Sie hatte weder im Schrank noch im Nachttischchen noch im Bad ein zweites Sektglas gefunden, also tranken sie abwechselnd aus einem. Er fragte sich, ob er eigentlich ihren Namen kannte; aber für eine gegenseitige Vorstellung wäre es nun sowieso zu spät gewesen. Also kuschelte er sich an sie und schloss die Augen.

Er kam durch ein Rütteln wieder zu sich, das ihn im ersten Moment an ein nächtliches Erdbeben erinnerte, das er einmal in der Karibik erlebt hatte. Wie lange hatte er geschlafen? Die Unbekannte hockte wie ein Inkubus auf ihm. Rodeo. Unmöglich, sie abzuwerfen, selbst wenn er es gewollt hätte.

»Präservativ«, sagte er.

»Warte noch einen Moment«, keuchte sie.

»Es ist besser, wenn …«

Sie hielt ihm die Hand auf den Mund.

»Nur noch eine Minute, ich komme gleich. Nur noch eine Minute …!«

Hey, Scheiße, dachte er. Das ist eine Prostituierte, sie spinnt. Sie schläft ohne Kondom mit Kunden, selbst wenn diese es nicht mal verlangen. Sie ist HIV-positiv, todsicher, ein Kamikazeflug …

Und während er all das dachte, wippte sie weiter auf ihm auf und nieder, auf und nieder.

Er versuchte sich wegzudrehen.

»Hör auf«, sagte er. »Das ist idiotisch …«

»Mach dir keine Sorgen, ich nehme die Pille …«

»Aber wir sollten …«

»Pssst …«

Und irgendwann war es ihm auch egal.

Als er auf den Gehsteig trat, ins graue Tageslicht, war er schlagartig wieder nüchtern.

Er fuhr nach Hause, nahm eine Dusche (als ob das etwas nützt, dachte er) und suchte die Nummer der Aids-Beratung des Universitätsspitals heraus.

»Ich habe soeben einen Blödsinn gemacht«, sagte er. »Ich habe ohne Schutz mit einer Prostituierten geschlafen. Ich befürchte, ich habe mich infiziert. Es gibt doch so eine Art Pille danach, oder? Könnte ich da …«

»Die Postexpositionsprophylaxe ist im Prinzip dem medizinischen Personal vorbehalten. In den übrigen Fällen wird sie nur verabreicht, wenn Sie sicher sind, dass Ihre Partnerin HIV-positiv ist.«

»Ich müsste also mit ihr zu einem Test kommen, falls sie in letzter Zeit keinen gemacht hat?«

»Ja.«

»Und falls das nicht geht?«

»Dann müssen Sie in drei Monaten einen Test machen. Vorher sind die Antikörper nicht feststellbar. Und dann würden wir weiterschauen.«

Das war's. Er googelte *Postexpositionsprophylaxe*. Idealerweise müssten die entsprechenden Medikamente innerhalb eines Zeitfensters von zwei Stunden nach dem Risikokontakt eingenommen werden, hieß es. Nach Ablauf von spätestens zweiundsiebzig Stunden mache eine PEP keinen Sinn mehr.

Er blickte auf die Uhr. Die zwei Stunden waren schon bald vorbei. Er hatte nicht mal ihre Telefonnummer. Sollte er nochmals in die Bar fahren und sie dort suchen, um sie ins Unispital mitzuschleppen? Dazu fehlte ihm die Kraft, der Durchsetzungswille, die Entschiedenheit.

Er ließ sich aufs Sofa fallen und schlief ein.

Zwischendurch wachte er halb auf. Er hatte von den mysteriösen Anrufen geträumt.

Vielleicht habe ich selbst ja Stella angerufen, dachte er. In einem *altered state*. Erinnere mich nicht mehr. Dr. Jekyll und Mr. Hyde. Oder habe zumindest jemanden beauftragt. Delegiert. So wie man von einem delegierten Selbstmord spricht.

Dann schlief er wieder ein.

Das Klingeln seines Handys weckte ihn. Doch er drückte erst den falschen Knopf, dann erschien auf dem Display *Anruf gehalten* und er wusste nicht, was er nun tun sollte. Bis er die richtige Taste gefunden hatte, war es zu spät. Er schaute nach, wer angerufen hatte; er kannte die Nummer nicht. Vielleicht war es Miu? Oder die Blondine? Oder Stella von unterwegs? Er hatte ja keine Ahnung, wo sie sich befand. Oder Germaine? Sollte er auf gut Glück zurückrufen? Da erinnerte er sich, dass ihm die Blondine ihre Telefonnummer notiert hatte. Er durchforschte seine Hosentaschen und fand tatsächlich einen zerknüllten Zettel. Es war nicht die Nummer, die er auf dem Display sah. Er rief sie trotzdem an, wobei er die eigene Nummer unterdrückte.

»Ja?«

»Arthur.«

»Oh, schön, dich zu hören.«

»Ja. Aber sag mal ..., ich hab' das Gefühl, wir haben eine große Dummheit gemacht. Wir hätten uns ... schützen sollen.«

»Mach dir keine Sorgen. Ich bin negativ.«

»Bist du sicher?«

»Ja, ich mache regelmäßig Tests. Sag mal, warum die unterdrückte Nummer? Vertraust du mir nicht? Hast du Angst, ich rufe dich an?«

»Nein, nein, ich mache das immer so. Also bis später.« Während er das Telefon von seinem Ohr nahm, vernahm er noch einen begonnenen Satz, dann drückte er die Taste mit dem roten Hörer. Er glaubte ihr kein Wort.

Mechanisch versuchte er zum x-ten Mal, Stella anzurufen. Nichts.

Als Kind hatte er sich vorgestellt, er müsste nur lange genug die Luft anhalten, dann würde er sterben.

Schließlich wählte er nochmals Germaines Nummer.

»Germaine«, sagte er.

»Ja, wer ist am Apparat?«

»Germaine, ich bin's, Arthur.«

»Oh, ich bin im Zug, ich kann dich so schlecht hören.«

»Germaine, ich möchte dir etwas sagen.«

»Ja?«

»Ich habe über uns nachgedacht. Du bedeutest mir mehr, als mir bisher bewusst war.«

»Arthur …«

»Ich möchte, dass wir …«

»Hallo?«

»Es fällt mir schwer …«

»Arthur?«

»Ja?«

»Wir werden darüber sprechen, wenn ich zurück bin. Ich komme heute Abend an. Wir telefonieren morgen, ja?«

»Sag mir etwas, gib mir ein Wort …«

»Es ist …«

»Sag mir, wie es ist.«

»Es wäre vielleicht möglich gewesen. Vor drei Monaten, vor einem halben Jahr.«

»Und jetzt?«

»Ich habe mich verliebt. Vor drei Wochen. Ich …«

Arthur hängte auf.

Er bemerkte, dass der Akku seines Handys fast leer war.

Mühsam stemmte er sich aus dem Sofa und ging ins Bad. Dort steckte er das Ladegerät ein und legte das Handy auf den Rand des Waschbeckens. Er blickte in den Spiegel. Ein unsympathischer Mann. Und dann fielen plötzlich alle Schleier ab, und er sah. Niemand hatte Stella angerufen. Es war alles ihre eigene Erfindung gewesen. Gespenster, Geister. Eine einzige Inszenierung, um ihn aufzuschrecken, um ihn eifersüchtig, ihn heiß zu machen. Stattdessen hatte sie alles vergiftet und ihn weit fortgetrieben. Abgetrieben, aufs offene Meer hinaus, dachte er.

Das brachte ihn auf die Idee mit dem Wasser. Sich das Gesicht waschen. Sich erfrischen. Nüchtern werden. Er griff, den Blick immer noch auf sein Gesicht gerichtet, nach dem Wasserhahn und drehte ihn auf.

Das Handy klingelte. Er hob ab. Er hörte noch eine Frauenstimme: »Arthur …«

Dann ging alles blitzschnell.

Das Handy war glühend heiß. Bevor er es loslassen konnte, explodierte es. Ein stechender Schmerz an seinem Ohr. Sein ganzer Körper zuckte zusammen, er rutschte aus und knallte mit dem Hinterkopf gegen den Heizkörper. Noch kurz sah er ein zum stummen Schrei verzerrtes Gesicht im Spiegel, das Handy stand in Flammen. Dann flossen Falsch und Richtig, Lüge und Wahrheit, Außen und Innen, Ich und Du, Mann und Frau, Arthur, Stella, Flores, Germaine, die Telefonstimme, Miu und die namenlose Blondine endlich zusammen, und sein Gesicht, auf Nimmerwiedersehen, verschwand von der Bildfläche.

ALB – DIE PLÖTZLICHE VERDOPPELUNG

»Zeig den Afrikanern, wie man heutzutage röntgt«, sagte der Chef.

Das kam so: Eine Röntgenanlage am Universitätsspital Zürich wurde ersetzt. Der Chefarzt war mit dem Direktor eines Krankenhauses in Dakar befreundet, und so beschied er bei einer Sitzung launig: »Wir schicken den alten Apparat in den Senegal hinunter.« Und weil sonst niemand Zeit und Lust hatte, schickte er den jungen Assistenzarzt gleich mit, um dem Personal dort das Ding zu erklären.

Eigentlich hieß der Assistenzarzt Marco Scagnetti, aber in Dakar nannten sie ihn nur Dr. Katz, nach einem Arzt in einer Vorabendserie, dem er mit seinen schwarzen Locken und der Goldrandbrille offenbar glich.

Schon am ersten Tag merkte Marco, dass niemand in der Radiologie-Abteilung die geringste Ahnung von Radiologie hatte. Aber vielleicht war das ja egal und es ging lediglich darum, die Maschine günstig zu entsorgen und dabei auch noch das Gefühl zu haben, etwas Gutes zu tun.

Am zweiten Tag gab es Probleme mit dem Strom. Marco rief Guido an, den Universalhandwerker, den er von einem Praktikum in einem psychiatrischen Wohnheim kannte. Guido hatte mit den Bewohnern in der Werkstatt gearbeitet. Sie hatten sich angefreundet, aber zwei Jahre später wanderte Guido in den Senegal aus, um dort eine Art Muster-Schreinerei zu bauen. Marco hatte vor, ihn zu besuchen, sobald die Instruktionen in Dakar beendet wären. Am Telefon gab Guido ihm ein paar Elektro-Tipps. Nach wenigen Handgriffen funktionierte die Maschine tatsächlich perfekt, und die Angestellten begannen sich gegenseitig in allen erdenklichen Stellungen zu röntgen. Marco warnte sie, es nicht zu übertreiben, aber eigentlich war es ihm wurst. Seine Arbeit war getan.

Guido lebte in einem Kaff namens Albadar im Süden des Senegal. Casamance hieß das Gebiet, das seit Jahren von Rebellen terrorisiert wurde, die angeblich für die Unabhängigkeit der Region kämpften, vielleicht aber auch gewöhnliche Gangster waren. Das kleine Land Gambia, das sich von der Westküste her wie ein Keil ins Landesinnere bohrte, trennte den Norden des Senegal von der Casamance.

Die Frage war, wie Marco von Dakar nach Albadar kommen würde. Im Krankenhaus gab ihm jeder einen anderen Ratschlag. Man konnte mit dem Schiff nach Ziguinchor fahren und von dort mit einem Buschtaxi in zwei Stunden nach Albadar. Diese Route führte allerdings durch gefährliches Rebellengebiet. Darüber hinaus war vor ein paar Jahren ein Schiff gesunken. Zweitausend Tote. Seitdem wurde diese Route gemieden. Man konnte auch per Flugzeug nach Ziguinchor reisen. Das war jedoch erstens teuer, und zweitens blieb dann immer noch das Problem mit der Fahrt durch die Krisenregion. Eine weitere Alternative war die Fahrt mit einem *7-places*-Peugeot nach Farafenni. Dort musste man jedoch stundenlang auf die klapprige Fähre warten, die einen über den Gambia-Fluss brachte. Hinzu kam das gespannte Verhältnis zwischen dem Senegal und Gambia. Die Zöllner taten alles, um die Durchreisenden unter irgendeinem Vorwand festzuhalten und horrende Summen für das Passierenlassen zu verlangen. Im schlimmsten Fall schaffte man es nicht vor Einbruch der Dunkelheit nach Albadar. Von Nachtfahrten wurde abgeraten, aber richtige Hotels gab es auf dieser Route auch nicht. Schließlich blieb noch die Möglichkeit, mit einem Sammeltaxi via Banjul, der Hauptstadt Gambias, zu fahren. Das Dörfchen Albadar lag nur etwa zweihundert Kilometer Luftlinie von Dakar entfernt, und die Banjul-Route war die direkteste. Auch bei dieser Version durchquerte man Rebellengebiet. Aber normalerweise fuhr man am frühen Morgen los und kam am Nachmittag an. Sagten die Gewährsleute. Als Marco die Landkarte studierte, schien ihm dies die praktikabelste Variante. Er fragte sich allerdings, warum sie trotzdem so selten gewählt wurde. Der Arzt von der Notaufnahme erklärte ihm, falls es Probleme gebe, könne er so wenigstens in Banjul übernachten und in Ruhe am nächsten Tag weiterreisen. Das gab den Ausschlag. Der Kollege bot an, ihn am Morgen um sechs zum Busbahnhof zu bringen. Dann könne er das erste Fahrzeug nehmen und komme vor Sonnenuntergang in Albadar an.

Es war noch dunkel, als sie verschlafen bei der *gare routière* eintrafen, aber es herrschte schon ein atemberaubendes Gewühl und Gedränge. Alle rannten kreuz und quer durcheinander, wie in einem zu schnell abgespulten Film. Marco war froh um seinen Begleiter. Allein hätte er den Abfahrtsort nie gefunden; er war lediglich mit einer schiefen Stange markiert, an der ein kleines Holzschild baumelte. Darauf hatte jemand mit grüner Farbe – kaum leserlich – *Banjul* gepinselt.

Wie ein Grabkreuz, dachte Marco.

»Siehst du«, sagte der Kollege. »Banjul. Das heißt, der *7-places* fährt bis in die Hauptstadt durch, und du musst sonst nirgends umsteigen.«

Marco, der Glückspilz. Es war genau noch ein Platz frei, er stieg ein, und kurz darauf fuhren sie los.

Eigentlich hatte er noch Geld wechseln wollen. In seiner Geldbörse befanden sich nur noch wenige fast bis zur Unlesbarkeit abgegriffene, speckige kleine Scheine, in seinem Gurt etwa 35 000 CFA, gut 50 Franken, und ein bisschen Schweizer Geld. Aber entgegen seiner Erwartung gab es am Busbahnhof weder Bank noch Geldautomaten. Nun gut, das konnte er dann in Banjul erledigen. Immerhin hatte er am Vorabend eine Plastiktüte Bananen und eine Plastikflasche Wasser gekauft, die nun zwischen seinen Füßen lagen.

Er rief Guido wie verabredet an, als sie die letzten Vororte von Dakar hinter sich ließen. Guido, der gerade auf der Terrasse seines Hauses frühstückte, rief fröhlich: »Ich erwarte dich also zum Nachmittagstee in Albadar.«

Sie fuhren die Küstenstraße entlang Richtung Süden. Rufisque, Bargny, M'Bour. Dann bogen sie nach Osten ab ins Landesinnere. Mit jeder Stunde, die verstrich, hob sich Marcos Stimmung. Er hatte sich zu viele Sorgen gemacht. Es lief alles wie am Schnürchen.

Gegen Mittag, kurz vor Kaolack, begann der Motor zu stottern. Sie schafften es noch bis in die Stadt und zu einer Autowerkstatt.

»Es dauert höchstens eine Stunde«, sagte der Fahrer.

In der Nähe gab es eine Imbissbude, aber keinen Geldautomaten. Marco entschied, auf das Essen zu verzichten. In Banjul würde er sowieso auf das nächste Fahrzeug warten müssen. Dann konnte er Geld wechseln und sich in einem sauberen Restaurant eine anständige Mahlzeit leisten.

Die Reparatur dauerte länger. Alle anderen Fahrgäste verschwanden in der *buvette*, tranken Cola und verzehrten Fleischspießchen vom Grill, während er die staubige Straße auf und ab ging – in der müden Hoffnung, vielleicht doch noch irgendwo eine Bank zu erspähen –, schwitzte und nicht mal eine Gelegenheit fand, sich zu setzen.

Endlich fuhren sie wieder los, Marco legte die Plastiktüte mit den kleinen Bananen auf den heißen Boden zwischen seinen Füßen. Es waren immer noch etwa zehn Stück übrig, schon ziemlich braun und matschig, aber er wollte sich einen gewissen Notvorrat aufsparen.

Eine langweilige Savannenlandschaft zog hinter der staubigen Scheibe vorbei, mit Dörfern, bei denen sich nur der Name änderte: Ndiafate, Passi, Sokone, Toubakouta.

Schließlich kamen sie in Karang an, dem Grenzort. Alle mussten aussteigen. Marco folgte den anderen in eine Baracke. Der gambische Beamte gab ihm ein Zeichen, er solle seinen Rollkoffer auf den Tisch legen. Wortlos durchwühlte er alles und machte dann eine wegwerfende Geste – du kannst dein Zeug wieder zusammenpacken.

Marcos Mitpassagiere marschierten weiter, niemand ging zum Wagen zurück. Er fragte einen Träger in blauem Overall, was los sei. Der erklärte ihm, alle müssten hier umsteigen, die Fahrzeuge aus dem Senegal hätten nicht das Recht, die Grenze zu Gambia zu überqueren.

»Aber es hieß doch, das Taxi fahre bis Banjul, so war es auch angeschrieben.«

»Keine Weiterfahrt nach der Grenze.«

Marco holte seine Mitfahrer ein.

»Du musst bis Barra fahren, am Flussufer«, sagten sie ihm. Dort überquere man den Gambia River, und auf der gegenüberliegenden Seite erreiche man dann Banjul.

Unter einem Baum bemerkte er einen etwa gleichaltrigen Weißen, ging zu ihm hinüber und fragte: »Fährst du auch in die Casamance?«

»Nein, nach Dakar. Ich suche jemanden.«

»Einen verschollenen Freund?« Marco wusste nicht, warum er das fragte, es war ihm so rausgerutscht.

»Nein«, sagte der Fremde. »Das ist der andere, Serge. Mein Name ist Richard, ich suche meine Tochter.«

Marco war verwirrt. »Weißt du, wie ich am besten nach Albadar komme?«

»Don't follow me, I'm lost, too.« Und weg war er. Marco fragte sich, aus welchem Film der wohl kam. Einer dieser unzähligen Weißen, die in Afrika jeden Halt verloren hatten. Er hatte solche Typen in einer Bar in Dakar gesehen. Er verachtete diese Spezies und drehte sich nicht mehr nach ihm um. Warum hatte er ihn überhaupt angesprochen? Bloß weil sie dieselbe Hautfarbe hatten.

Inzwischen waren auch die anderen Reisenden und Umstehenden auf Marco aufmerksam geworden. Eine Menschentraube bildete sich um ihn.

»Wo willst du hin?«, fragte ein junger Rasta.

»Nach Albadar, in der Casamance.«

Die Gruppe begann lebhaft zu diskutieren. Marco verstand nichts, nur das Wort »Albadar« schnappte er hie und da auf.

»Du hast Glück gehabt«, sagte der Rasta schließlich. »Wir haben gleich gesehen, dass du desorientiert bist.«

Das kränkte Marco. Er dachte an den abgerissenen Weißen. Aber er sagte nichts, und der Rasta fuhr fort: »Wir kennen einen jungen Taxifahrer, der von hier direkt nach Albadar fährt. Er muss möglichst schnell seine kranke Mutter besuchen und wäre sonst ohne Passagiere hingefahren. Aber da du zufällig das gleiche Ziel hast ... Ein Glücksfall für beide. Er fährt gleich los, weil er vor Sonnenuntergang dort sein muss.«

Sie führten Marco zum Wagen. Der sah ziemlich neu aus, in makellosem Taxi-Gelb; nicht so klapprig und schmutzig wie der Peugeot, mit dem er hierhergekommen war. Der Fahrer wollte umgerechnet 60 Franken; sie einigten sich schließlich auf 50, mit der Aussicht auf ein Trinkgeld bei der Ankunft – wo Guido Marco dann ja aushelfen konnte. Das war zweifellos überhöht, aber immerhin wurde er direkt hingefahren und musste nicht noch umsteigen, aufs Schiff warten, wieder umsteigen. Zudem war er, das betonte der Fahrer, der einzige Passagier.

»Keine Belästigungen, keine Komplikationen«, bestätigten die anderen. »Ruhe und Sicherheit.«

Marco warf ein, von ihm aus könne man ruhig weitere Fahrgäste hinzunehmen, um den Preis auf mehrere zu verteilen, aber es reiste niemand Richtung Albadar. Der einzige Nachteil war, dass ihm nach Abzug des Fahrpreises kaum noch Geld übrig blieb. Er hatte ja immer damit gerechnet, in Banjul Geld beziehen zu können. Aber, so sagte er sich, in wenigen Stunden wäre er bei Guido zu Hause, wo es keine Probleme mehr gäbe.

Und dann wollte der Fahrer endlich los.

Auf einer schmalen Sandpiste folgten sie dem Fluss Richtung Osten, durch eine fast unbewohnte Gegend.

Nach einer Stunde fragte Marco: »Wann überqueren wir den Fluss? Wir sollten doch auf die andere Seite.«

»*No problem*«, sagte der Fahrer. »Ich kenne Spezialroute.«

Wie sich herausstellte, sprach er praktisch kein Englisch, und Französisch sowieso nicht. Marco war es recht. Er war müde, und so blieb ihm die ewig gleiche Konversation erspart.

Trotzdem hakte er nach einer weiteren Stunde nach: »Ich versteh' nicht. Wir fahren dauernd nach Osten. Wir müssen doch in den Süden.«

»Albadar«, sagte der Fahrer. »Nach Albadar. Ich kenne den Weg. Meine Mutter. Dort. Krank. In einer Stunde wir auch dort.«

Das konnte sich Marco kaum vorstellen. Albadar lag genau südlich von Karang. Leider hatte er keine Karte dabei, aber sie mussten inzwischen schon viel zu weit östlich sein. Auch wenn sie jemals dort ankommen sollten, fuhren sie auf jeden Fall einen gewaltigen Umweg.

Und dann, der Sonnenuntergang tunkte die Landschaft in ein oranges Licht, hielt der Fahrer an der Kreuzung zweier Sandpisten an.

»Hier sind wir.«

Marco erinnerte sich an Guidos Beschreibung: der Dorfeingang mit der Ortstafel, die Reihe von Wohnhäusern entlang der Straße, das Restaurant *Le soleil*, dann die Weggabelung mit den Schildern, die für die *campements* am Strand warben. Nichts von alldem war hier zu sehen.

»Bist du sicher, dass wir in Albadar sind?«

Als Antwort zeigte der Fahrer die Straße hinunter. »Albadar.«

Dann wies er auf die Straße links. »Juffureh. Da geh' ich. Gib mir mein Trinkgeld.«

»Was Trinkgeld?«

»Trinkgeld. Du hast gesagt, du gibst Trinkgeld in Albadar.«

Marco stieg aus, um sich umzusehen. Er ging ein paar Schritte die Straße hinunter, ein paar Schritte die Straße hoch. Dort stand eine Mauer, unklar wozu. Jemand hatte *Albedra guesthouse* hingepinselt.

Albedra. Ein Verdacht nahm Gestalt an.

»Sind wir hier in Albedra oder in Albadar?«

»Albedra. Albadar.«

Eine Gruppe von jungen Männern kam die Straße herauf. Marco begrüßte sie. »Spricht jemand von euch Englisch oder Französisch?«

Einer trat vor. Marco erklärte sein Problem. Der Einheimische hörte ihm aufmerksam zu. »Okay«, sagte er schließlich. »Du bist nicht da, wo du sein solltest. Dies ist Albadar oder auch Albedra in Gambia. Das andere ist Albadar bei Kafountine, im Senegal.«

»Gibst du mir jetzt mein Trinkgeld?«, unterbrach der Fahrer.

Da verlor Marco zum ersten Mal seit Jahren die Fassung. Er warf alles, was er gerade in den Händen hatte, zu Boden, stampfte wutentbrannt wie Rumpelstilzchen nach seiner Enttarnung auf die Lateriterde und schrie: »Ich hab' dir doch gesagt Albadar in der Casamance, verdammt noch mal! Jetzt hock' ich hier, ohne Geld, hab' keine Ahnung, wo wir sind und wie ich hier wieder wegkomme, und das Einzige, was dich interessiert, ist dein Scheißtrinkgeld!«

Der Fahrer teilte den anderen mit steifer Oberlippe mit, der Weiße habe ihm Trinkgeld bei der Ankunft versprochen.

Sie erklärten ihm die Dehnbarkeit des Begriffs »Ankunft« und dass er froh sein solle, wenn der Weiße nicht den Fahrpreis zurückverlange.

Also öffnete er den Kofferraum, holte den Rollkoffer heraus, stellte ihn wortlos in den Sand und brauste, zwischen den dunklen Silhouetten der Palmen vor dem Abendhimmel, in einer Staubwolke davon.

»Komme ich heute noch hier weg?«

»Der nächste Minibus zurück nach Karang fährt morgen früh«, erklärte der Englischsprachige aus der Gruppe. »Privatautos oder Mofas kommen hier kaum durch. Wir könnten nochmals den *taxiboy* rufen, vielleicht fährt er für einen entsprechenden Preis zurück. Eine andere Möglichkeit wäre das Schnellboot. Jemand hat ein Schnellboot. Er könnte dich damit auf die andere Flussseite bringen, dann musst du nicht nach Banjul. Das kostet allerdings.«

»Gibt es keine Fischer mit Booten hier?«

»Es ist ihnen verboten, ausländische Passagiere zu transportieren.«

Marco fragte nach einer Bank. Höflich unterdrücktes Gelächter. Er fragte nach einer Landkarte. Eine was?

Immerhin funktionierte sein Handy. Er rief Guido an und erklärte ihm die Situation. Der holte eine Karte, fand aber kein Albadar in Gambia.

»Ich schätze, es muss ein sehr kleiner Ort sein.«

Nach ein paar Minuten rief er zurück.

»Ich habe den Ort auf einer größeren Karte gefunden.«

»Könntest du mich abholen, wenn ich es irgendwie auf die andere Flussseite schaffe?«

Guido meinte, es sei zu gefährlich, nachts durch die Gegend zu fahren. Und der Grenzübergang schließe um acht. Aber vielleicht morgen früh?

Also erkundigte sich Marco nochmals nach dem Boot.

»Eine Überfahrt mit dem *speedboat* kostet 100 Dollar«, teilten sie ihm feierlich und stolz mit. »Es ist sehr schnell.«

Marco musste gar nicht erst nachschauen, um zu wissen, dass er nicht genug Geld hatte.

»Und es gibt keine Möglichkeit für ... einen Spezialpreis?«

»Das ist bereits der Spezialpreis.«

Da sich Marco langsam an die Idee gewöhnte, heute wahrscheinlich nicht mehr von hier fortzukommen, und sich zunehmend verloren fühlte, fragte er in die Runde: »Wie steht es eigentlich mit Imbissbuden, Herbergen und so?«

Er kam sich vor wie Joseph in Bethlehem; allerdings ohne Maria, und ohne Jesus sowieso.

»Das *guesthouse*«, sagten sie unisono und zogen ihn im gleichen Moment am Arm Richtung verschwindende Sonne.

Aber einer, den er bisher kaum wahrgenommen hatte, nahm ihn vertraulich beiseite. Er sah ein bisschen älter aus als die anderen.

»Pass auf«, flüsterte er, als sie außer Hörweite waren. »Sie wollen dich ausnehmen.«

»Ja, das habe ich mir auch schon gedacht.«

»Ich muss morgen früh ebenfalls den ersten Bus nehmen. Du kannst bei mir übernachten, und noch vor Sonnenaufgang bist du wieder in Karang.«

Marco fand das sehr freundlich. Aber seine Erfahrung in diesen Ländern hatte ihn gelehrt, dass sich Gratisangebote am Ende oft als die teuersten herausstellten. Also sagte er: »Wunderbar. Sehr großzügig. Mit Vergnügen. Aber ich würde doch gerne einen Blick ins *guesthouse* werfen.«

»Kein Problem.«

Der unbekannte Retter warf den anderen eine knappe Bemerkung zu und zog Marco dann mit sich fort, schleppte ihn ab, brachte ihn in Sicherheit, zerrte ihn in sein Versteck, um ihn dort aufzufressen, was auch immer.

Während sie über den leeren Platz trotteten, blickte Marco sich zum ersten Mal um. Vertrocknete Grasbüschel im Sand, staubiges Dornengestrüpp. Ein paar verwitterte Häuser mit rostigen Wellblechdächern. Ein Holzverschlag, der sich beim Näherkommen als Kiosk herausstellte.

Er trug immer noch seine dämliche Plastikflasche mit dem wenigen, warmen Wasser bei sich. Wo waren eigentlich die Bananen? Jetzt erinnerte er sich, dass er sie im

Peugeot vergessen hatte. Beim Verlassen des Sammeltaxis war er noch überzeugt gewesen, dass sie nach den Zollformalitäten gleich weiterfahren würden, und hatte sie im Auto gelassen. Und dann, geblendet von der Aussicht auf eine reibungslose Fahrt mit dem Taxi, mit seinem leuchtend gelben Lack, hatte er nur noch vorwärtsgeschaut.

Würde es irgendwas zu essen geben heute Abend? Der Verlust der Bananen war für ihn, den Zürcher Arzt, in diesem Moment ein so herber Schicksalsschlag, als hätte er zu Hause 10000 Franken verspielt. Sollte er sich eine neue Flasche Wasser leisten? Lieber pleite als verdursten oder infolge des Genusses von verseuchtem Wasser an Cholera sterben, sagte er sich und steuerte auf die zusammengezimmerte Hütte mit der winzigen Öffnung zu.

Sein Begleiter blickte ihn fragend an.

»Wasser«, sagte er.

»Du kannst bei uns essen. Aber es ist in der Tat besser, du kaufst hier Wasser. Die Weißen sind fragil, das ist bekannt.«

Die Flasche kostete umgerechnet 1.50 Franken, was ihm horrend vorkam.

Als er sich wieder umdrehte, sah er eine Art Torbogen, wie aus zwei Elefantenzähnen, absurd pompös in diesem ärmlichen Dorf.

Sein Begleiter bemerkte sein Erstaunen. »Komm mit.«

Es war der offizielle Dorfeingang. Oben hing an zwei Fahrradketten ein Schild; im abendlichen Wind, der vom Fluss her über den Platz wehte, baumelte es ächzend hin und her: *Welcome to Albadarr – Juffureh.*

»Was ist Juffureh?«

»Du kennst Juffureh nicht?«

»Nein«, sagte Marco verlegen.

»Okay. Also. Du weißt offenbar gar nicht, wo wir eigentlich sind.«

»Ich weiß nur, dass ich im falschen Albadar bin.«

Nun nahm der andere plötzlich die Haltung eines stolzen, akkreditierten Fremdenführers ein, streckte die Hand aus und sagte: »Ich bin Michael.«

»Marco.«

Michael erklärte ihm, dass Albadar und Juffureh ein Doppeldorf bildeten. Hier spielte Alex Haleys Roman *Roots*. Hier hatte der Ururgroßvater des Autors, Kunta Kinte, gelebt. Marco hatte das Buch über die Suche nach den afrikanischen Vorfahren des schwarzen Amerikaners nie gelesen, aber natürlich davon gehört. Michael erklärte ihm, der Ort sei eine Touristenattraktion; unzählige Farbige aus den USA pilgerten hierher.

»Ahnenforschung. Sie wollen wissen, wer sie sind. Sie legen alle Gewohnheiten, ihre Bildung, ihr Selbstverständnis ab, die sie sich in Amerika angelegt haben wie einen Anzug – um die Geschichte der Verschleppung und der Versklavung ihrer Vorfahren und schließlich ihre wahre, eigene Identität kennenzulernen.«

Marco war erstaunt über den plötzlichen Quantensprung von Michaels Englisch. Es stellte sich heraus, dass er tatsächlich Fremdenführer war. Ja, darüber hinaus war er in der *Guides Association* tätig, die sich für eine Professionalisierung dieser Tätigkeit starkmachte. Er sprach von Malcom X, Nkrumah, Senghor, Haile Selassie. Seine Sätze klangen einstudiert und oft wiederholt, aber die Geschichte und das Selbstverständnis der Schwarzen waren ihm offensichtlich ein brennendes Anliegen.

Er führte Marco zum *guesthouse*. Es dauerte lange, bis sie den Nachtwächter gefunden hatten, der hinter einer Hütte auf einem niedrigen Schemel hockte, wo er tief versunken über einen winzigen Gaskocher gebeugt Tee kochte. Demonstrativ ächzend erhob er sich und kam mit dem von einem Draht zusammengehaltenen Schlüsselbund zurück. Die Schlüssel waren riesig, mindestens für das Haupttor einer Stadtmauer bestimmt, und sahen aus wie von Hand geschmiedet, in einer Höhle zu Beginn der Eisenzeit. Das *guesthouse* bestand aus mehreren Rundhütten in verwaschenem Blau, *bungalows* genannt. Der Wächter stieß mit dem Fuß eine quietschende Tür aus rostigem Wellblech auf. Es gab weder ein Schloss noch Licht. Als der Mann eine Kerze anzündete, wurden die Umrisse einer Pritsche sichtbar. Das Zimmer sah aus wie eine Gefängniszelle. Michael erklärte Marco freundlich, es gebe kein fließendes Wasser, auch keinen Ventilator, und eine Küche zähle ebenfalls nicht zur Infrastruktur des Unternehmens.

Da Marco sowieso fast kein Geld mehr hatte, dachte er, viel komfortabler als bei Michael zu Hause sei es im *guesthouse* wohl auch nicht. Er murmelte dem Wächter gegenüber irgendeine Entschuldigung für die Störung, und zu Michael sagte er, er sei neugierig gewesen, wie es hier so aussehe.

Also gingen sie zu Michael, und Marco zog seinen Samsonite-Rollkoffer zum zweiten Mal über den holprigen Sandweg.

Michaels Frau hieß Mary. Allzu überrascht wirkte sie nicht über die Ankunft des weißen Irrläufers. Das Zimmer, das sie ihm zeigte, sah aus wie das im *guesthouse*, bloß dass das Bett aus einer Art betonierter Wanne mit einer Schaumstoffmatratze drin bestand. Marco lehnte seinen Koffer an die nackte Mauer neben der Tür und wartete auf der wackligen Holzbank im Innenhof, während Mary den Zementboden seiner Unterkunft mit einem Reisbesen ausfegte und eine grüne Anti-Mücken-Spirale anzündete. Ein frisches Laken gab es leider nicht, aber die schummrige Beleuchtung ließ glücklicherweise keine genauere Inspektion zu, als er schließlich eingelassen wurde. Er stellte sein Gepäck auf dem Holztischchen ab und holte prophylaktisch schon mal Pyjama, Zahnbürste und Feuerzeug heraus, die er so bereitlegte, dass er sie auch im Dunkeln finden würde. Eine Taschenlampe hatte er in seinem Reisekrimskrams leider nicht gefunden.

Michael rief ihn. Er wollte ihn, bevor es Nacht wurde, zu einem Rundgang durch das Dorf mitnehmen.

Als Erstes ging's zum Flussufer hinunter. Ein schwankender Pier führte aufs Wasser hinaus.

Michael zeigte mit dem Finger ins Schwarzblau, aus dem ein leises Rauschen zu hören war, und sagte: »Hier liegt James Island mit dem englischen Fort.«

Dann zeigte er flussaufwärts.

»Dort liegt das französische Fort aus dem 17. Jahrhundert. Während hundert Jahren stritten Engländer und Franzosen um die Kontrolle des Handels auf dem Gambia River und beschossen sich gegenseitig.«

Schließlich zeigte er ihm das Sklavereimahnmal am Ufer: eine überlebensgroße, unförmige Betonfigur, die Marco an das Michelin-Männchen erinnerte, mit einem Globus als Kopf. Darunter stand: *Never again.*

»Siehst du«, sagte Michael, »wegen eines Irrtums kamst du hierher, hast dich geärgert, und jetzt merkst du, dass du zufällig am wichtigsten historischen Ort Gambias gelandet bist. Ohne diesen Fehler hättest du das alles nie gesehen.«

»Ja, oft entstehen aus Fehlern ganz interessante Dinge«, sagte Marco, nicht allzu überzeugt.

Michael setzte zu einem längeren Monolog über die Geschichte der Sklaverei an. Marco hörte nur mit einem Ohr zu – er war mit einer weiteren Gegenüberstellung seines vorhandenen Geldes mit den Kosten, die noch auf ihn warteten, beschäftigt –, bis er das Stichwort »Abendessen« hörte.

»Mary hat etwas zubereitet«, sagte Michael. »Ich weiß, dass die weißen Mägen nicht sehr widerstandsfähig sind, aber es wird dich schon nicht umbringen.«

Marco stellte sich einen weißen Magen vor.

Kurz vor der Hütte stieß er mit der Stirn gegen einen Balken.

»Aufpassen, Balken«, warnte Michael.

Mary war in aufgekratzter Stimmung. »Ah, unser Gast ist zurückgekehrt«, rief sie, um dann mit einem triumphalen Unterton hinzuzufügen: »*White man's lost!*«

Währenddessen rieb sich Marco die schmerzende Stirn. Den Scherz über den verlorenen, verirrten, verwirrten Weißen wiederholte sie noch ein Dutzend Mal an diesem Abend. Lustiger wurde er nicht.

Sie servierte einen Teller Reis mit ein paar warmen Salamischeiben drin. Jeder kriegte einen Teelöffel, und so aßen sie im Dunkeln zusammen aus demselben Teller. Es war nicht gerade eine Riesenportion, und Marco hielt sich trotz seines Hungers höflich zurück. Nach mehreren Versuchen gelang es ihm, eine der kleinen Fleischscheiben auf sein Löffelchen zu kriegen, aber während er es zu seinem Mund balancierte, fiel sie hinunter in die Finsternis. Diskret tastete er seine Kleider ab, ob sie sich vielleicht in einer Stofffalte verfangen hatte oder an seinem T-Shirt kleben geblieben war, aber er fand sie nicht wieder.

Irgendwo hatte er gelesen, dass es bei gewissen Völkern in Afrika üblich war, einem Gast zusätzlich zum Bett gleich auch die Dame des Hauses zu offerieren. Bis jetzt gab es keine Anstalten in diese Richtung. Mary begnügte sich damit, von Zeit zu Zeit kichernd »*The white man is lost*« zu wiederholen. Vielleicht war das ja die Ouvertüre zu mehr – aber es sah nicht so aus.

»Gehen wir«, sagte Michael, den letzten Bissen im Mund, und Marco verstand, dass der Männerabend begann.

»Wir statten Binta Kinte einen Besuch ab.« Ob es sich dabei um die Dorfprostituierte handelte? »Sie ist über achtzig Jahre alt«, fügte Michael ehrfürchtig hinzu. »Die letzte Angehörige von Haleys Kinte-Clan. Wenn du ihr 20 Dollar gibst, erzählt sie dir die Familiengeschichte aus erster Hand.«

Aha.

»Achtung Kopf!«

Marco duckte sich im letzten Moment unter dem Balken über dem Hofeingang.

Binta Kinte war die einzige Dorfbewohnerin mit Generator und Fernseher. In ihrem Wohnzimmer – auf dem Sofa, auf Hockern, am Boden sitzend oder in der Türöffnung stehend – hatten sich etwa dreißig Personen versammelt. Sie schauten gebannt *The Bold and the Beautiful*. Michael nahm Marco an der Hand und führte ihn vorsichtig zwischen den Zuschauern hindurch zur greisen Binta. Er begrüßte sie höflich, aber sie würdigte ihn kaum eines Blickes, weil der Patriarch der Forrester-Familie gerade mit einem Model durchgebrannt war und seine Ehefrau ihren teuflischen Racheplan umsetzte. Ein paar Jungs an der Wand gaben Michael und Marco Handzeichen, sie sollten sich bitte entweder setzen oder den Raum wieder verlassen, um den Blick auf den Bildschirm freizugeben.

Der Stromgenerator hinter dem Haus vollführte einen solchen Lärm, dass man von den Dialogen im Fernsehen kaum etwas mitkriegte. Trotzdem wurde, sobald jemand tuschelte, von allen Seiten Zischen laut, das zur Ruhe mahnte.

Wieder an der frischen Luft sagte Michael: »Ich schlage vor, wir gehen jetzt zu Bett. Der erste Bus geht morgen um halb sechs. Wir stehen um fünf auf, und ich begleite dich bis Karang. Ich müsste am Vormittag zwar eine Reisegruppe herumführen, aber es ist mir ein persönliches Anliegen, dass du sicher ankommst. Ich möchte nicht, dass du Albadar mit schlechten Erinnerungen verlässt. Eine Frage der Ehre.«

Das Dorf war inzwischen vollkommen still, dunkel und menschenleer. Marco blickte in den Himmel hoch. Er konnte sich nicht erinnern, je so viele Sterne gesehen zu haben. Die Milchstraße, der Große Wagen, der Kleine Bär, Kassiopeia, Herkules. Und der helle Stern knapp über dem Horizont, war das Venus, Saturn, das Kreuz des Südens oder ein Satellit?

Bei der Hütte angekommen, tastete sich Marco auf Michaels Anweisung mit einer im Nachtwind flackernden Kerze zum Holzverhau durch, der als Dusche und Toilette diente. Er wusste nicht, wo er hinpissen sollte.

Mary war nicht mehr zu sehen und sein Schlafplatz natürlich leer. Da er trotzdem nicht genau wusste, was sich dort alles tummelte, legte er sich angekleidet auf die Matratze. Halb eingeschlafen, begann er furchtbar zu schwitzen; aber er zog sich nicht aus.

Er war kaum eingenickt, als es an die Tür aus Wellblech hämmerte. Vielleicht Mary. Durch die Dunkelheit wankte er Richtung Hämmern.

»Wir müssen gehen«, sagte Michael. »In einer Viertelstunde fährt der Bus.«

Keinen Kaffee, kein Frühstück. Marco warf seine Siebensachen in den Rollkoffer und trat hinaus in den kühlen Vormorgen.

Auf einem schmalen Pfad gelangten sie zu einem Betonboden mit einigen Pfeilern, die ein Strohdach stützten.

»Der Versammlungsplatz des Dorfes«, sagte Michael.

Davor wartete bereits der weiße Minibus.

Marco konnte vorne neben dem Fahrer sitzen. Es kamen keine weiteren Gäste, und nach wenigen Minuten fuhren sie los. Die Nacht war noch sternenklar, der östliche Horizont eine Spur blasser. Die Morgendämmerung oder bereits die städtische Beleuchtung von Banjul? Dann und wann hielt der Wagen an, Leute stiegen zu, vor allem Männer. Außer *»Asalamaleikum«* sagten sie nicht viel. Es war eine ungeteerte, holprige Straße. Ein paarmal nickte Marco im monotonen Rumpeln ein, sein Kopf fiel vornüber. Er versuchte, sich an das seitliche Fenster zu lehnen, aber schlug beim nächsten Eindösen schmerzhaft mit der Schläfe gegen den Plastikgriff.

Als das erste Dämmerlicht über den Horizont schwappte, hielten sie an einer kleinen, weißen Moschee an, von einer einzigen, schmutzigen Neonröhre im Eingang beleuchtet.

Auch Michael stieg aus und brummte Marco *»Legi, legi«* zu. Vielleicht hieß es »Bin gleich zurück«, vielleicht auch »Penn weiter, Unbeschnittener«.

Die Männer wuschen sich die Füße mit Wasser aus bunten, dicken Plastik-Teekannen und gingen hinein. Vom Auto aus sah Marco sie auf den fadenscheinigen Teppichen sitzen und beten. Lediglich eine Frau mit ihrem Baby war im Wagen sitzen geblieben, ganz in ein blaues Tuch gehüllt. Grillen zirpten, von fern war Motorengeräusch zu hören, dann erklang der Ruf des Muezzins.

Marco schreckte auf, als die Tür geöffnet wurde. Er hatte geschlafen. Inzwischen sah man im Morgenlicht Hütten mit Strohdächern und eine rote, verrostete Landmaschine hinter der Moschee.

Bei der Weiterfahrt erkannte Marco die Straße wieder, auf der er mit dem Taxi gekommen war. Das große, abblätternde Plakat mit dem jungen Präsidenten und dem Slogan: *Tu deinem Land einen Gefallen und gehorche.*

Der Fahrer fragte Marco, wohin er wolle.

»Nach Kafountine«, antwortete dieser. Er vermied das Wort »Albadar«. Kafountine war das größere Nachbardorf. Aber der Name sagte dem Mann nichts.

»Banjul?«, fragte er.

»Ja.«

Eine Weile fuhren sie schweigend weiter, dann fügte Marco hinzu: »Fähre, oder? Ich muss bis zum Fluss und dann die Fähre nehmen?« So hatte es ihm Michael erklärt.

Er war sich nicht sicher, ob der Fahrer verstanden hatte, der mit einem Schwall unverständlicher Worte reagierte, aus denen Marco nur »Albadar« und »Banjul« herausfischte. Michael antwortete von hinten, und erst da merkte Marco, dass sich der Fahrer nicht an ihn, sondern an Michael gewandt hatte. Er sprach nicht mit ihm, sondern über ihn.

Schließlich kamen sie wieder auf dem Sandplatz von Karang an, mit dem einst weißen Zollgebäude, das im staubigen Wind die rotbraune Farbe der Lateritstraße angenommen hatte.

Michael nahm Marco wie ein Kind an der Hand und führte ihn zu einem anderen Minibus. Es war erst neun, aber der kurze Marsch brachte ihn ins Schwitzen.

Als Michael mit dem Fahrer sprach und ihm ein paar Münzen gab, meinte Marco, einige englische Brocken herauszuhören, etwas wie: »Ich vertraue dir diesen Weißen an, gib gut auf ihn acht.« Er wurde weitergereicht wie ein Paket mit dem Vermerk *Fragile – Handle with care*.

»So«, sagte Michael nach der Übergabe, »ich trinke einen Kaffee, dann fahre ich zurück.«

»Was schulde ich dir?«, fragte Marco, der inzwischen Platz genommen hatte.

»Bald wieder zurückzukommen.«

»Klar. Aber für die Fahrt?«

»Den *driver* bis zur Fähre habe ich bezahlt. Gib mir, was du willst.«

Marco dachte an den Zehntausender- und den Fünftausender-Schein. Er hatte kein Kleingeld. Hier stand sein Retter, er musste ihm etwas geben. Aber sein Budget war knapp. Und Michael hatte ihm nicht sagen können, wie viel die restlichen Etappen noch kosteten.

Er holte diskret den Fünftausender hervor und sagte: »Ich sollte das irgendwo in kleinere Scheine wechseln.«

»Sie fahren gleich los.«

»Ich würde dir gerne den ganzen Schein geben, aber ich muss noch bis Albadar damit durchkommen.«

Michael nahm das Geld und verschwand in der Menge.

Ächzend stieg ein älterer Mann mit Stock zu, dann war der Bus endgültig voll. Die Türen wurden geschlossen und der Motor angelassen.

»Moment«, rief Marco. »Einen Moment, bitte!«

Jemand in der Reihe hinter ihm lachte und sagte etwas. Abschätzig, wegwerfend, so kam es Marco vor, in einer rauen, kehligen Sprache.

Da erschien Michael und reichte ihm durchs heruntergekurbelte Fenster ein ganzes Bündel speckiger Dalasi-Scheine. Nachzählen und Nachrechnen brachte nichts. Vielleicht haute er ihn übers Ohr, vielleicht auch nicht. Er würde es spätestens erfahren, wenn ihm – an irgendeiner toten Straße – das letzte Geld ausging. Der Fahrer drückte aufs Gaspedal, ließ ungeduldig den Motor aufheulen.

»I thank you so much«, sagte Marco.

»Eines Tages kehrst du zurück und wirst dich erkenntlich zeigen. Gute Reise nach Albadar 2!«

Dann fuhren sie los.

Der Akku von Marcos Handy war fast leer. Deshalb hatte er gewartet. Aber jetzt, sagte er sich, war der Moment gekommen, um Guido anzurufen. Viel konnte nicht mehr schiefgehen. Er war wieder auf die Hauptstraße des Lebens eingebogen und fuhr direkt aufs Ziel zu.

»Spätestens gegen Abend sollte ich bei dir ankommen«, wollte er ihm sagen. Aber die Verbindung kam nicht zustande.

Er fragte seinen Sitznachbarn.

»Der Senegal und Gambia haben zwei verschiedene Systeme«, erklärte dieser. »Du brauchst eine andere Sim-Karte.«

Marco fragte sich, warum denn im gambischen Albadar die Verbindung möglich gewesen war. Hatte es mit dem Gleichklang von Sender- und Empfängerort zu tun, mit der tiefen orthografischen Verbundenheit der beiden Albadar, jenseits von technischen und nationalen Grenzen? Wie auch immer, er musste mit dem Anruf warten, bis er auf der anderen Seite aus Gambia herauskam, auf senegalesisches Terrain.

Bestimmt machte sich Guido Sorgen.

Aber dieses Mal gab es keine Komplikationen. Um elf waren sie in Barra, wo er die Fähre über die Mündung des Gambia-Flusses nach Banjul nahm. Sie kostete fast nichts.

Nun, in der Hauptstadt, wollte er endlich Geld beziehen. Tatsächlich fand er schon nach wenigen Schritten in der Mauer eines Hafengebäudes einen Geldautomaten. Leider funktionierte der jedoch bloß mit Visa und nicht mit seiner Mastercard.

Er fragte einen Mann im Anzug, der hinter ihm in der Warteschlange stand, nach der nächsten Bank.

Hier in Gambia benutze man vorwiegend Visa, erklärte er ihm. Mit seiner Mastercard müsse er wohl nach Serekunda.

»Ist das so etwas wie der *Central Business District* in Banjul?«, fragte Marco.

»Nein. Die nächste Stadt.«

Marco erschrak und war verwirrt. Die nächste Stadt? Vielleicht drei, vielleicht fünf Stunden Fahrt? Und warum musste man für ein Geldgeschäft die Hauptstadt verlassen?

Es stellte sich heraus, dass Banjul zwar die politische Hauptstadt war, das nahe gelegene Serekunda jedoch das eigentliche Zentrum des Landes. Banjul war eine Insel. Er musste lediglich über die Denton Bridge fahren und war dort, *»where the action takes place«*, wie ihm der Mann erklärte. Das klang vielversprechend. Marco dachte, dass er, erst mal wieder mit Geld ausgestattet, auch noch eine Nacht hier verbringen könnte. Allerdings müsste er dann Guido anrufen, und wer weiß, welche Komplikationen die Suche nach einer kompatiblen Sim-Karte wieder nach sich ziehen würde.

Er hielt ein Taxi an, fragte nach dem Preis für eine Fahrt nach Serekunda und zählte die Dalasi-Scheine ab. Etwa die Hälfte des Bündels würde draufgehen. Er versuchte, den Preis zu drücken, aber der Fahrer blieb hart.

Auch beim nächsten Taxi, bei dem er sein Glück versuchte, war es nicht besser. Exakt derselbe Betrag. Busse fuhren vorbei. Zweifellos konnte er auch per Bus nach Serekunda gelangen, sogar billiger. Aber er müsste die Haltestelle suchen, sich nach der richtigen Linie erkundigen. Und es war schon fast Mittag, heiß, seit gestern Abend hatte er nichts mehr gegessen. Er dachte an die heruntergefallene Salamischeibe. Immer noch trug er die Plastikflasche bei sich. Er erblickte einen Stand, wo eine

Art Frühstück serviert wurde. Nescafé mit Kondensmilch und ein halbes Baguette, mit Mayonnaise beschmiert.

Nein, es gab andere Prioritäten. Er nahm einen Schluck Wasser aus der Flasche, warm wie Tee.

Den nächsten Taxifahrer fragte er ohne Umschweife, ob er eine Bank kenne, die Master akzeptiere.

»Oh«, sagte dieser. Master sei schwierig in Gambia. Und dann erklärte er ihm umständlich etwas von einem Supermarkt, der internationale Transaktionen tätige.

Das kam Marco dubios vor.

»Und eine ganz normale, große Bank?«

»*Okay, Sir*«, sagte der Fahrer, plötzlich kühl und knapp.

Sie fuhren also nach Serekunda. Die Bank war groß. Wohlgeordnet und kühl wie eine Bank in Zürich. Und sie sah sehr international aus; Marco konnte sich nicht vorstellen, dass es hier Probleme geben sollte. Diesmal versuchte er es nicht am Geldautomaten, sondern stellte sich an. Es dauerte lange, bis die Reihe an ihm war, und er fröstelte im durchgeschwitzten Hemd.

»*No Sir, we apologize, we don't accept Master.*«

»Gibt es eine Möglichkeit, meine Bank zu kontaktieren, damit sie direkt Geld auf Ihre Bank überweist?«

»Nur mit Visa.«

»Und in einem großen Hotel? In einer internationalen Kette? Gibt es ein Hilton hier, wo ich mit Master bezahlen oder übernachten könnte?«

»Es gibt kein Hilton. Das beste Hotel ist das Atlantic, aber auch dort dürfen sie keine Mastercards mehr annehmen.«

Der Angestellte erklärte ihm verschwörerisch, Gambia habe eben einen Exklusivvertrag mit Visa abgeschlossen.

Marco hatte noch nie so etwas gehört, es kam ihm unglaubhaft vor; aber es war nicht die Zeit für Rechthaberei. Er drehte den Spieß um und sagte: »Ich habe fast kein Bargeld mehr und muss in den Senegal. Was raten Sie mir?«

Der Angestellte dachte lange nach – etwas allzu demonstrativ, fand Marco – und sagte dann:

»*Money transfer, Western Union.*«

Klar. Marco schämte sich, nicht selbst darauf gekommen zu sein. Vor lauter Fixierung auf die Kreditkarte.

Doch dann fügte der Angestellte hinzu: »Die sind am Montag wieder offen. Jetzt ist schon Freitagmittag vorbei.«

»Und heute Nachmittag?«

»Alles geschlossen. Freitagsgebet. *Muslim country, you know.*«

Nun verließ ihn das letzte Restchen Energie. Er stand da, schwieg und blickte den Kugelschreiber an, der vor ihm in einem schwarzen Plastik-Ei steckte. Er spürte, wie die Wartenden hinter ihm ungeduldig wurden.

»Es ist absurd«, sagte er, mehr zu sich selbst als zum Angestellten. »Ich habe Tausende Franken auf dem Konto und riskiere, hier zu verhungern.«

»Gehen Sie zum *Right-Choice*-Supermarkt«, sagte eine Stimme hinter ihm. Sie gehörte einem Inder mit einer eleganten Föhn-Frisur. »Dort können Sie Geld beziehen.«

Er erklärte ihm den Weg, offenbar war es nicht weit von hier. Das Quartier nannte sich Senegambia.

Erst als Marco aus dem Bankgebäude trat, kam ihm die Nummer in den Sinn, die ihm der Arzt-Kollege kurz vor der Abfahrt in Dakar gegeben hatte.

»Ein Fahrer namens Katim. Ein Cousin von uns. Falls du Probleme in Banjul hast, rufst du ihn an.«

Er wählte die Nummer, verbrauchte noch ein bisschen von der minimalen Akkureserve. Aber er fand, die Investition lohne sich. Er erreichte nur den Anrufbeantworter und sagte, Katim solle ihn bitte zurückrufen, er sei in einer schwierigen Situation. Er fühlte sich wacklig auf den Beinen, aber der Supermarkt war ein Hoffnungsschimmer.

Im Eingang des Supermarkts fiel sein Blick auf einen Inder, der keine spezielle Funktion zu haben schien, aber offensichtlich wichtig war. Er saß hinter einem Tischchen mit ein paar Notizzetteln und schaute auf das Regal gegenüber mit den farbigen Kinderzimmerlampen und dem Porzellannippes.

»Ja«, sagte er melodisch auf Marcos Nachfrage und wiegte melancholisch den Kopf. »Kein Problem.«

Marco reichte ihm die Kreditkarte und fragte mit durchschimmerndem Misstrauen, aber doch ohne den Inder zu brüskieren: »Wie geht das jetzt vor sich?«

»Wir wickeln das über die Barclays Bank in Nairobi ab. Dort wird kontrolliert, ob die Karte in Ordnung ist. Ich gebe Ihnen das Geld und rechne nachher mit Nairobi ab.«

Der Inder wählte die Nummer in Kenia, dann passierte minutenlang nichts. Mit der einen Hand presste er den Hörer ans Ohr, mit der anderen drehte er die graue Kreditkarte hin und her. Schließlich hängte er auf und gab Marco die Karte zurück. »Es geht keiner ran. Vielleicht Mittagspause. Ich versuch's in fünf Minuten nochmals.«

Marco hoffte, er würde ihm vielleicht eine Cola spendieren, vielleicht sogar mit einem Schokoriegel. Aber der

Inder sagte bloß freundlich: »Nehmen Sie doch Platz«, und wies auf einen rosa Plastikstuhl.

In rascher Folge erledigte er einen Anruf nach dem andern; aber nicht für Marco. Der hatte inzwischen Zeit, all die wohlgenährten Gambierinnen zu beobachten, die ihre vollen Einkaufswagen auf den Parkplatz hinausschoben.

Schließlich gab ihm der Inder ein Zeichen.

»Ich versuch's ein zweites Mal.«

Aber wieder presste er bloß den Hörer ans Ohr, und nichts geschah.

»Vielleicht kommen Sie besser in drei, vier Stunden nochmals, nach der Mittagspause.«

Marco fiel. Oder die Welt fiel. Und fiel auseinander. Er hielt sich an den Armstützen des Stuhles fest wie am Rand eines Bootes in den Fluten.

»Wissen Sie«, sagte er und wünschte, er könnte den Inder oder den Unbekannten am Telefon in Nairobi hypnotisieren, »ich habe fast kein Bargeld mehr, und ich muss in den Senegal weiter. Wenn ich bis am Abend warte, muss ich eine weitere Nacht hier verbringen.«

»Ich verstehe«, sagte der Inder freundlich lächelnd. »Kein Problem, wir versuchen es in fünf Minuten nochmals.«

Aber nach fünf Minuten wiederholte sich dieselbe Pantomime.

»Nur die automatische Ansage. Ich muss jetzt aufhören. Ich bezahle für jeden Anruf 50 Dollar. Wir werden es am Abend wieder probieren.«

Die 50 Dollar kamen Marco etwas hochgegriffen vor. Vielleicht war das Ganze ein fauler Zauber.

»Und es gibt wirklich keinen anderen Ort hier, wo ich mit einer Mastercard Geld beziehen kann?«

»No Sir. No Master.«

Marco blickte ins Leere. Wie wenig es doch brauchte, um vom Weg abzukommen, den Durchblick vollkommen zu verlieren und sich im zerklüfteten Abseits wiederzufinden. Sich nicht wiederzufinden. Wie wenig. Zwei gleichlautende Wörter. Albadar und Albadar. Homonyme. Er erinnerte sich an den Fachausdruck. Sein Deutschlehrer am Gymnasium, Professor Wohlwend, hatte einmal darüber gesprochen. Homonyme und Synonyme. Darüber, dass es nicht einfach verschiedene Wörter gab, die je verschiedene Dinge bezeichneten. Ein einzelnes Wort konnte ganz Unterschiedliches bezeichnen, ein Ding konnte verschiedene Namen tragen. Sprache ordnete nicht nur, sie konnte auch verwirren. Wohlwend hatte sie gewarnt: Bei all dem ging es nicht nur um akademische Pirouetten. Missverständnisse und Übersetzungsfehler konnten zu politischen Krisen und Kriegen führen. Homonyme konnten reale, fatale Wirkungen entfalten, Synonyme konnten töten.

Widerwillig wie aus einem Traum kehrte Marco ins heiße, staubige, trostlose Serekunda und in seinen rosa Plastiksessel zurück. Schwerfällig stand er auf und ging betäubt hinaus in die grelle Sonne. Ein fliegender Händler sprintete auf ihn zu und fragte begeistert: »Viagra? Wollen Sie Viagra?«

Auf der anderen Straßenseite sprang Marco ein *Money-Change*-Schild in die Augen. Er ging hinüber und wechselte den Zehnfrankenschein aus seinem Gurtversteck. Als er den Geldwechsler fragte, wie er am besten nach Albadar in der Casamance gelange, rief dieser den Besitzer des Ladens nebenan, und der wiederum hielt ein Taxi an. Zu dritt erörterten sie das Problem von allen Seiten und kamen schließlich überein, er solle nach Brikama fahren, auf halbem Weg zwischen Serekunda und der Grenze.

»Von dieser Garage aus fahren die Sammeltaxis in den Süden.«

Der Ausdruck »Garage« irritierte Marco. Aber immerhin: Man hatte ihm diesen Ratschlag schon einmal gegeben. Das war beruhigend. Sollte ihm das Geld ausgehen, könnte ihn Guido notfalls dort abholen.

Sein Telefon klingelte. Katim. Er sagte, er sei in Dakar, könne jedoch nach Serekunda kommen, um Marco sicher in die Casamance zu bringen.

»Wie viel?«

»500 Dollar.«

Marco klappte das Handy zu. Er musste den Akku und seine Nerven schonen.

Ein Straßenjunge griff ihm an die Hose und sagte: »Weißer, gib mir 10 Dollar.«

Der Ladenbesitzer jagte ihn davon.

Mit den erworbenen Dalasi kaufte Marco ein paar Bananen und fragte seine neuen Freunde, wie er am günstigsten nach Brikama gelange. Sie begleiteten ihn zur anderen Straßenseite und hielten einen weißen Minibus an. Woran hatten sie erkannt, dass ausgerechnet dieser eine unter all den weißen Minibussen nach Brikama fuhr? Als Außenstehender hatte man hier keine Chance. Das Vehikel war bis an die Schmerzgrenze vollgepfercht, aber die Insassen winkten ihn ungeduldig herein, der Fahrer gab

Gas, und Marco plumpste zwischen zwei Fahrgäste, die ein paar Zentimeter zur Seite rückten. Gas geben, Fliehkraft und Gravitation ausnutzen: die Methode, um Platz zu schaffen. Marco hatte nicht mal Zeit gehabt, sich von seinen Helfern zu verabschieden oder nach dem Preis zu fragen.

»Brikama?«, fragte sein Sitznachbar, ein bartstoppliger, älterer Mann mit einem Palästinensertuch um den Kopf.

»Ja«, antwortete Marco und fügte heftig schwitzend hinzu: »Ziemlich voll, was?«

»Wir sagen: Solange man sich noch die Lippen ablecken kann, gibt es Platz für eine weitere Person.«

Wollte jemand aussteigen, klopfte er ans Blechdach, und der Fahrer hielt an.

Der Fahrpreis nach Brikama war sehr niedrig. Marco gab das Geld seinem Nachbarn, der reichte es nach vorn, und so ging der zerfledderte Schein von einer Hand zur andern, bis er vorne beim Einkassierer landete.

Die »Garage« in Brikama war ein kleiner Busbahnhof mit Imbissbuden, fliegenden Händlern, Toiletten und einer winzigen Moschee. Der beißende Rauch der offenen Kochstellen erfüllte die heiße Luft. Marco fragte einen Jungen, der ihm dank seines T-Shirts mit dem Namen einer Transportgesellschaft Vertrauen einflößte, wie er am günstigsten nach Albadar (»im Süden, in der Casamance, Senegal, bei Kafountine!«) komme. Der Kleine führte ihn zu einem roten Buschtaxi.

»Am billigsten.«

Drei Plätze waren reserviert, indem die Passagiere alte Zeitungen auf die zerschlissenen Sitze gelegt hatten. Marco setzte sich auf einen Platz am Fenster. Der Fahrer erschien, zwängte sich hinter das Steuer und ließ kurz den Motor aufheulen.

»Fahren wir?«, fragte Marco.

»Es fehlen noch fünf Fahrgäste.«

Wieder fragte er nach dem Preis und ob er, beziehungsweise sein Bekannter in Albadar, bei der Ankunft zahlen könnte. Als Antwort lachte der Fahrer bloß. Er hielt die Frage wohl für einen Witz. Ein Weißer knapp bei Kasse? Marco insistierte nicht. Das Geld reichte, und er wollte kein Misstrauen erregen. Sonst weigerte man sich am Ende noch, ihn mitzunehmen.

Bald wurde es ihm zu heiß im Innern des Wagens. Beim Aussteigen fand er einen Fetzen Packpapier am Boden, mit dem er seinen Platz markierte.

Die Warterei dauerte an. So viele Leute, aber niemand wollte in die Casamance. Und so viele Stände mit Essen und Trinken, aber kein Geld. Ein junger Mann, der für ein anderes Buschtaxi Passagiere anwarb, fragte ihn, warum er unbedingt mit dieser *bagnole* fahren wolle – das sei riskant.

»Warum riskant?«, fragte Marco.

»*Bad car, bad road.*«

»Wie meinst du das: *bad road*?«

»*Mauvaise route.*«

War damit gemeint, die Straße sei schlecht oder die Route? Während er überlegte, wie er das auf Englisch oder Französisch fragen könnte, fügte der Junge hinzu: »Ich will nichts gesagt haben.«

Das beunruhigte Marco nun allerdings erst recht; aber es war nichts mehr aus dem Anheuerer herauszukriegen.

Schließlich, nach geschlagenen vier Stunden Dämmerzustand auf einem schattigen Mäuerchen, während derer sich Marco eine einzige Banane gegönnt hatte, hupte der Fahrer. Der Wagen war nicht voll, aber es hieß, man müsse nun losfahren, um vor Einbruch der Dunkelheit in der Casamance anzukommen. Niemand war erpicht darauf, nachts durch Rebellengebiet zu fahren. Erleichtert ließ sich Marco in den knarrenden Sitz fallen. Er fühlte sich wie vertrocknetes Espenlaub. Als sie losfuhren, kurbelte er das Fenster herunter und genoss den Fahrtwind im Gesicht. Aber die Frau hinter ihm befahl ihm, das Fenster zu schließen. Zu schwach für Widerstand gehorchte er.

Am Rand von Brikama bog der Fahrer in eine Tankstelle ein.

Hätte er das nicht während der stundenlangen Warterei erledigen können?, fragte sich Marco.

Erneut kurbelte er das Fenster herunter. Dieses Mal hielt die Frau den Mund. Ein Mädchen mit einer großen Blechschüssel auf dem geflochtenen Haar kam auf ihn zu. Sie nahm die Schüssel vorsichtig herunter und hielt sie ihm hin. Biskuits, Ohrenstäbchen, Wäscheklammern, Bonbons, Batterien, gekochte Eier, frittierte Maniokscheiben mit Miniportionen roter Sauce in kleinen, verknoteten Plastiksäckchen. Ein zweites Mädchen drängte sich heran und hielt ihm eine Tüte mit Bananen hin.

»*J'en ai déjà*«, sagte er.

Sie reagierte nicht darauf und drückte sich noch näher an die Autotür.

»*Banana, Banana!*«

»*Je suis blanc*«, sagte er. Ich bin weiß, ich bin blank.

Niemand lachte.

Erst beim Losfahren kam ihm in den Sinn, dass Gambia englischsprachig war.

Es ging zügig voran. Kurz vor dem Grenzübergang wurden von jedem Fahrgast 1000 Francs CFA verlangt. Von Marco wollte der Eintreiber 2000.

»Warum?«

»Grenzübergang.«

»Ich habe ein Visum, ich habe schon in der Schweiz dafür bezahlt. Ich gebe nichts.«

Der Eintreiber rief dem Fahrer etwas zu, der rief etwas zurück, ein Murmeln und Murren ging durch den Wagen. Aber dann passierte nichts weiter. Kein Insistieren, keine Diskussion. Bewunderten die Mitpassagiere seinen Widerstand oder waren sie verärgert über seine Dickköpfigkeit? Marco hatte keine Ahnung.

Dann kamen sie im gambisch-senegalesischen Grenzort an. Alle mussten aussteigen und sich zum Zollgebäude begeben. Kaum ein Einheimischer hatte ein Dokument, aber alle wurden durchgewinkt. Bei Marco schaute sich der Mann in der hellbraunen Uniform aufmerksam jeden einzelnen Stempel im Pass an. Marco hatte den Eindruck, er brauche jeweils Minuten, um zu merken, dass es sich um einen amerikanischen, mexikanischen oder kanadischen Stempel und nicht um den gambischen handelte, und weiterzublättern.

»Gehen Sie ins Büro«, sagte der Mann schließlich. Den Pass behielt er zurück.

Marco betrat einen großen, leeren Raum. Der Putz bröckelte von den Mauern, der Steinboden war von einer feinen Schicht Zementstaub übersät. Zwei abgenutzte Holzpulte standen schräg und verloren in dem kahlen Saal. An einem lehnte eine Frau, ebenfalls in Khaki-Uniform. Offenbar die Chefin. Sie gab ihm ein Zeichen, zu ihr hinüberzukommen.

»Sie haben keinen Einreisestempel«, sagte sie.

Marco verstand nicht.

»Ich komme von Dakar. Sammeltaxi. Wir haben ganz normal die Grenze überquert.«

Er überlegte sich, ob er etwas von seinem Abstecher nach Albadar sagen sollte. Aber das tat nichts zur Sache.

»Wo haben Sie die Grenze überquert?«

Wie hieß der Ort gleich?

»Etwas mit K...«

»Karang?«

»Ja, genau.«

Sie musterte ihn unangenehm lange und schwieg. Dann wiederholte sie: »Sie haben keinen Einreisestempel. Sie halten sich illegal in Gambia auf.«

Ach, du meine Güte.

»Wir sind alle ausgestiegen an der Grenze. Das Gepäck wurde untersucht. Der Beamte öffnete meine Reisetasche. Wir wurden kontrolliert.«

»Und warum haben Sie dann keinen Einreisestempel? Ich weiß nicht, wie lange Sie schon im Land sind.«

»Nun, wenn der Beamte meinen Pass nicht gestempelt hat – das ist nicht mein Fehler. Ich überprüfe doch nicht, ob er seine Arbeit gut macht. Ich habe mein Gepäck verschlossen und bin zum Wagen zurückgegangen.«

»Sie müssen nochmals nach Karang und Ihren Pass abstempeln lassen.«

Marco wurde schwarz vor Augen. Gleich würde er ohnmächtig werden. Hinter der Chefin hing ein Zettel.

Life is a test

Islam is the best.

Eine abgekartete Sache, dachte er. Sie stempeln den Pass bei der Einreise absichtlich nicht, damit die Grenzbeamten am anderen Ende des Landes nachher kassieren können.

»Hören Sie«, sagte er, »ich habe eine Irrfahrt hinter mir. Ich sollte nach Albadar in der Casamance, einen Freund besuchen. Stattdessen brachte man mich nach Albadar am Ufer des Gambia. Ich musste dort übernachten. Heute Morgen kam ich fast ohne Geld in Banjul an, wo ich nirgends Geld beziehen konnte mit meiner Mastercard. Ich habe seit gestern Abend nichts mehr gegessen. Ich habe weder das Geld noch die Kraft, nun umzukehren und nach Karang zurückzugehen. Abgesehen davon wird der Grenzposten bis dann geschlossen sein.«

Sie sagte nichts. Marco atmete tief durch. Er erinnerte sich – zum ersten Mal seit Längerem –, dass er Arzt war, angehender Radiologe, Akademiker, Schweizer. Ein erwachsener Mann mit Intelligenz, Kompetenz, Lebenserfahrung.

»Vielleicht können wir dieses Problem ja auf eine unbürokratische Weise lösen«, sagte er. »Falls ich eine Buße bezahlen müsste, würde ich das verstehen.«

Ihr Gesicht hellte sich auf.

»*Now you are talking.*« Und zum ersten Mal lächelte sie, wenn auch nur dünn.

Sie fragte ihn, wie viel Geld er habe. Vielleicht war es ein Fehler, dachte er, alle Karten auf den Tisch zu legen, aber er sagte ihr offen und ehrlich, dass er noch genau über einen einzigen 10000-CFA-Schein verfüge, also rund 16 Franken.

Versteckt in seinem Spezialgürtel mit Reißverschluss an der Innenseite, als eiserne Reserve. Abgesehen davon blieben ihm lediglich ein paar abgegriffene, zerknüllte Dalasi und eine Handvoll fast wertlose Münzen.

Sie wollte den Geldschein sehen. Es war ein seltsames Gefühl, den schwarzen Ledergürtel herauszuziehen (die Hosen waren glücklicherweise eng genug geschnitten, um nicht gleich auf die Knöchel hinunterzufallen), zu öffnen und den sorgfältig gefalteten Schein herauszuklauben, auszufalten, glatt zu streichen und auf den Tisch zu legen.

Sie nahm den Schein an sich und machte keine Anstalten, ihm auch nur ein minimales Wechselgeld zurückzugeben.

»Mir bleibt nichts mehr bis Albadar«, sagte Marco ungläubig.

»Kein Problem. In zwei Stunden bist du dort.« Sie lächelte ihn an, dann wanderte ihr Blick zu seiner Hand mit dem Ehering. »10000 ist nicht viel. Bist du verheiratet?«

»Ja.«

Sie verzog das Gesicht zu einer angewiderten Grimasse.

»Wann kommst du wieder hier vorbei?«

»Ich reise in vier, fünf Tagen zurück.«

Sie rechnete.

»Dann arbeite ich nicht. Aber ich wohne in der Nähe. Ich gebe dir meine Telefonnummer. Ruf mich an, dann schaue ich, dass du unbehelligt durchkommst. Vielleicht können wir auch einen Tee trinken zusammen.«

Er musste lachen.

»Warum lachst du?«, fragte sie.

Es war zu absurd. Soeben hatte sie ihm das letzte Geld abgeknöpft, und jetzt flirtete sie mit ihm. Aber er wollte nichts riskieren. Noch lag sein Weiterkommen in ihren Händen.

»Nichts. Einfach so.«

Er nahm ein Blatt Papier vom Tisch und notierte ebenfalls seine Handynummer darauf.

Sie blickte ihn an, von oben bis unten. Der taxierende Blick einer Zöllnerin und einer Frau, die einen potenziellen Partner begutachtet.

Der Fahrer des Kleinbusses steckte den Kopf zur offenen Tür herein.

»Okay«, sagte die Frau. »Ruf mich an. Gute Reise!« Und zum Fahrer gewandt: »Mit dir bin ich bereits fertig!«

Beim Hinausgehen überlegte sich Marco, was das wohl bedeuten mochte, und stieg ein.

Dann fuhren sie los.

Nun darf nicht mehr das Geringste dazwischenkommen, dachte Marco. Er stellte sich vor, sie hätten unterwegs eine Panne. Müssten übernachten, einen Tag lang warten. Wie würde es ihm ergehen, ohne Geld? Niemand gab einem Weißen Geld. Pleite? Man würde es ihm einfach nicht glauben. Irgendwo hat der Weiße immer noch etwas versteckt. »Weißer«, das war synonym mit »Geld«. Keine Cola hätte man ihm auf Kredit gegeben.

Marco fürchtete den Moment, in dem der Fahrpreis einkassiert werden würde. Hoffentlich setzte ihn der Fahrer nicht im Busch ab, wenn er erfuhr, dass er nicht genug Geld hatte. Vielleicht sollte er ihm schon mal erzählen, was ihm im Zollgebäude widerfahren war. Er sagte nichts. Guido würde bei der Ankunft für ihn bezahlen müssen. Peinlich, aber es ging nicht anders. Er würde bei Guido anklopfen, während der Fahrer hinter ihm mit laufendem Motor wartete.

Hoffentlich war er zu Hause.

Sie bogen auf einen Waldweg ab. Die Äste schlugen gegen die Frontscheibe. Der Wagen rüttelte und rumpelte wie verrückt. Die Frau neben dem Fahrer schlug mit dem Kopf gegen das Dach und schrie auf. Die Straße war nicht viel mehr als ein ausgetrampelter Maultierpfad, aber sie fuhren mit mindestens fünfzig Stundenkilometern. Marco hielt sich krampfhaft am Vordersitz fest.

»Was ist los?«, fragte er seinen Sitznachbarn.

»Rebellengebiet. Besser schnell fahren.«

Warum nahmen sie diese halsbrecherische Route? Eine Abkürzung? War hier das Risiko, den Aufständischen in die Hände zu fallen, kleiner? Ein Geheimweg?

Plötzlich verstand er: Schmuggel! Sie befanden sich auf einem Schmuggelpfad. Deshalb war dieses Fahrzeug billiger gewesen als die anderen. Bestimmt hatten alle gewusst, worum es ging, außer ihm. Sie fuhren nicht wegen der Rebellen so schnell, sondern wegen der Grenzwächter. Möglicherweise versorgten sie gar die Rebellen im Wald mit Nachschub. Mit Nahrungsmitteln, Werkzeugen, Waffen. Vielleicht, im besten Fall, waren sie dadurch vor Angriffen gefeit. Er hatte gehört, dass bei manchen Busfahrten durch das Gebiet ein inoffizieller, bezahlter Rebellenvertreter als Schutz mitfuhr. Aber vielleicht warteten die Rebellen auch darauf, sie zu überfallen. Weil sie damit rechnen konnten, dass Ware im Kofferraum war. Und sie würden besonders vom weißen Touristen Geld fordern. Nur noch etwas Kleingeld? Sie würden annehmen, er weigere sich, etwas herauszurücken. Und würden sehr ungemütlich werden.

Sein Sitznachbar hatte soeben die Scheibe hochgekurbelt, weil dauernd Zweige hereinpeitschten, als das Fenster mit einem Knall zersplitterte. Marco ärgerte sich, dass er aus seinen wichtigen Analysen gerissen wurde. Erst meinte er, sie hätten einen besonders harten Ast gestreift. Er blickte sich um – und merkte, dass alle *ihn* anstarrten. Die Frau vor ihm, die vorher mit dem Kopf gegen das Dach geknallt war, zeigte mit dem Zeigefinger auf seine Brust. Er blickte an sich herunter und sah, dass sich sein T-Shirt rot verfärbte. Aber es war, als ob das alles nicht zu ihm gehörte, ihn nichts anging. Dann wurde der Ton abgestellt. Und endlich verlangsamte sich der Film. In Zeitlupe beobachtete er, wie sich der Blutfleck ausbreitete. Man musste kein Arzt sein und über keinen Röntgenblick verfügen, um zu merken, dass es schlecht aussah.

DER DISSIDENT

Als das Taxi aus der Kurve kam, lag die Straße auf einmal in dichtem Nebel. Selbst die Straßenlampen sah man kaum. Es war lange nach Mitternacht, alles menschenleer. Etwas wartete auf mich.

»Halten Sie an!«, sagte ich dem Fahrer, obwohl wir noch nicht zu Hause angekommen waren. Ich stieg aus, er brauste davon. Dann blieb ich stehen und schaute mich um. Ein kalter Wind blies mir durch die Jacke. In der Stille zog ich den Schal enger um meinen Hals.

Während ich mich zu Fuß auf den Nachhauseweg machte, erinnerte ich mich an eine Szene an einer Holztheke: Die Barkeeperin bückte sich, hob etwas vom Boden auf und sagte: »Ich glaube, Sie haben etwas verloren.« Dann reichte sie mir eine kleine Glasscherbe.

Ich konnte mich nicht entsinnen, wann das gewesen war und wo, ja, ob ich es tatsächlich erlebt oder nur geträumt hatte.

Als ich die Wohnungstür aufschloss, roch es nach Heu und Kot. Meine Nichte hatte mir ihre Meerschweinchen überlassen, bevor sie nach Australien gegangen war. Der Fernseher lief; ich hatte vergessen, ihn auszuschalten. Auf dem Fenstersims stand ein Manneken-Pis-Figürchen aus

Bronze. Die heruntergedimmte Lampe im Schlafzimmer flackerte.

Ich schaltete den Computer ein, holte mir einen Zahnstocher und ein Glas Rioja und surfte auf Facebook. Zufällig landete ich bei einem entfernten Bekannten. Ich guckte unter seinen »Freunden«, da stach mir ein Bild ins Auge. Ich musste in meinem Gedächtnis kramen, bis ich darauf kam, woher ich das Gesicht kannte. Victor! Victor Jiménez. Der Spanier. Wir hatten – vor zwanzig Jahren – eine stürmische Freundschaft, wenn man so sagen kann. Nun war ich ihm seit mindestens einem Jahrzehnt nicht mehr begegnet. Aber hier auf Facebook nannte er sich *Mario* Jiménez. Mario, Mario ... Ich versank in wirre Gedanken. Als ich wieder auftauchte, begriff ich: Ja, er hatte damals einen Sohn, kurz bevor wir uns aus den Augen verloren. Mario. Der junge Mann auf dem Bildschirm, der aussah wie Victor vor zwanzig Jahren, musste sein Sohn sein. Ich klickte auf sein Profil. Jahrgang 1990, Politologie-Student.

Es war nicht nur lange her, seitdem ich Victor das letzte Mal gesehen hatte, sondern auch, seitdem ich das letzte Mal an ihn gedacht hatte. Aber nun kehrte alles zurück. Wir waren in einem Gartencafé miteinander ins Gespräch gekommen. Ein paar Wochen später traf ich ihn in der *Kontiki*-Bar. Wir erinnerten uns erst gar nicht, dass wir schon einmal miteinander gesprochen hatten, und begannen die Unterhaltung von vorn. Dann sahen wir uns zufällig wieder im Café und taten, als hätten wir uns nicht inzwischen in der Bar getroffen, sondern führten unser Gespräch dort weiter, wo wir es das letzte Mal am selben Ort beendet hatten. Und als wir uns wieder im *Kontiki* begegneten, nahmen wir keinen Bezug auf das Café-Gespräch, sondern nur auf unser letztes Bar-Treffen. So ging das weiter – wir verabredeten uns nie, trafen uns aber regelmäßig sowohl im Gartencafé als auch in der Bar, weil wir an beiden Orten verkehrten. Wir führten zwei parallele Freundschaften, trennten die beiden Stränge säuberlich und spielten zwei verschiedene Rollen. Die Gespräche im Café drehten sich um Literatur und Philosophie, während wir an der Theke eher über unser Leben sprachen.

Ich schaute im elektronischen Telefonverzeichnis unter *Victor Jiménez* nach. Sein Name war nirgends in der Schweiz zu finden. Auch *Mario* war nicht verzeichnet. Vielleicht wohnte Mario in einer Wohngemeinschaft oder bei seiner Mutter. *Hanna Jiménez*. Ich fand ihren Eintrag, in Zürich.

Hanna.

Victor hatte mir damals im *Kontiki* von ihr erzählt. Kaum kennengelernt, schon geheiratet und geschwängert. Wie überschwänglich er von ihr sprach. Verdächtig überschwänglich. »Ich imitiere die Worte des Verliebten«, hatte er entwaffnend offen gesagt, »und hoffe, dass sich die entsprechenden Gefühle dann einstellen.«

Eigentlich war er schwul. Oder bisexuell. Aber was heißt schon »eigentlich«. Er hatte mir von der Frau erzählt, mit der er in Spanien zusammengelebt hatte.

»Eines Tages sagte sie mir, sie habe sich in einen anderen Mann verliebt. Ich war nicht eifersüchtig. Bloß neugierig, ihn kennenzulernen. Verstehst du? Ich liebte sie wirklich, und es war klar, dass ich alles, was sie interessierte, auch interessant finden und mit ihr teilen würde. Sie stellte ihn mir vor, und ich verliebte mich ebenfalls in ihn. Er spritzte Heroin. Und weil wir ihn liebten, begannen wir ebenfalls, Heroin zu spritzen. Aber dann erklärte sie, sie wolle mit ihm zusammen sein und nicht mehr mit mir. Also ging ich weg, in die Schweiz. Vom Heroin ging ich nicht weg.«

»Bist du süchtig?«, fragte ich.

»Nur Dummköpfe werden süchtig«, sagte er pikiert.

Das Seltsame war, dass diese Geschichte ihr Spiegelbild entwickelte. Ich hatte mich ebenfalls vor Kurzem getrennt. Von meiner ersten großen Liebe, mit der ich sieben Jahre zusammengeblieben war. Vera. Sie hatte sich früher – bevor wir uns kannten und als sie noch sehr jung war – Speed gespritzt. Nun hatte sie einen Horror vor allen Drogen, sogar wenn sich jemand lediglich einen Joint ansteckte. Gelegentlich sahen wir uns. Der Trennungsschmerz brannte immer noch. Ich stellte ihr Victor vor. Vielleicht, um sie zu befremden. Oder um ihr zu zeigen, wie weit ich mich von ihr entfernt hatte. Aber hinter meinem Rücken traf sie ihn (das sagte sie mir erst später). Ich nehme an, sie merkte, wie viel er mir bedeutete; es war für sie ein Versuch, *mir* nahe zu sein.

Sie war in seiner Wohnung. Als er auf die Toilette verschwand, öffnete sie einen Schrank und fand einen Haufen eingeschweißte Einwegspritzen.

»Wofür brauchst du die?«, fragte sie. Sie nahm an, er sei vielleicht Diabetiker.

»Ich spritze mir Heroin«, sagte er.

Sie stürzte aus der Wohnung. Voller Angst, die Vergangenheit könnte sie einholen.

Ich hatte ihn auch einmal besucht. Da lebte er mit einem Strichjungen zusammen.

»Er ist unvorstellbar dumm«, sagte Victor.

Ich spionierte weniger in den Schränken als im Bücherregal. Hegel und Wittgenstein.

Der Strichjunge machte sich über Victor lustig. Über seine graue Wolljacke, die er »opamäßig« fand. Er selbst trug ein schreiend buntes Hemd, lag den ganzen Tag im Bett und schaute fern.

Victor entschied sich schließlich für ein Kind. Also musste er sich »überschwänglich« in eine Frau verlieben, und sein erstbestes Objekt war Hanna. Sie war Lehrerin. Und hässlich. Und dann bekamen sie Mario.

Ob Victor inzwischen nach Spanien zurückgekehrt war?

Am nächsten Abend ging ich nochmals auf Marios Facebook-Seite und schaute mir seine Freunde an. Victor war nicht darunter, seine Mutter auch nicht. Ich dachte daran, ihm eine Freundschaftsanfrage zu senden, aber ließ es dann bleiben. Wenn ich die Anfrage ohne Kommentar sandte, würde er vielleicht misstrauisch werden und sich fragen, was zum Teufel dieser alte Knacker von ihm wollte. Aber was für einen Kommentar sollte ich ihm denn schicken? *Ich kenne deinen Vater?* Das würde auch seltsam wirken. Vielleicht wollte Mario nichts mehr von Victor wissen, der sich womöglich längst aus dem Staub gemacht hatte oder nicht mehr lebte.

Ich ging nochmals Marios Freunde durch. Viele trugen spanische Namen; vielleicht Verwandte väterlicherseits. Erstaunlicher waren die vielen arabisch klingenden

Namen. Victor hatte mit seinem dunklen Teint, dem kahl geschorenen Schädel, den Bartstoppeln, der markanten Nase und den schwarzen Augen in den tiefen Höhlen eher arabisch als spanisch ausgesehen. Ich hatte ihm das mal gesagt, und er antwortete, er stamme aus dem Süden, da hätten sich die Spanier seit Jahrhunderten mit den Nordafrikanern vermischt. Er sprach gut Arabisch; er hatte mal in Kairo gelebt. Ich erinnere mich bloß, wie er im *Kontiki* erzählte, das erste Jahr dort habe er mit niemandem ein Wort gewechselt. Er habe sich geschämt, Fehler zu machen. »Eines Tages fragte ich mich, ob ich stumm geworden sei und ob ich überhaupt noch sprechen könne. Ich versuchte es mit Selbstgesprächen, aber die Stimme, die ich hörte, hätte ja eine Einbildung sein können. Da begann ich mit den Leuten zu reden, und bald hatte ich so viel Spaß daran, dass sie mir den Spitznamen ›der Schwätzer‹ gaben.«

Eines Tages stellte ich fest, dass Victor gut Schweizerdeutsch sprach, obwohl er sich immer nur auf Hochdeutsch unterhielt.

»Zuerst fand ich es anbiedernd, mich in Mundart zu versuchen«, erklärte er. »Aber als ich in Zürich begann, Prostituierte zu frequentieren, wirkte es prätentiös, Hochdeutsch mit ihnen zu sprechen. Dasselbe mit Kindern. Ich erklärte das einmal einer Mutter: Mundart spreche ich nur mit Prostituierten und Kindern. Sie war sprachlos.«

Was war eigentlich seine Muttersprache? Hatte er überhaupt eine? Ich überlegte mir, welches seine wahre Identität war hinter seinem Rollenspiel. Damals hatte ich mir diese Fragen nicht gestellt, es war ein unterhaltsames Theater und wir waren meistens betrunken. Inzwischen war ich mir unsicher, ob er Spanier war oder nur eine lustige Maskerade aufführte.

Eines Abends rempelte uns im *Kontiki* ein Gast an und lallte: »Ihr seid bestimmt Juden!«

»Sicher«, antwortete Victor. Nachher sagte er mir: »Ich mag die Juden eigentlich nicht allzu sehr. Aber solchen Leuten sollte man nie widersprechen.«

Die Geschichte mit der Scherbe ... Das passierte im *Kontiki*. Die Frau hinter der Theke reichte sie mir, als ich einmal lange auf Victor wartete und fürchtete, er würde nie mehr wiederkommen.

Auch ich kenne das Spiel mit Identitäten. Ich bin Ghostwriter und schreibe vor allem Reden für Politiker, manchmal auch Artikel, die sie unter ihrem eigenen Namen veröffentlichen. Man würde meinen, die Politiker liebten einen für diese Arbeit, schließlich bekommen sie ihren Applaus dank mir. Das Gegenteil ist der Fall. Niemand wird so verächtlich von Politikern behandelt wie ihre Redenschreiber. Am schlimmsten sind jene, die ohne Hilfe keinen geraden Satz hinkriegen. Sie hassen mich, weil ich weiß, wie dumm sie sind. Jedes Mal, wenn ich eine Rede abliefere, sagt mir der Politiker, wie schludrig meine Arbeit sei. Dann macht er pro forma ein paar Verbesserungen – wahrscheinlich, um sich vorzumachen, es sei seine eigene Rede –, hält sie nachher aber genau so, wie ich sie verfasst habe. Egal, der Job ist gut bezahlt. Daneben arbeite ich an einem Institut für internationale politische Beziehungen. Wir analysieren unter anderem politische Reden. Einmal nahmen wir die Ansprache eines Bundesrates unter die Lupe; sie stammte von mir. Am Institut wissen sie nichts von meinem Nebenjob.

Es könnte meine Glaubwürdigkeit und Neutralität infrage stellen. Persönlich stehe ich links, arbeite jedoch ausschließlich für bürgerliche Politiker. Früher versuchte ich es gelegentlich mit sozialdemokratischen Parlamentariern; es funktionierte nicht. Bei rechts stehenden Typen kann ich meinen Job distanzierter und sachlicher machen. Ein Problem habe ich damit nicht. Wir leben in einer Demokratie, Diskurs ist wichtig. Alle Beteiligten haben ein Recht auf ihren Standpunkt und sollen ihn so prägnant und unterhaltsam wie möglich darlegen.

Damals mit Victor war ich noch ideologischer. Im Vergleich zu ihm fühlte ich mich naiv und kleinkariert. Er hatte etwas Abgebrühtes, Nihilistisches an sich. »Nichts ist wahr, alles ist erlaubt.« Auf mich machte er einen extrem freien Eindruck; das Leben war für ihn ein Spiel, ein Experiment.

Ich wollte Mario kontaktieren. Aber zuerst musste ich mir Victor vergegenwärtigen.

Das *Kontiki* … An der Wand hing ein weiß-roter Rettungsring. *101 Tage südäquatorial* oder so was stand darauf. *Kontiki*, das Bambusfloß, mit dem Heyerdahl den Pazifik überquerte. Um sich oder der Welt irgendetwas zu beweisen. Für uns war das *Kontiki* eine Arche Noah. Eine Arche Noah der Ungläubigen.

Bei einem Budweiser erzählte Victor die Geschichte von einer spanischen Familie vom Dorfe, die den uralten Opa zum Urlaub am Meer mitschleppte. Prompt starb er am Strand in der Mittagssonne. Sie wickelten ihn ins Zelt ein, zurrten ihn auf dem Dach fest und machten sich auf den Heimweg. An einer Autobahnraststätte hielten sie an, um etwas zu trinken. Die Kinder spielten derweil draußen in den Bäumen. Auf einmal kamen sie angerannt und riefen: »Papa, Mama – das Auto ist weg!« Die Eltern stürzten hinaus. Tatsächlich, jemand war damit davongefahren. Nun mussten sie wohl oder übel die Polizei rufen, und auch die Sache mit dem toten Opa konnten sie nicht verschweigen. Nach vier Tagen wurde das Auto gefunden. Das ganze Gepäck, das Radio, der Fotoapparat und das Geld im Handschuhfach waren weg, aber Opa lag immer noch auf dem Dach. Wahrscheinlich hatten die Gauner nicht mal bemerkt, dass sie mit einer Leiche herumfuhren. Man kann sich den unschönen Anblick vorstellen, als ihn die Polizisten auspackten. Die Familie kam mit einer saftigen Buße davon. Schlimmer war das Gerede im Dorf. »Wie konntet ihr nur mit dem Toten auf dem Auto durchs Land tuckern?!«, sagten die Leute empört.

»Aber stellt euch doch vor«, jammerte der Vater auch noch Jahre danach, wenn die Rede darauf kam, »wir hätten ihn in einem Bleisarg ins Dorf zurücktransportieren müssen. Sagte die Polizei. In einem *Bleisarg*!«

An einem anderen Abend, als wir an der Theke dieser unpathetischen Arche unsere Budweiser bestellten, erzählte Victor, dass sich seine Mutter nach drei Söhnen so sehnlich eine Tochter gewünscht habe, dass sie ihn kurzerhand behandelte, als sei er ein Mädchen. Jahre später las ich Ben Jellouns *Sohn ihres Vaters*, die umgekehrte Geschichte eines Vaters, der, frustriert von all seinen Töchtern, die zuletzt Geborene als Junge erzog. Ich fragte mich, ob Victor einfach diesen Roman umgemünzt hatte. Vielleicht tat ich ihm Unrecht.

Einige Tage nach Victors Erzählung träumte ich von jenem Toten auf dem Autodach. Ich trug ihn auf dem Rücken. Plötzlich schoss es mir durch den Kopf, dass der Tod ansteckend ist. Ich spürte, wie er durchs Rückgrat in meinen Körper eindrang. Und ich warf die Leiche schleunigst ab, ließ sie fallen wie einen Sack Kartoffeln.

Jeder trägt eine Leiche mit sich herum, die des Vaters, des Großvaters, wen auch immer. Ob er es weiß oder nicht.

Und Victor war vielleicht bereits vom Tod infiziert, teilweise verfault, verwest, besiegt. Nicht nur wegen des Heroins.

Eines Abends, wie immer auf unserem Floß, zwischen schiffbrüchig und gestrandet, erzählte er mir, er sei beim Arzt gewesen und habe ihm verkündet, er habe Aids.

»Weißt du, ich bringe die Diagnose immer gleich mit. Der Arzt fragte mich: Sind Sie homosexuell? Aber natürlich, antwortete ich, und ich fixe auch ab und zu. Er machte also den Test, und zwei Wochen später teilte er mir mit, ich hätte kein Aids, sondern bloß eine Erkältung. Was, sagte ich, kein Aids?! Sie haben sich getäuscht, wiederholen Sie den Test!«

Meine eigene Trennung von Vera. Sie zog schließlich aus der gemeinsamen Wohnung aus. Wohnzimmer und Küche waren eine Trümmerlandschaft. In einem Wutanfall hatte sie meine Lieblingsschallplatten zerbrochen. Die schwarzen Scherben lagen auf dem Teppich verstreut. Auch Bücher hatte sie zerrissen. Sie hatte einen schwarzen Slip in meinem Kleiderschrank gefunden und machte mir eine gewaltige Szene. Ich kann mir bis heute nicht erklären, wie er da reinkam. Vielleicht hatte sie ihn selbst reingelegt. Mich oder sich oder wen auch immer reingelegt.

Nachdem sie verschwunden war, zog ich mich ins hinterste Zimmer zurück und schloss die anderen Türen ab. Ja, ich hatte mich in ein Hinterzimmer des Lebens zurückgezogen und schloss auch die inneren Türen zu diesen zerstörten Räumen der Vergangenheit ab. Ich wollte, dass sie Vergangenheit, lange zurückliegende, vergessene Vergangenheit wären.

Eigentlich hätte ich die Wohnung kündigen und mir etwas Günstigeres suchen müssen, aber ich brachte die Kraft nicht auf.

Am Abend ging ich ins *Kontiki*, möglichst früh. Es war die einzige Phase in meinem Leben, in der ich mich täglich betrank. Trank, um die Qual, die Kakofonie, die Selbstzerfleischung in meinem Kopf zur Ruhe zu bringen. Es gelang ganz gut. Schwierig war das Nachhausekommen. Denn es war kein Zuhause mehr. Der Anblick des weißen Flurs schnürte mir die Kehle zu. Am Allerschwierigsten war die Zeitspanne zwischen Hinlegen und Einschlafen. Keine Chance, sich abzulenken.

Ich zog schließlich doch aus und kam für ein paar Monate in einer Wohngemeinschaft unter. Dann ging ich nach England und vergaß Victor.

Nach meiner Rückkehr sah ich ihn hie und da von fern in einem Café, ein oder zwei Mal auch auf dem Kanzlei-Flohmarkt, mit Hanna und Mario. Gelegentlich wechselten wir ein paar Worte. Er hatte immer noch diesen ironischen Tonfall, diese Verachtung fürs Alltägliche und

Banale. Mich reizte diese Art Unterhaltung nicht mehr. Es war wie in einer Liebesbeziehung: Was mich früher angezogen hatte, nervte mich nun. Er schien nichts Besonderes zu machen, den lieben langen Tag. Ich fragte mich, wovon er lebte, aber eine solche Frage wäre uncool gewesen. Ich hatte inzwischen Fuß gefasst, beendete mein Studium, hatte eine neue Freundin. Die abgründige Welt, von Victor für mich verkörpert, verlor ihre Faszination. Wahrscheinlich war er nun doch heroinabhängig geworden, dachte ich.

Gelegentlich nahm ich an, Victor sei eigentlich ein Künstler. Aber ein Künstler, der weder schreibt noch malt noch spielt.

Die Ahnung erwies sich später als richtig, und als falsch.

Ich dachte kaum mehr an ihn, bis ich Jahre später einen flüchtigen Bekannten wiedersah, der nun für Pen tätig war, wo er sich für verfolgte Schriftsteller einsetzte.

»Sag mal«, fragte er, als wir uns auf einen Kaffee im *Odeon* trafen, »hast du früher nicht mit diesem Victor aus Spanien verkehrt?«

»Ja.«

»Wusstest du, dass Victor Jiménez, wie er sich nannte, nicht sein richtiger Name ist?«

»Das erstaunt mich nicht.«

»Und wusstest du, dass er nicht aus Spanien stammte?«

»Nein. Ich erinnere mich, dass er ein Jahr in Kairo lebte und dass seine Familie weitverzweigt war.«

»Das stimmt. Deshalb sprach er auch von klein auf mehrere Sprachen. Aber er war Araber.«

»Araber? Und warum *war*?«

»Vor fünf Jahren ist er spurlos verschwunden. Warst du einmal bei ihm zu Hause?«

»Ein, zwei Mal. In Wiedikon.«

»Die Wohnung war mehr oder weniger geheim. Unter einem anderen Namen gemietet. Kein Telefonanschluss. Kein Schild an der Tür. Eines Abends traten zwei Männer auf der Straße an ihn heran und drückten ihm den Lauf einer Pistole in die Seite. Er schrie, um die Aufmerksamkeit der Leute auf sich zu ziehen. Bevor die beiden Unbekannten abhauten, flüsterten sie ihm etwas ins Ohr. Seine eigene Adresse.«

»Wir wissen, wo du wohnst.«

»Genau. Wenig später tauchte er ab.«

»Geflüchtet? Ermordet?«

»Keine einzige Spur.«

»Warum fragst du mich nach ihm? Und was hast du damit zu tun?«

»Er kam als Dissident in die Schweiz, wo ihm Asyl gewährt wurde. In seiner Heimat war er ein ziemlich bekannter Essayist. Er verunglimpfte Politiker, schrieb aber auch über Minderheiten wie Zigeuner, Bettler, Prostituierte, Homo- und Transsexuelle – eine Welt, die es offiziell nicht gab. Als es in einem Basar zu einer Explosion kam, behauptete die Polizei, es sei ein Bombenanschlag gewesen, und beschuldigte ihn. Alles wies auf einen simplen Unfall hin. Eine Gasflasche war in die Luft geflogen. Doch es war für das Regime ein willkommener Anlass. Ein halbes Jahr verbrachte er in Untersuchungshaft, wurde gefoltert, dann sprach man ihn frei. Aber nach einer Berufung musste er erneut zum Prozess erscheinen. Bevor es so weit war, konnte er sich nach Europa absetzen. In Abwesenheit verurteilten sie ihn zu einer langen Haftstrafe. Er konnte nicht mehr in sein Land zurück.«

Ich hatte zu diesem Zeitpunkt vergessen, dass Victor (»Victor«) eine Frau und einen Sohn hatte, und fragte nicht, wie es ihnen ging.

Bei Pen lief immer noch eine Suche nach ihm. *Incommunicado* nannten sie solche Fälle: Es war – aus welchem Grund auch immer – keine Kommunikation möglich. Falls mein Bekannter gedacht hatte, ich könnte hilfreiche Informationen liefern, musste ich ihn enttäuschen. Ich hatte zwar viele Erinnerungen, aber die waren nutzlos für ihn. Und wann immer ich später an Victor dachte, dachte ich an unsere Zeit im *Kontiki* und an alles, was er mir dort erzählt hatte. Die Informationen über den »wirklichen Victor«, den arabischen Dissidenten, blieben »meinem« Victor äußerlich, hatten nichts mit ihm zu tun. So wie er sich damals gespalten hatte in eine Café- und eine Bar-Bekanntschaft, so teilte er sich nun in drei Personen auf, die in meinem Geist nebeneinander existierten, ohne sich in die Quere zu kommen.

Erst heute, wenn ich die Identitäten übereinanderlege und sie in einer einzigen Geschichte zur Deckung zu bringen versuche, wird mir bewusst, wie ungeheuerlich sie ist.

Schließlich schrieb ich Mario. Eine kurze, sachliche Mail.

Ich habe an Victor gedacht – was er wohl macht, wo er ist etc. – und (weil ich ihn in keinem Telefonverzeichnis fand) auf Facebook nachgeschaut. Und da stieß ich stattdessen auf dein Bild mit der frappierenden Ähnlichkeit. So sah er ungefähr aus, als ich ihn vor zwanzig Jahren kannte. Du bist sein Sohn, ja?

Ich rechnete mit jeder Reaktion außer mit dieser: Er antwortete nicht. Während einer Woche, während zweier Wochen. Dann, nach drei Wochen, kam eine Nachricht. Und wiederum: Ich hatte mich auf alles eingestellt (sogar auf Victors Tod), aber nicht auf das. Mario schrieb, er sei nicht Victors Sohn, er kenne diesen Victor nicht. Ich solle ihn nicht mehr kontaktieren.

Ich kam mir vor wie ein Pädophiler, der im Internet einen Minderjährigen belästigt.

Wiederum etwa drei Wochen später kam eine zweite Nachricht.

Entschuldigen Sie meine harsche Antwort. Aber ich bin vorsichtig geworden. Inzwischen habe ich mich über Sie erkundigt. Sie scheinen okay zu sein. Mein Vater lebt nicht mehr in der Schweiz. Ich weiß nicht, wo er sich gegenwärtig aufhält. Was wollen Sie?

In den folgenden Wochen wechselten wir mehrere Mails. Wir umschlichen uns wie zwei Tiere, teils scheu, teils angriffslustig, teils neugierig, teils ängstlich, teils voneinander angezogen, teils abgestoßen. Er schrieb mir von diversen Versuchen dubioser Personen, Victors Aufenthaltsort herauszufinden. Mario sagte, er habe seinen Vater kaum gekannt. Aber er war ihm so ähnlich, dass er ihn zweifellos besser als irgendjemand sonst kannte, auch wenn er nur über wenige »Informationen« verfügte. Ich äußerte mich betont positiv über Victor, über seine faszinierende, rätselhafte Persönlichkeit, und das brach das Eis zwischen Mario und mir. Schließlich schrieb er, wir könnten uns treffen. Wo? Ich erzählte ihm in meiner Mail von den Gesprächen im *Kontiki*. Er wisse davon, antwortete Mario.

Ich war einmal dort. Alles mit Holz ausgekleidet. Wie im Bauch eines Schiffes. Ich kam mir vor wie ein Geist, wie der Wiedergänger meines Vaters.

Entgegen allen ursprünglichen Sicherheitsvorkehrungen lud er mich zu sich nach Hause ein. Ich freute mich wie bei einer Eroberung.

Ein Kamin, nicht mehr in Betrieb. Darin ein paar alte Holzscheite, von Stacheldraht umwickelt, und eine Lampe mit einer milchigen Glaskugel. Zum Wahrsagen ungeeignet. Davor ein gusseisernes Gitter, gegen die Funken.

Ich setzte mich auf das kastanienbraune Ledersofa und betrachtete die längst erkaltete Feuerstelle. Mario stand an die weiße Mauer gelehnt. Er setzte sich nicht. Sein gedrungener Oberkörper, das rätselhafte Grinsen zur Unzeit.

»Ich sage nichts über meinen Vater. Denn ich möchte nichts Negatives sagen.«

Dann lachte er sardonisch, wie sein Vater.

Keine Bilder an der Wand. Das Gefühl von Feuchtigkeit. Seltsam. Ich schaute mich nach einem Luftbefeuchter um. Die Wohnung war kahl, ähnlich wie Victors damalige Wohnung in der Nähe des Waffenplatzes. In einer Ecke standen Stapel von zusammengebundenen Zeitungen. Hatte wahrscheinlich immer wieder den Papierabfuhr-Termin verpasst. Ein rosa Plüschkänguru lag im Kamin, hinter der Glaskugel.

»Ist dein Vater schon länger weg?«

»Ja.« Und nach einer Pause: »Eigentlich war er gar nie richtig da.«

Im Flur lagen zwei Hanteln auf dem Boden, kleine, leichte.

»Wohnst du alleine hier?«

Als er nicht gleich antwortete, dachte ich, er sei vielleicht misstrauisch. Hatte er Angst?

»Manchmal. Im Moment ja. Bis vor einem Monat waren wir zu zweit. Vielleicht zieht bald wieder jemand ein.«

Das Gespräch verlief stockend.

»Willst du etwas trinken?«

Ich erwartete Eistee oder Red Bull. Stattdessen kam er mit einer Flasche Hendrick's zurück.

»Ich bin neugierig, alles über ihn zu erfahren«, sagte er. »Aber zugleich weiß ich nicht recht, ob ich alles wissen will. Er hat mir nur erzählt, was er erzählen wollte.«

Und als ich – zurückhaltend und oberflächlich – ein paar Situationen erwähnte, meinte er: »Väter sind immer kompliziert.«

Ja. Dieselbe Person, dieselben geschilderten kleinen Geschichten hatten für ihn eine kompliziertere Bedeutung als für mich, weil sie ihn anders betrafen. Das Rätsel der Vererbung. Auch wenn er Victor nie begegnet wäre, war Victor doch in ihm, war er ihm näher als irgendwer sonst.

Als ob er auf meine Gedanken antwortete, sagte er: »Ich bin vorsichtig. Was immer ich Negatives über ihn sagen würde, gälte möglicherweise auch für mich selbst.«

Ich erzählte weiter. Nach einer Stunde, als ich schon dachte, meine Erinnerungen seien eine unerschöpfliche Schatztruhe für Mario, sagte er trocken: »Du weißt gar nichts über ihn.«

Ich hatte all die Geschichten aus dem *Kontiki* zum Besten gegeben, die meisten. Von den Drogen hatte ich nichts gesagt und auch nicht von dem, was ich aus zweiter Hand über seine politische Verfolgung und sein Asyl gehört hatte. Ich brachte das noch immer nicht zur Deckung mit dem Victor, den ich kannte.

»Mein Vater hatte einen Bruder, dessen Vorname ebenfalls mit V begann«, sagte Mario. »Vito. Er war Techniker in einer Fabrik. Eines Abends nach Sonnenuntergang stieg er die Steintreppe zu seinem Haus hinunter, als er von Uniformierten angehalten wurde. Nachbarn berichteten später, sie hätten einen heftigen Wortwechsel gehört. Dann wurde er durch einen Genickschuss getötet. Müllmänner fanden seine Leiche am nächsten Morgen.«

Ich fragte mich, warum Mario mir diese Geschichte erzählte, warum jetzt. Aber ich hatte bereits eine Vorahnung, dass es mehr als eine Schilderung, mehr als eine bloße Information war. Dass sie mich selbst betraf, oder betreffen würde, später.

»Vito war ... ein anderer Mensch als mein Vater. Weniger kompliziert, weniger intellektuell. Unpolitisch. In seiner Freizeit trainierte er eine Handball-Jugendmannschaft. Ein leutseliger Typ, allseits beliebt. Niemand verstand, warum er umgebracht wurde. Ein normaler Überfall? Die Kriminalitätsrate ist dort« – er erwähnte das Land oder die Stadt nicht namentlich – »dank der allgegenwärtigen Geheimpolizei niedrig. Das Handy hatten ihm die Männer abgenommen. Aber das Geld – immerhin 300 Dollar – fand man unangetastet in der Innentasche seines Jacketts. Und warum hätten gewöhnliche Verbrecher noch lange mit ihm diskutiert?«

Nun, des Rätsels Lösung, erklärte mir Mario, lag möglicherweise in der Ähnlichkeit der Vornamen. Vito war das

Opfer einer Verwechslung geworden. Die Häscher hatten es auf Victor abgesehen. Zwei Tage später erhielt er einen Anruf von Vitos Handy aus.

»Du solltest dich mehr um deine eigenen Angelegenheiten kümmern. Hast du gedacht, du bist uns entwischt? Bald wirst du deinen verreckten Bruder wiedersehen.«

Erst hier fiel mir auf, wie bleich Mario war. Als ob er die Schreckensblässe seines dunkelhäutigen Vaters an seiner statt weitertrüge.

Victor hatte Freunde unter den Militärs. Ausgerechnet einer der Offiziere, der mit der Suche nach ihm beauftragt war, versteckte ihn in seinem eigenen Haus. »Das hat er mir selber erzählt«, sagte Mario. Eines Tages waren die Soldaten sogar im Nebenzimmer. »Warum seid ihr Idioten nicht fähig, diesen Victor zu fangen?«, schrie der Offizier, während Victor auf der anderen Seite der Holzwand zuhörte. Am nächsten Tag konnte er sich in den Norden absetzen, wo er bei einem Anwalt Unterschlupf fand, während der Offizier seine Leute in den Süden schickte.

Später seien ein paar »Verdächtige« festgenommen worden, sagte Mario. »Zwei beliebige Frauen vom Markt, die sich als völlig harmlos herausstellten, sowie vier Männer, von denen drei nach kurzer Zeit ›entkamen‹. Wahrscheinlich hatte man sie entwischen lassen. Inzwischen ist der Fall offiziell abgeschlossen. Der vierte Mann gestand, er habe Vito wegen des Handys überfallen.« Nach zwei weiteren Morddrohungen verließ Victor das Land und erhielt Asyl in der Schweiz.

Ich muss gestehen, dass ich bei Marios Schilderung einen Moment lang dachte, Victor sei vielleicht nur ein gewöhnlicher Junkie und Freak, und sein Sohn habe sich diese abenteuerliche Geschichte, vielleicht auch aufgrund von wichtigtuerischen Andeutungen von Victor selbst, zusammenfabuliert, um seinen Vater als Held dastehen zu lassen. Aber das Gegenteil war ebenso möglich: Ich hatte, ausgehend von den wenigen Informationen, die ich über Victor hatte, das Klischeebild eines faszinierenden, aber letztlich leichtgewichtigen Bohemiens fabriziert, ohne die leiseste Ahnung von der Tragödie dahinter. Auch kam mir einmal kurz der Gedanke, dass wir einer Verwechslung erlagen: Der Victor, den ich einmal gekannt hatte, war gar nicht Marios Vater. Wir sprachen über zwei verschiedene Menschen.

Ich wagte mich wieder ins *Kontiki*. Nichts hatte sich verändert. In der Eingangstür war immer noch dieses vergitterte, rote Bullauge. Wie entzündet. Und im Eingangsbereich hingen nach wie vor die beiden Schiefertafeln an den Wänden. Leer. In der Bar verströmten zwei Neonröhren an der Decke ein schummriges Licht. Waren sie gelb oder bloß vergilbt? Die getäfelten Wände, die Petroleumlampen, die polynesisch angehauchten Masken versetzten einen in den Bauch eines Schiffes. Bloß die alte Telefonkabine in der Ecke wollte nicht recht zum Unterdeck passen. Ob hinter der Tür immer noch ein Telefon mit Wählscheibe und Hörer hing? Oder ein Morseapparat? *Save our Souls?*

Auch die *Floßbar* im Hinterzimmer existierte noch. Aber sie war heute geschlossen. Wie früher bestellte ich ein Budweiser und setzte mich an die abgegriffene Holztheke.

Was, wenn plötzlich Victor hereinkäme?

Mario hatte mir gesagt, sein Vater sei gelegentlich – »wenn die Last zu schwer wurde« – in Wahnvorstellungen abgedriftet. Victor glaubte sich dann zum Beispiel zu erinnern, wie er als Kind mit seinem Vater in der Höhe saß. Sein Vater war Gott. Oder nein, sie waren eher eine Art Titanen, die mit den Menschen spielten wie mit Puppen. Eines Abends räumte Victor seine lebenden Spielzeuge nicht brav zusammen, und sein jähzorniger Vater bestrafte ihn, indem er ihn auf die Erde, unter die Menschen verbannte. Nun wartete er, dass er ihn endlich zurückholte.

Eines Tages war Victor verschwunden. Wen Mario auch fragte in seiner Familie – er stieß auf eine grausame Mauer des Schweigens. Später fand er heraus, dass Victor damals seine erste psychotische Episode durchlebte. Mario weiß bis heute nicht, ob er in der Klinik war, im Haus einer Verwandten in der Innerschweiz oder im kleinen Hotel im Niederdorf, wo er manchmal untertauchte. Er hatte dort immer zwei Seesäcke mit Büchern deponiert, für den Notfall. Es war tabu, den Vater auf diese Probleme anzusprechen. Das war Mario so klar, dass er es nicht mal versuchte. In gewissen Belangen war Victor sehr konservativ und pflegte einen aristokratischen Ehrbegriff. Persönliches gab er kaum preis. Wenn ihn Mario nach Liebesbeziehungen oder gar Sexuellem ausfragen wollte, erntete er nur ein verächtliches »Sei kein Dummkopf!«. Noch später fragte sich Mario allerdings – oder frage ich mich das bloß? –, ob die Version mit der Psychose nicht ein weiteres Vertuschungsmanöver war, das etwas anderes verdeckte. So wie man von Deckerinnerungen spricht oder von verdeckten Operationen. Ich könnte mir vorstellen, dass Victor zwischendurch heimlich in seine Heimat zurückkehrte, aber vorsichtshalber nicht mal seinen Sohn einweihte. Er zahlte dafür sogar den Preis, als wahnsinnig zu gelten. Sein angeblich bestgehütetes Geheimnis. Nur um ein anderes zu verbergen.

Im *Kontiki* – das wir im Scherz *Konflikti* nannten – bestellten Victor und ich jeweils unser Bier an der Theke und verzogen uns in die Ecke neben der Telefonkabine, wo wir den Rest des Abends blieben. Wir verließen den Schatten nur, um von Zeit zu Zeit ein neues Budweiser an der Bar zu bestellen oder die Treppe zu den Toiletten hinaufzusteigen.

Nur einmal betrat ich die Bar und fand Victor an einem der niedrigen Tischchen. Er machte mir ein Zeichen, mich neben ihn zu setzen.

»Ich muss dir etwas sagen.«

Er schaute mir in die Augen und schwieg. Dann legte er seine Hand auf meine und flüsterte: »Ich liebe dich.«

Ich war verlegen wie ein kleiner Junge. Und sagte etwas im Stil von: »Weißt du, ich empfinde eine tiefe Freundschaft und Seelenverwandtschaft mit dir. Aber ich bin keine Spur schwul. Es tut mir leid.«

Von da an saßen wir nie mehr am Tischchen und nahmen wieder unseren gewohnten Platz in der schummrigen Ecke ein.

***

Ich steige das Treppenhaus hoch. Die Steinstufen sind von Zementstaub bedeckt. Es ist beinahe dunkel, nur durch die Schlitze in den Mauern dringt spärliches Sonnenlicht. Zwar gibt es einen Aufzug, aber kaum jemand benutzt ihn. Dauernd bleibt er zwischen zwei Stockwerken stecken. Schon am ersten Tag sah ich, wie sich jemand hochzog und sich durch den Spalt zwischen dem Betonboden und dem Liftdach zwängte. Er hatte Glück. Ich hörte von anderen, die einen halben Tag ausharren mussten, bis die Elektrizität zurückkehrte.

Vor allem seit dem Ausbruch der Unruhen gibt es so viele Stromunterbrüche, dass man fast nicht mehr von Unterbrüchen sprechen kann. Manche sagen, das sei eine Strafmaßnahme, eine Erpressung der Regierung.

Dumm, dass ich ausgerechnet im *Hotel Mount Everest* abgestiegen bin, das seinem Namen alle Ehre macht. Die Zimmer liegen im 17., 18., 19. und 20. Stockwerk des Hochhauses. Darüber gibt es nur noch die Dachterrasse mit dem Restaurant. Von dort dringt bis lange nach Mitternacht die übliche arabische Jammermusik durch mein lotteriges Fenster, das gleich unter dem Lautsprecher liegt. Der Ventilator macht einen Lärm wie ein startendes Propellerflugzeug; aber wenn ich ihn abstelle, liege ich nach kurzer Zeit in einer Schweißlache. Ich glaube, die Matratze ist aus Plastik. An der Wand hängt ein großer, fast blinder Spiegel. Wahrscheinlich soll er den Raum größer erscheinen lassen.

Freiwillig habe ich mir dieses Schachtelzimmer nicht ausgesucht. In den feuchten Ecken hocken dicke Kakerlaken, deren dünne, lange Fühler sich hektisch bewegen. Das Waschbecken neben dem Bett tropft unaufhörlich.

Am Ende hatte Mario mir die E-Mail-Adresse seines Vaters gegeben. Ich schrieb Victor, er antwortete. Er lebte in Kairo. Die Nachrichten gingen hin und her, wobei meine immer länger wurden, mit immer mehr Fragen, und seine immer einsilbiger. Schließlich kam überhaupt nichts mehr von seiner Seite.

Und dann auf einmal diese Bitte, oder eher dieser Befehl, ich solle rasch kommen, er befinde sich in höchster Gefahr.

Er reservierte ein Zimmer für mich im *Everest*. Ich nahm an, er wohne im selben Hotel. Aber als ich ankam, war zwar Nr. 203 für mich gebucht, aber kein Victor Jiménez an der Rezeption eingetragen. Ich dachte, er sei vielleicht unter einem anderen Namen abgestiegen und werde dann schon auftauchen. Doch es war, als ob Victor gar nicht existierte, als sei er nur ein Phantasma.

Ich hatte immerhin unplanmäßig um Urlaub ersucht, zahlreiche Termine und Deadlines umgestellt, der kurzfristige Flug war auch nicht billig gewesen.

Nun warte ich seit drei Tagen.

Gestern reichte mir der Mann im abgewetzten Anzug am Empfang einen gefalteten Zettel.

Ich komme morgen um 12 Uhr. Warte auf mich im Zimmer. Victor.

Im Moment, als ich das las, erst in diesem Moment, wusste ich, dass man mir eine Falle stellte. Als ob eine Stimme sagte: »Merkst du's? Tapp nicht rein!«

Mario hatte mir erzählt, wie sein Vater in Kairo eines Tages früher als gewöhnlich von seinem Teehaus-Besuch ins Hotel zurückkehrte. Der Aufzug war wieder einmal außer Betrieb. Im Treppenhaus kamen ihm zwei Männer entgegen. Victor beschlich das Gefühl, sie seien vom Geheimdienst und hätten sein Zimmer verwanzt. Als er es betrat, klingelte das

Telefon. Er hob den Hörer nicht ab. Es war das erste Mal, dass ihn jemand anrief. Er nahm an, es sei vielleicht ein anderer Agent, der unten Schmiere stand, Victor das Hotel betreten sah und seine beiden Kollegen warnen wollte.

Victor wechselte das Hotel nicht. Er zog lediglich in ein anderes Zimmer ohne Telefon um.

Bei meinen ausgiebigen Spaziergängen in der Umgebung entdeckte ich gleich am ersten Tag ein unauffälliges, bescheidenes Gasthaus namens *Refuge*. Es liegt in einer kleinen Gasse am südlichen Ende des großen Platzes (das *Everest* liegt an der Nordseite). Dort habe ich mir heute Morgen ein zweites Zimmer genommen. Dann bin ich in ein Elektronik-Fachgeschäft gegangen, habe mir einen zweiten Laptop, eine Software und eine externe Kamera gekauft. Die habe ich im *Everest*-Zimmer installiert, auf die Tür gerichtet.

Nun kann ich vom Bildschirm im *Refuge* aus mein Zimmer im *Everest* überwachen.

Um elf Uhr verlasse ich das Zimmer im *Everest*. Die Tür schließe ich nicht ab. Auf dem Weg zum Gasthaus schaue ich immer wieder zurück. Es scheint mir niemand zu folgen.

Ich betrete mein Zimmer im *Refuge* – dieses Mal verriegle ich die Tür –, setze mich vor den Laptop, starte meine Software und empfange schon nach Kurzem die Überwachungsbilder aus meinem *Everest*-Zimmer. Dort habe ich einen Zettel auf dem Tisch hinterlassen. Falls wider Erwarten doch Victor auftaucht.

Lieber Victor – Ich komme in einer Stunde.

Ich hatte ihm vor etwa drei Wochen in einer E-Mail erklärt, was ich inzwischen über ihn und seine politischen Aktivitäten wusste. Wie gesagt waren seine Mails nichtssagend. Aber dann kam plötzlich eine Schilderung seiner Verhaftung und seines Gefängnisaufenthalts.

Er beschrieb, wie er mit einem Polizisten in einem Raum saß.

Während dieser Uniformierte Manuskripte las, die sie bei mir gefunden hatten, sah ich, wie er immer wütender wurde. Als er mit der Folterung loslegte, überlegte ich, wie ich das überstehen könnte. Ich setzte mir immer wieder eine Frist. Ich sagte mir: Eine Minute lang werde ich nichts mitteilen. Und dann gab ich mir eine weitere Minute. Komm, eine weitere Minute hältst du noch durch, sagte ich mir. Ich wusste: Würde ich die Namen herausrücken, könnte ich nie mehr weiterschreiben, mein Ruf wäre ruiniert, ich wäre ein Risiko für die Leute. Ich würde zum schweigenden Gespenst werden, weiterleben, aber eigentlich tot sein. Normalerweise ist der Polizeichef bei solchen Verhören nicht dabei. Aber als ich mit den Händen auf dem Rücken hochgezogen wurde, verrutschte meine Augenbinde, und ich sah, wie er hereinkam. Er sagte: »Du willst ein Freiheitsheld sein, was?«, und versetzte mir in meiner hilflosen Position einen Kinnhaken. Dann wurden sie immer brutaler. Sie kugelten mir die Schulter aus und mit Gewalt wieder ein. Weil sie ihren Job so miserabel machten, mussten sie den Arzt rufen. Schließlich versuchten sie es mit süßen Versprechen, und als auch das nichts nützte, begannen sie mit Stromstößen am Kopf. Aber nicht mal das machten sie anständig. Selbst wenn ich etwas hätte gestehen wollen, wäre es nicht gegangen. Schon nach den ersten Stößen verlor ich das Bewusstsein. Mein Onkel, ein bekannter Anwalt, erfuhr von meiner Verhaftung und schaltete sich ein. Er hatte bereits früher Polizisten wegen Folter hinter Gitter gebracht. Er riet mir, noch zwei Tage durchzuhalten und nichts zuzugeben. Das fiel ihm bestimmt nicht leicht, er liebt mich. Ich teilte ihm nicht alles mit, was sie mir angetan hatten. Er boxte mich raus. Aber es war zu spät. Seither ist mein Leben zu Ende, auch wenn mein Körper noch hier ist. Nichts hat mehr Bedeutung für mich.

Und zum Schluss:

Das vergeht nie, das ist nie Vergangenheit. Es ist immer gegenwärtig. Und deshalb habe ich Wrack auch keine Zukunft. Seit jenem Tag gibt es kein Vorwärts mehr. Verstehst du? Nein, kannst du nicht.

Über die Computer-Verbindung behalte ich die Tür meines *Everest*-Zimmers im Auge. Zugleich horche ich auf jedes Geräusch im Flur des Gasthauses. Einmal meine ich, die Klinke werde gedrückt. Aber es ist wohl nur meine Überwachheit.

Auch glaube ich dauernd, mein Handy klingle. Doch es sind all die verschiedenen Hupen auf der Straße draußen, die pfeifen, läuten, tröten, quietschen, brüllen, singen, brummen, trällern, quengeln, heulen.

Es ist zehn nach zwölf und nichts regt sich auf dem Bildschirm. Könnte es sein, dass die Szenerie mit einer Zeitverzögerung übertragen wird, wie das Licht von einem anderen Stern? Ich weiß, dass es nicht möglich ist, aber trotzdem verfolgt mich die Idee, die Häscher könnten mich aufgrund der Kamera-Verbindung lokalisieren.

Ja, die Häscher. Ist es nur eine Wahnidee von mir? Hat mich Victors Panik angesteckt? Oder bin ich wirklich in einen Hinterhalt geraten? Hat mich Victor in diese Stadt gerufen, um mich umbringen zu lassen?

Ich hatte bemerkt, dass in seinen Mails keine Spur von Freundschaft oder Zuneigung mehr zu finden war. Er nahm zur Kenntnis, dass ich ihn kontaktierte, und überlegte sich, wie er davon profitieren konnte. Gab es einen Plan dahinter oder hasste er mich bloß aus irgendeinem Grund? Alles an ihm war hart und kalt. Das war mir schon aufgefallen, als mir Mario ein aktuelles Bild von ihm gezeigt hatte. Ein gleichgültiger, leerer Insektenblick.

Ich schaue kurz auf die andere Seite, zum Fenster hinaus. Die Blätter der Bäume sind grau vom Staub. Die Kakerlaken kommen mir in den Sinn. Ich frage mich, ob sie blind sind. Ich stelle mir vor, wie ich ihre Fühler mit einer Schere abschneide.

Um Viertel nach zwölf sehe ich auf dem Bildschirm, wie im *Everest*-Zimmer langsam und lautlos die Tür geöffnet wird. Zwei Männer. Sie sind nur verschwommen erkennbar, aber wirken arabisch. Sie blicken sich rasch um, einer schaut hinter die Tür, der andere geht ins Bad und kommt zurück. Dann gucken sie unter das Bett und in den Schrank. Auf dem Weg zum Balkon entdecken sie die Kamera. Ich höre, wie die Balkontür geöffnet wird. Eine Hand nähert sich der Kamera, dann ein Splittern und Black-out.

Leider habe ich keine Sichtverbindung zum *Everest*-Balkon. Ob sie wohl inzwischen den Zettel entdeckt haben? Ob sie das ganze Zimmer verwüsten? Außer dem Laptop – den ich wohl vergessen kann – habe ich nichts im Raum gelassen.

Victor. Mein Spezialfreund. Der Ventilator wummert. Eine leere Cola-Dose auf dem Beistelltisch. Eine WC-Spülung im Zimmer über mir rauscht. Die hundertstimmige Hup-Kakofonie. Der weiße Mittagshimmel. Sollten sie mich wirklich umbringen, in seinem Auftrag? Ist Mario Teil der Verschwörung, oder wird er benutzt?

Vielleicht sollte ich verschwinden. Ich habe gehört, dass die Gästelisten der Hotels jeden Abend ins Polizeiministerium geschickt und kontrolliert werden. Vielleicht fällt ihnen dann auf, dass ich zwei Hotels bewohne. Deshalb habe ich auch erst heute Morgen im *Refuge* eingecheckt.

Mein Zimmer liegt im Erdgeschoss. Notfalls könnte ich durch das Fenster abhauen.

Ich denke an Marios Foto von seinem Vater. Er erzählte mir, Victor habe eine panische Angst, sich fotografieren zu lassen. Es war das einzige jüngere Bild, das von ihm existierte, und Mario musste ihm versprechen, es nicht aus der Hand zu geben. Das alles verstehe ich jetzt besser.

Ja, eine gewisse Ähnlichkeit mit mir lässt sich nicht abstreiten. Die Halbglatze, das kurze, grau gewordene Haar, dunkle Augen, runde Brille, lange Nase. Ähnliche Statur, ähnliche Größe. Seine Haut ist anders, aber vielleicht sieht man das nach dem Tod nicht mehr. Vor allem, wenn man das Gesicht vorher verunstaltet hat.

Er will mich umbringen lassen, um es dann so aussehen zu lassen, als sei *er* gestorben. Sein Sohn würde hierherkommen und bestätigen, dass es die Leiche seines Vaters sei. So wäre er endlich frei. Sie würden ihn nicht mehr verfolgen, und er könnte ruhig weiterleben, wo immer er möchte.

Natürlich würde man mich irgendwann vermissen und Nachforschungen anstellen. Aber dann wäre meine Leiche längst eingeäschert.

Die Unruhen. In ein paar Monaten gibt es vielleicht eine neue Regierung, und dann wird Victors Fall sowieso ad acta gelegt. Vielleicht auch nicht. Diejenigen, die ihm nach dem Leben trachten, kümmern sich nicht um Parteiparolen. Das hat schon längst eine Eigendynamik entwickelt, die sich auch durch Politik nicht mehr kontrollieren lässt. Ein einziger Fanatiker unter all den Millionen, überzeugt, er müsse diese Rechnung noch begleichen, reicht – und Victor kann nie mehr ruhig schlafen. Nur wenn sich die offizielle Nachricht verbreitet, er sei erledigt, kann er weiterleben.

Ich packe meine Sachen und fahre zum Flughafen.

Ein paar Tage später ruft mich Mario an.

»Wir müssen uns irgendwie verpasst haben«, sage ich. »Er ist nicht aufgetaucht.«

»Seltsam«, sagt Mario bloß. Er lässt sich nicht in die Karten blicken, wie sein Vater. Ich allerdings auch nicht.

»Nicht wahr?«, sage ich bloß.

Nach drei Wochen erreicht mich eine Mail von Mario.

Mein Vater ist gestorben. Er ist im 19. Stockwerk seines Hotels vom Balkon gestürzt. Die Umstände sind nicht klar. Ich werde morgen hinfliegen, um ihn zu identifizieren. Danke für all deine Bemühungen.

ERINNERUNGEN AN EINE VERGESSENE

Sogar der Abschiedsbrief von Valérie war herzzerreißend lieb.

Das Fotoshooting in der afrikanischen Stadt. Dort lernte ich sie kennen. Sie kümmerte sich um das Styling der Modelle. Als Erstes fiel mir ihr dunkelblaues, geblümtes Kleid auf und ihr Bandana. Ich sprach sie auf der Treppe an, die von der Garderobe zum Set herunterführte und fragte sie, ob sie die Fotografin sei. Erst später erfuhr ich, dass sie Modeschöpferin war. Sie sagte mir, sie habe damals geglaubt, ich sei der Direktor des Goethe-Instituts.

In einer Pause sprachen wir über Hexerei, und ich lud sie für den Abend ein, mit uns im Hotelrestaurant zu essen. Sie sagte zu; wir bestellten halb rohen Thunfisch unter dem Strohdach neben dem Swimmingpool. Grillen zirpten, es war fast Vollmond.

Kurt, der berühmte amerikanische Cowboy-Chronist, saß ihr gegenüber, schwärmte von ihrem Honig-Teint und dozierte über die Nachteile der Schwarz-Weiß-Fotografie. Valérie hing an seinen Lippen, und ich wartete auf eine Gelegenheit, auch mit etwas aufzutrumpfen.

Bis vor Kurzem musste ich jede Erinnerung daran weiträumig umschiffen. Jeder Gedanke an diese Tage und Nächte in der Januarhitze war unerträglich. Jetzt berichte ich all das, und es lässt mich kalt.

Bei einer frühmorgendlichen Fahrt in unser Buschdorf hinaus war mir der Gedanke gekommen: Ich gehe auf die fünfzig zu, aber die wahre Liebe habe ich noch nicht gefunden. Man kann so etwas ahnen oder sogar wissen, auch wenn man es noch nicht erlebt hat. In meinem Fall gab ein Song den Ausschlag, den ich am Nachmittag davor bei einer Cola in der *Pam-Pam-Bar* gehört hatte, von einem Sänger, den ich als glaubwürdig einschätzte. Als ich seine verzweifelten Sehnsuchtszeilen über die abwesende Rothaarige hörte, sagte ich mir: So sehr bin ich noch nie jemandem verfallen.

Und wenige grauschwüle Tage später traf ich sie.

Als ich den Abschiedsbrief erhielt, saß ich wieder in meiner Stadt am 47. nördlichen Breitengrad. Wenn ich aus dem Fenster blickte, sah ich auf die Ampel, die gerade auf der Höhe meines Schlafzimmers hing. Stundenlang hätte ich zuschauen können, wie sie von Grün auf Rot wechselte und dann wieder auf Orange und Grün.

Ich versuchte, sie in mir abzutöten. Nicht, weil ich sie hasste, sondern, weil ich sie zu sehr liebte. Ich musste dieses Feuer löschen. Denn es zerstörte alles, was mir vorher etwas bedeutete; es ließ mich paralysiert und lebensunfähig zurück, wie ein Häufchen Asche. Wie ein Junkie dachte ich nur noch an eines.

Als das Strohdach-Restaurant schloss, fragten wir uns, ob wir noch eine Bar aufsuchen sollten. Aber da war dieser lange Weg bis zur Hauptstraße, auf dem ich mich schon einmal spätabends allein auf dem Heimweg verirrt hatte, und wir fürchteten uns vor der Dunkelheit. Also sagte sie dem Fahrer ihres himmelblauen Opels, er solle warten, und ich bot ihr in meinem Hotelzimmer ein Bier aus der Minibar an. Sie saß auf der Bettkante und ich auf einem Hocker vor ihr. Ich hatte mein Bier schon längst ausgetrunken, aber ich hielt die zerdrückte Dose immer noch in der Hand, und während ich redete und gestikulierte zwischen ihren gespreizten Beinen, berührte ich damit von Zeit zu Zeit ihr Knie.

Gelegentlich traten wir vor die Tür und rauchten im warmen Nachtwind, der von der Lagune her über den Rasen wehte, eine Zigarette. Dann zertraten wir sie im Sand, gingen wieder hinein, nahmen unsere Position ein, und ich streifte zufällig ihr Knie. Als schon die Morgendämmerung drohte, neigte sie ihren Oberkörper nach vorn und gab mir einen Kuss.

»Sonst hätten wir noch zehn Stunden weiterdiskutiert«, sagte sie später.

Ich dämpfte das Licht, und wir ließen uns ins Bett sinken wie in ein Bad.

Nur schon ihr Vollmondgesicht bereitete mir eine solche Freude, ich hätte es den ganzen Tag anschauen können. Sogar ihren Pickel auf der Stirn liebte ich.

Tomber amoureux, wie von einem Zehn-Meter-Sprungturm. Es geschah mir; aber ich glaube im Nachhinein, es war auch eine – halb bewusste – Entscheidung: Ich *wollte* sie abgöttisch lieben. Schluss mit den lauwarmen Ambivalenzen. *L'amour fou.*

Irgendwann im Halbschlaf, als es draußen schon dämmerte, fiel ihr ein, dass hinter den Vorhängen auf dem Parkplatz immer noch der Fahrer im himmelblauen Wagen wartete; sie rief ihn an und sagte ihm mit ihrer Schlafzimmerstimme, es tue ihr leid, er könne nach Hause fahren, sie nehme ein Taxi.

Wir verabredeten uns für den Nachmittag in ihrem Atelier, in einem namenlosen Hangar im Industriequartier. Ihr Fahrer holte mich ab und brachte mich hin. Sie arbeitete an der Frühjahrskollektion. Vor allem der königsblaue Mantel mit eidottergelbem Futter erregte mich. Sie schenkte mir ein Hemd mit Pfauenfedermotiv.

Später gingen wir in ihre Wohnung. An den Wänden waren die verblichenen Covers von alten afrikanischen Langspielplatten aufgereiht. Das Leben hier musste ausgelassen gewesen sein in den Sechzigern und Siebzigern, kurz nach der Unabhängigkeit, alle voller Zuversicht.

Wir aßen Avocados mit Crevetten und Kochbananen. Als die Köchin nach Hause gegangen war, liebten wir uns auf ihrem Bett. Ihr Hündchen schaute interessiert zu.

»Warum weißt du so genau, was ich mag?«, flüsterte sie. »Du musst in einem früheren Leben eine Frau gewesen sein.«

Während wir uns so innig umarmten, sah ich wie in einer Halluzination meine verschiedenen verflossenen Lieben in ihr. Sie alle waren da, in ihrem Gesicht, aber sie waren nur unvollkommene Kopien, Annäherungen gewesen, an sie, das Urbild, das Original, das ich endlich gefunden hatte, hier in der Hafenbucht, in dieser legendären Stadt, die in so vielen Liedern besungen worden war, im Golf von Guinea, früher Meerbusen von Guinea genannt.

Sie machte mit ihrem Samsung Galaxy eine kurze Filmaufnahme von uns, Wange an Wange auf dem Kissen. Später sandte sie mir die Szene nach Europa. Wie oft schaute ich sie mir an, wieder und wieder. Es schien mir so viel realer als alles, was danach kam.

Ich war zu einem »wichtigen Abendessen« eingeladen und musste gehen, am nächsten Morgen fuhr ich wieder für eine Woche in das entlegene Dorf. Es gab dort keinen Strom und angeblich auch kein Handynetz.

Ich konnte es trotzdem nicht lassen und versuchte sie anzurufen, auf dem freien, gerodeten Platz hinter dem neuen Schulhaus. Die Verbindung klappte seltsamerweise.

Sie war so nahe an meinem Ohr, als würde sie hineinflüstern, hineinatmen. Ich trug ihr Pfauenhemd, Tag und Nacht. Ich spürte sie auf meiner Haut.

Ich verstand sie kaum am Telefon. Fetzen, Satzfragmente, die ich mit meinen Vorstellungen ergänzte. Sie sagte: »Drei Mal am Tag ..., mindestens ...«. Ich vervollständigte in meiner Fantasie: »Sex ..., sie braucht mindestens drei Mal pro Tag Sex mit mir.« Aber vielleicht sprach sie von einem Medikament oder von Sitzungen mit ihrem Team. Ich lachte, und dann hörte ich keine Reaktion mehr, nur noch Rauschen in der Leitung. Vielleicht hatte sie von einer geplanten Reise nach Paris gesprochen, vielleicht hatte ich es auch bloß gehofft.

Kann man so sehr lieben, dass man vergisst, wer man ist?

Warum werde ich immer gleich so obsessiv, wenn ich verliebt bin? Warum verliert alles andere an Bedeutung, verschwindet?

Ich ging früh am Morgen joggen, als es noch dunstig und kühl war. Um mich zu betäuben. Aber ich rannte zu weit weg vom Dorf, in die Kakaoplantagen am Hügel. Auf dem

Rückweg hatte sich der Nebel aufgelöst, ich schwitzte wie ein überlaufenes Waschbecken. Zurück im Schulhaus, wo wir unsere Schlafsäcke ausgebreitet hatten, fiel ich vor Erschöpfung fast in Ohnmacht. Aber ich hatte es so gewollt, Bewusstlosigkeit.

Es fiel mir schwer, mich auf die Arbeit zu konzentrieren, die Fotos, die Gespräche, die Notizen, die Namenslisten. Sie war immer präsent, wie ein Geist. Ein guter oder ein böser?

Nachts träumte ich, sie fahre mit einem Bus davon. Ich stand da und blickte ihr so verzweifelt nach, als hätte man mich allein in der Wüste zurückgelassen.

Manchmal hatte ich den Verdacht, es drehe sich gar nicht um sie. Sie sei auswechselbar. Eigentlich ging es bloß um meine rasende Liebessehnsucht, die sich ein Objekt suchte. Nicht gerade irgendein beliebiges, aber doch ein mehr oder weniger zufälliges.

Andere werden im Alter stabiler und kompakter. Bei mir ist es umgekehrt. Ich treffe eine Frau, sie ist mir noch fremd – und schon ist es, als würde ich durch den Fleischwolf gedreht. Man erkennt mich nicht wieder in dem, was am anderen Ende herauskommt. Weiche Würstchen aus rohem, zerhacktem Fleisch. Ich selbst erkenne mich nicht mehr darin.

Ich rief sie trotzdem erneut an, obwohl unsere Konversationen dadaistischen, absurden Non-Dialogen glichen. Immerhin konnte ich mich vergewissern, dass sie noch da war, nicht nur eine Fata Morgana. Manchmal ging sie nicht ans Telefon, oder sie wollte nicht. Dann war ich verzweifelt und versuchte es wieder und wieder und wieder.

»Komm, das Essen ist bereit«, riefen die anderen, oder: »Wir brauchen dich, fotografiere das Äffchen, sonst rennt es wieder weg.« Und ich drückte die Tasten, dieselbe Zahlenfolge, »was machst du da? Beeile dich!«, nur noch einmal, nur noch ein letztes Mal, »ich komme gleich!«, ein allerletztes Mal, »ich komme, ich komme ja gleich!«, ein allerallerletztes Mal.

Einmal rief sie mich an, ausgerechnet als ich im Sonnenuntergang splitternackt hinter dem Schulgebäude stand und mich wusch. Duschen gab es keine. Ich schöpfte mit einem Becher Wasser aus dem Eimer und goss es mir über den Körper. Von Zeit zu Zeit blickte ich mich um, um sicherzugehen, dass mich niemand beobachtete. Ihr Anruf war zu wertvoll, ich wollte ihr nicht sagen, sie solle mich später zurückrufen. Vielleicht würde die Verbindung dann nicht mehr klappen. Sie sprach und sprach und sprach, während ich ohne Kleider hinter der Mauer stand, und dann kamen auch noch die Malariamücken in der Dämmerung, aber wie hätte ich Valérie unterbrechen können? Lieber krank werden als eine Minute mit ihr verpassen.

»Ich werde am Freitagabend zu meinem Vater nach Assinie hinausfahren«, sagte sie. »Er hat dort am Strand ein Wochenendhaus. Komm mit.«

Unser Mitarbeiter Pierre ermahnte mich, spätestens um fünfzehn Uhr loszufahren, um vor Einbruch der Nacht in Assinie anzukommen. Assinie mit all den Villen der Abidjaner Upperclass lag abgelegen, man fuhr eine Stunde lang durch ein menschenleeres Gebiet, wo es nur Sand, Palmen und Fischerhütten gab – die ideale Strecke für Wegelagerer. Sie blockierten die Straße mit einem Baumstamm, das Auto musste anhalten und dann – zack zack.

Am Freitagmittag war ich zurück im wunderbaren *Merlin Bleu* in der Hauptstadt. Valéries Fahrer holte mich am Nachmittag mit dem himmelblauen Opel ab. Wir fuhren in ihr Atelier und gingen die soeben eingetroffenen Stoffmuster durch. Dann holten wir Yves, den schwulen Modedesigner, der aus Paris gekommen war, um ihr bei der neuen Kollektion zu helfen, am Flughafen ab und fuhren zu Valérie nach Hause, wo wir Aguti mit frittierten Bananen aßen. Gegen zehn Uhr nachts fuhren wir los.

Zu dritt saßen wir hinten im Opel, Yves, Valérie im Minirock und ich, sonnenverbrannt, bartstopplig, von Stichen übersät. Yves hatte die Hand auf ihrem linken Bein, ich auf dem rechten.

An einer Tankstelle kauften wir Budweiser. Wir kurbelten während der Fahrt die Fenster herunter, selbst gegen Mitternacht war es noch heiß. Mit hundert Stundenkilometern bretterten wir über die Buckelpiste, damit es mehr Fahrtwind gab. Wir hörten John Yalley, seinen Trompeter und das Rauschen des Meeres, wir tranken Bier, rauchten, lachten und streichelten Valéries wundervolle Oberschenkel.

Glü… glü… glücklich.

In einem Boot setzten wir hinüber zur Halbinsel, die mit dem Auto nicht befahrbar war. Dort lag die Villa ihres Vaters. Er saß alleine draußen auf einem hellen Leinensofa, verschiedene Weißweine und Champagner standen in Eiskübeln bereit.

»Wollt ihr etwas essen?«, fragte er. »Ich habe den Koch noch hierbehalten.«

Ich ging mit Valérie barfuß den Strand entlang. Einmal blieben wir stehen, das Wasser umspielte unsere Zehen, wir blickten übers Meer an den dunklen Horizont und stellten uns vor, dass da jetzt nichts mehr war als Wasser, bis zur Antarktis. Eine unerwartete Welle erwischte uns, klatschnass kehrten wir zurück. Ihr Vater und Yves waren inzwischen schlafen gegangen, irgendwo im weitläufigen Anwesen.

Wir lagen in den angenehm kühlen Leinensesseln, tranken Jahrgangchampagner und wankten schließlich zu unserem Zimmer, das aussah wie aus Marguerite Duras' *L'amant*. Saigon, Französisch-Indochina in den Zwanzigerjahren, schwere, schwüle Eleganz, kunstvoll geschnitzte Ebenholzmöbel, goldgerahmte, historische Schwarz-Weiß-Aufnahmen an der Wand, Kerzenlicht, ein müder Ventilator an der Decke. Eine Flut von Kissen, in denen wir uns verloren. Fehlte nur noch das Opium.

Wir liebten uns, zwischendurch schliefen wir ein, ich träumte von ihr, griff im Dunkeln nach ihrer Hand oder ihrem Fuß, umarmte sie, suchte mit der Hand ihr Gesicht, dämmerte wieder ein, dachte über einzelne Worte von ihr nach, versank in ihrer eigenen Traumwelt, versuchte sie wieder zu lieben. Alles verschwamm, die Wirklichkeit selbst verschwamm.

Am nächsten Morgen beim Frühstück wollte ich ein Bild von ihr machen. Leider war der Himmel so gleißend hell, dass ihr Gesicht im Gegenlicht fast schwarz wurde. Später, als ich sie länger nicht mehr sah, als uns zwei halbe Kontinente und ein Meer trennten, versuchte ich, ihr Antlitz am Computer aufzuhellen, um wenigstens ihre Züge wiederzuerkennen. Aber der weiße Dunst, die glitzernde Wasseroberfläche, die cremefarbene Rückenlehne und ihre zitronengelbe Seidenbluse überstrahlten alles, verkohlten sie.

Ich schrieb ihr, wie sehr ich unter der Entfernung, den Anrufen ins Leere, der Zeitverschiebung und den unentzifferbaren Fotos litt. Sie antwortete: *Aber du bist doch hier! Zwischen der Meeresbrise, dem Rascheln der Palmblätter und dem strahlenden Morgenlicht!*

Auf einem der Bilder war eine mysteriöse Lichtkugel zwischen uns. Eine Spiegelung, ein optischer Effekt, vielleicht auch mehr.

Ein paar Tage nach meiner Rückkehr aß ich mit meinem Vater zu Mittag. Ich zeigte ihm die Fotos von Valérie auf meinem Smartphone. Das war neu; so etwas hatte ich nie zuvor getan. Es gehörte nicht zu unserem Verhaltensrepertoire. Er ließ sich keine Überraschung anmerken, nahm sie interessiert zur Kenntnis.

»Wie alt ist sie?«, fragte er nur.

»Dreißig.«

»Sie sieht jünger aus«, sagte er. »Sehr lebendig.«

Ich fragte mich, was Valéries Vater zu ihr sagte. Sicher machte auch er eine Bemerkung.

Als ich ihr begegnet war, war ich dreizehn Jahre nicht mehr in dem Land gewesen. Am Morgen nach meiner Ankunft stand ich früh auf und ging alleine durch die Innenstadt. Ich suchte all die Straßen und Lokale auf, in denen ich damals, vor dem Millennium, verkehrt hatte. Ich sagte mir, und so fühlte ich mich auch: Hier war ich im letzten Jahrhundert, im letzten Jahrtausend. Zwischen meinem letzten Aufenthalt und diesem stand der Bürgerkrieg. Man sah die Zerstörungen überall, an den Gebäuden, in den Gesichtern, die ganze Atmosphäre war zerrissen. Wie ein Geist in den Ruinen der Vergangenheit kam ich mir vor. Als unsichtbarer Spion in meiner früheren Welt. Ein Zeitreisender, der zurückkehrte. Und niemand erkannte mich. Aber in Wirklichkeit war es ja andersrum. Ich war ein fremder Gast aus dem Jahr 1999. Die Stadt war real, hier und jetzt, 2012. Es war nur mein Blick aus der Vergangenheit, der sie zurückversetzte. Ich selbst war noch nicht in der Gegenwart angekommen, alles weckte schmerzliche und glückliche Erinnerungen. Aus der Zeit gefallen. Ein Teil meines Glücks mit Valérie war die Befreiung von früher; die Begeisterung, das Alte abschütteln zu können, im vollen Präsens-Leben anzukommen. Eine Renaissance.

Später in der Schweiz schrieb ich ihr: *Du bist zugleich so fern und so nah; alles, was wir erlebt haben, ist bereits so weit weg und doch so gegenwärtig. Und wir werden uns erst in zwei Wochen wiedersehen!*

Aber die Zeit ist doch eine Illusion, antwortete sie. *Wir sind immer noch und bereits wieder zusammen. Was heißt schon zwei Wochen … Das ist alles wie ein Traum.*

Und es stimmt. Es gibt einen Ort in uns, wo die Zeit nicht vergeht, wo sie keine Rolle spielt. Manche nennen ihn das Unbewusste. Aber vielleicht ist dieses dunkle Anderswo der reale Schauplatz. Manchmal kehren wir dorthin zurück, im Dämmerzustand, unter Drogen, in der Kunst. Vielleicht ist es das sogenannte taghelle Bewusstsein, diese flirrende Vernunft, die uns Streiche spielt, die sich so wichtig in den Vordergrund drängt, die uns delirieren lässt, sie sei entscheidend.

Wir saßen auf dem Liegestuhl am Strand, Zimmerschlüssel, Handy und Badetuch zwischen den Füßen. Plötzlich erhoben wir uns zeitgleich und rannten ins Wasser. Entgegen dem Klischee sind Meer und Himmel in diesen tropischen Ländern gar nicht blau. Der Himmel ist weiß und das Wasser grau. Bloß gespiegelt im Swimmingpool war der Himmel türkisblau, aber das lag daran, dass der Grund blau angestrichen war. Es war dunstig, gegen den Horizont hin wurde der Atlantik immer heller, ebenso der Himmel. Im Unendlichen verflossen sie ineinander. Als wir vom Schwimmen zurückkamen, war mein Schlüssel verschwunden. Ich grub den halben Strand um, vergebens. Konnten wir nun nie mehr in unser Schlafzimmer zurück? Valérie beruhigte mich, es gab noch einen Reserveschlüssel. Allerdings nur einen, das war der letzte.

Später saßen wir in einem großen Zelt, weiter vorne am Strand, abseits von allem. Die rote Tuchwand flatterte im Wind, sie war mit traditionellen Motiven aus dem Norden bestickt. Wir saßen auf den Paillettenkissen, sprachen über Modedesignerinnen, tranken Tee und küssten uns. Der Koch weckte uns zum Abendessen. Ich lag quer über Valérie, war desorientiert und wusste nicht mehr, wo der Zeltausgang war. Wie eine Kompassnadel in einem irren Magnetfeld fühlte ich mich. Kam ich überhaupt noch vor in dieser Zirkusmanege?

Beim Abendessen zitterte ich leicht; vermutlich merkte es nur ich selbst. Ich schwitzte und wusste nicht, ob mir heiß oder kalt war. Dauernd zog ich mein T-Shirt an und aus. Es konnten die Vorzeichen von Malaria sein. Es konnte auch das Zeichen von etwas anderem oder überhaupt kein Zeichen sein.

Ich glaube, ihre leichten – zufälligen oder nicht zufälligen? – Berührungen bei Tisch bedeuteten mir mehr als ihr.

Nachts hörte ich ihre leise Stimme im Dunkeln. Ich wusste nicht, aus welcher Richtung sie kam. Sie war so nahe an meinem Ohr, dass ich zuerst sogar glaubte, die Wörter kämen aus meinem Kopf, es handle sich einfach um besonders lautstarke Gedanken.

»*Montre*«, das ist es, was sie sagte. »*Montre.*«

»Was meinst du?«, fragte ich.

Sie reagierte nicht. Da merkte ich, dass sie schlief. Sie sprach im Schlaf, unbewusst.

»*Montre*«, wiederholte ich halblaut. Meinte sie »Zeig!« oder »Uhr«?

Am nächsten Morgen sprach ich sie darauf an.

»Gut, dass du mich daran erinnerst«, sagte sie. »Ich muss meine Uhr zur Reparatur bringen.«

Auf dem Rückweg in die Stadt hielten wir an einem Stand an. *Docteur de montres* stand auf dem handgeschriebenen Schild.

Der Uhrendoktor holte einen ganz feinen Schraubenzieher und öffnete den Deckel ihrer Armbanduhr. Dann drehte er uns den Rücken zu. Berufsgeheimnisse. Von Zeit zu Zeit zog er eine knarrende Schublade auf und schloss sie wieder. Vielleicht hatte er dort das Skalpell versteckt.

»Er arbeitet auch als Hehler«, sagte Valérie. »Die *bad boys* aus der Innenstadt kommen hierher, um ihm die gestohlenen Golduhren zu verhökern. Falls du eine günstige Rolex suchst ...«

Ein paar Wochen später besuchte ich sie in Paris. Ihr Appartement lag in einem lebhaften Viertel im Norden der Stadt. Ich kam am Samstagmittag an, Paris war genau so, wie man sich die Stadt vorstellt. Eine alte Kirche, Bistros,

Kolonialwarenläden, Baguettes, Marktstände mit frischem Fisch und Meeresfrüchten, Blumenläden, Peugeots, Renaults und bettelnde *tsiganes*. Am Eingang ihres Hauses musste ich einen Code eintippen, und die Tür öffnete sich. Erst im Flur dann die Briefkästen und die Klingel mit ihren Initialen.

»Dritte Etage«, sagte sie durch die Gegensprechanlage.

Das rote, enge Treppenhaus. In der dritten Etage gab es links und rechts eine Tür. Nichts angeschrieben. Welche war es?

»Valérie!«, sagte ich, laut genug, damit sie es durch die verschlossene Tür hören konnte, aber doch nicht so laut, um Unbeteiligte aufzustören. Sie reagierte nicht, ich drückte die Klinke auf der linken Seite und erkannte am charmanten Durcheinander im Flur gleich ihre Handschrift. Sie erschien in einem violetten Pyjama und mit hoch aufgetürmter Frisur.

»Ich sehe aus wie Marge Simpson«, sagte sie.

Das stimmte exakt.

Sie war übermüdet und leicht angeschlagen, vielleicht von der Reise, vielleicht von etwas anderem. Ich setzte Tee auf, und wir verkrochen uns nochmals ins Bett.

Ihr Gesicht erinnerte mich an zwei frühere Freundinnen. Vor allem im Halbdunkel des Schlafzimmers und ohne Brille, wenn ihre Konturen verschwammen, war das irritierend. Als ob ich in Filme meines Vorlebens eintauchte. Dann packte mich eine Art Schwindel. Ein Sturz in eine offene Falltür, durch mehrere Etagen meines Lebens, bis in den dunklen Keller hinunter. Ich sagte ihr natürlich nichts davon.

Gespenster, die mich heimsuchen und die ich nicht verscheuchen kann, weil sie gar nicht richtig *sind*. Halb sind sie, halb nicht, und es werden immer mehr. Je älter ich werde, umso mehr nehmen die Reminiszenzen zu. Alles erinnert mich an irgendwas. Mein Leben wird immer vollgestopfter mit Souvenirs, und das Neue hat es immer schwerer. Wünsche, Sehnsüchte, Utopien werden verdrängt von Erinnerungen, dem Paradies der Lebensmüden.

»Die Vergangenheit ist nicht tot. Sie ist nicht einmal vergangen.« Wer hat das gesagt? Und sagt er oder sie es noch immer?

Valérie hingegen ist jung, zwanzig Jahre leichter als ich. Voller Hoffnungen. Es stimmt nicht, dass man sich mit einer jüngeren Freundin jünger fühlt. Das Gegenteil ist der Fall. Jede verdammte Minute wird man daran erinnert, wie alt man schon ist.

Manchmal sagte ich im Gespräch mit ihr Dinge wie »unsere Generation« oder »während unserer Schulzeit, in den Siebzigern«, bis ich merkte, dass wir überhaupt nicht zur selben Zeit Kinder oder Jugendliche waren. Und dass wir auch heute in verschiedenen Zeiten lebten.

Wir gingen in einen *Comestibles*-Laden gleich gegenüber, kauften Mangos, Kiwis, Limetten, Avocados, Tomaten, Bohnen, Peperoncini, Croissants, Butter, Weißwein, und am Fischstand draußen Lachs, Crevetten, Austern und *bulots*, Meeresschnecken, direkt aus dem Eis, noch lebend.

Während sie den Tisch herrichtete, öffnete ich die Austern. Mit einem spitzen Messer. Ich musste mich höllisch konzentrieren, um die Austern und nicht Valérie im Auge zu behalten, während sie mich mit ihren Geschichten zum Lachen brachte.

Wir schlürften den Tisch leer und die Flasche mit dem Weißwein, der viel zu süß war, bloß die Schnecken, die sich noch krümmten und wanden, als ob sie versuchten, in ihrer Nacktheit dem Gehäuse zu entkommen, waren uns zu viel. Auch wussten wir nicht recht, ob man sie lebend oder gekocht isst. Valérie rief zwei Freunde an. »Selbstverständlich roh!«, rief der eine aus, sodass ich ihn aus dem Telefon bis ans andere Ende des Tisches hörte, »um Himmels willen – natürlich gekocht!«, der andere.

Die *bulots* ... Ich googelte die Übersetzung, man will schließlich wissen, was man isst. Wellhornschnecken. Wir ließen die Wellhornschnecken also auf dem Tisch und zogen uns wieder ins Schlafzimmer zurück.

»Ich werde dich vermissen«, sagte ich eine Stunde später verträumt und blickte verdutzt ihr Pyjamaoberteil an, das mir ultraviolett erschien.

»Weißt du nicht, dass ich ein Double habe?«, entgegnete sie. »Wenn du am Abend zu Hause alleine im Bett liegst, musst du intensiv an mich denken. Zuerst werde ich dich nur im Traum besuchen und ich werde noch etwas dünn und durchsichtig sein. Doch auf einmal liege ich auch am Morgen neben dir. Du musst mich wässern wie eine Pflanze. Aber vor allem ernährst du mich durch deine Vorstellungskraft. Du kannst auch mit mir sprechen. Dann wachse ich und nehme immer deutlicher Gestalt an. Ich bin sehr anhänglich. Anfangs werde ich mich nur im Bett aufhalten. Nach und nach begleite ich dich in die Küche und ins Bad. Ich liebe feuchte Orte, ich komme aus den Tropen. Und mit der Zeit werde ich dir auch folgen, wenn du das Haus verlässt. Geh dann mit mir auf die sonnige Seite der Straße, damit ich trockne. Schliesslich kannst du mich überallhin mitnehmen. Aber ich werde nur für dich sichtbar sein.«

Später hörte ich nachts in meinem Zimmer manchmal Jean-Jacques Goldmans »*Pour que tu m'aimes encore*« und dachte an sie.

Am Ende ihrer Mails schrieb sie immer *A très bientôt*, und dann vernahm ich eine Ewigkeit nichts mehr von ihr.

Noch längere Zeit nach ihrem Abschied traute ich mich kaum mehr, den Briefumschlag mit ihren vergrößerten Fotos in meiner Nachttischschublade zu öffnen. Die Büchse der Pandora. Vor einer Woche brach plötzlich der Bügel meiner Brille ab, und die Gläser saßen schief in meinem Gesicht. Im ersten Moment meinte ich, ich hätte eine Sehstörung. Alles fiel auseinander, die Welt sah aus wie ein kubistisches Gemälde. Bis der Optiker sie repariert hatte, dauerte es zwei Tage. Ich habe keine Ersatzbrille. Während dieser Zeit bewegte ich mich langsam und vorsichtig. Unsicher, tastend. Ich wusste, wie verletzlich ich war. Und alles schien verschwommen und fern, außer Reichweite. Etwas von diesem Eindruck blieb, auch als ich die reparierte Brille wieder aufsetzte.

Von meinem Fenster aus blicke ich auf ein fünfstöckiges Wohnhaus. Kürzlich stand auf dem Flachdach ein Mann im Overall, mit einem Baby auf dem Arm. Erst dachte ich, es handle sich um einen Handwerker. Aber Handwerker steigen gemeinhin ohne Baby aufs Dach. Lange stand er da oben, gefährlich nahe am Rand, und zeigte mit dem freien Arm über die Stadt. Vielleicht sagte er dem Säugling: »Das wird eines Tages alles dir gehören.« Ich dachte daran, die Polizei zu alarmieren. Am Ende machte ich nur ein Foto mit meinem Handy und vertiefte mich wieder in meine Arbeit. Als ich später aufschaute, waren die beiden verschwunden, auch aus meiner Erinnerung.

Heute sehe ich wieder Handwerker da oben. Sie bauen ein Geländer rund um das Dach. Ich bräuchte auch ein Geländer, in meinem Innern. Aber das ist schwieriger zu bauen.

Ich ging mit ihr zur Gare de Lyon und verlängerte meinen Aufenthalt. Am nächsten Morgen erinnerten wir uns an die *bulots*. Sie bewegten sich nicht mehr auf der spiegelnden Metallplatte. Valérie rührte eine Kräutermayonnaise an, und wir aßen die Schnecken.

Am Abend waren wir bei einer Patchworkfamilie eingeladen. Wir verfolgten die langfädigen Erklärungen, welches Kind von wem war, aber eigentlich waren wir beide nur auf unsere Mägen konzentriert. Jeden Moment meinten wir, zur Toilette stürzen zu müssen. Synchron. Das heißt jeder allein, in seiner Körperlichkeit, und doch gerade durch sie miteinander verbunden. Ja, wir waren sehr schweigsam an diesem Abend. In uns gekehrt und doch jederzeit bereit, dass Innerste nach außen zu kehren.

In der Nacht träumte ich, ich würde mich in ihren Mund erbrechen.

In ihrem Schlafzimmer hing ein eigenartiges Bild. Ein weißes Pferd, übersät von arabischen Schriftzeichen. Der Reiter, in ein rotes Tuch gehüllt, stand daneben und streichelte die Mähne des Schimmels. Im dunstigen Hintergrund eine bläuliche Moschee, am Wasser. Sie hatte das Bild von Keziah Jones erhalten, dem nigerianischen Musiker, als Dank für ein von ihr entworfenes Bühnengewand.

Anstelle einer Bezahlung gab er ihr dieses Bild. Es konnte ein gesuchtes Unikat sein, wertvoll. Vielleicht hatte er es auch auf dem Flohmarkt in Clignancourt gefunden.

Für Valérie hatte es so viel Wert wie der Anzug, den sie für Jones designt hatte. Also viel. Allerdings hatte er das auf ihn zugeschnittene Outfit bei keinem einzigen Auftritt getragen. Während sein Bild, »sein« Bild, einen auch im Schlaf begleitete.

Vintage.

Sie führte mich zu ihrem Lieblings-Secondhandshop in einer engen Gasse unterhalb von Sacré-Cœur. Eine Wendeltreppe führte in ein fensterloses, muffiges Untergeschoss. Ich liebäugelte mit einem fast schwarzen Cerruti-Veston. Zu Recht bemerkte sie, er sei zu groß. Ich blähte mich auf, streckte den Bauch raus, versuchte mir einzureden, er passe.

Sie hingegen hatte ein Auge auf einen beigen Trenchcoat geworfen. Sie probierte ihn an, er war ihr viel zu groß. Sie wollte, dass ich auch mal reinschlüpfte. Er war etwas eng. Ich sah aus wie ein Möchtegern-Bogart oder ein Pseudo-Geheimdienstler, vor allem wenn ich den Kragen hochstellte. Ich beobachtete im Spiegel vor allem die Art, wie *sie* mich musterte. Sie war enttäuscht, dass ich ihn nicht kaufen wollte, und machte immerhin ein Foto von mir. Sie kaufte eine ganze Tasche voll freakiger Hemden, nicht zum Tragen, sondern als Anregung für eigene Kreationen.

Auf den langen Fahrten ins afrikanische Kakaodorf hatte ich in einer Graham-Greene-Biografie gelesen. Auf dem Cover stand er in einem Trenchcoat vor einer Bücherwand.

Jetzt merke ich, dass die Geschichte mit der Liebe und der Rothaarigen und der *Pam-Pam-Bar* nicht ganz stimmt. In Wirklichkeit war es dieses Buch gewesen. Ein Satz darin hatte es mir vor allem angetan. Die Biografie setzte in Greenes Vierzigern ein. Er war verheiratet, hatte Kinder, befand sich auf dem Gipfel seines Ruhms, seine Romane in 123 Sprachen übersetzt, millionenschwer, mit einem Apartment in London und einem Strandhaus an der Côte d'Azur, er ging bei den Generälen und berühmtesten Schauspielerinnen der Welt ein und aus und so weiter. Aber, hieß es dann, *die Liebe seines Lebens hatte er noch nicht gefunden*. Das fehlte also in seinem XXL-CV. Dieser Satz traf mich mitten ins Herz. Vom ersten Teil der Beschreibung deckte sich außer der Tatsache, dass ich ebenfalls Mitte vierzig war, leider nicht viel mit meiner Biografie, aber der Liebe meines Lebens – das wurde mir an jenem Morgen im ersten Äquatorsonnenlicht schlagartig bewusst – war ich ebenfalls noch nicht begegnet. Greene fand sie dann natürlich schon im nächsten Absatz. Und ich? Fand ich sie kurz darauf in Valérie? Oder *wollte* ich sie einfach finden?

Sie war in jenen Tagen in Paris vor allem mit einer Modeschau in Lagos beschäftigt. Es gab Komplikationen – Visum, Geldüberweisungen, tote Briefkästen, Chefs mit mehreren Namen, aus rätselhaften Gründen stornierte Reservierungen, Hotels, die nur im Internet existierten, endlose Datumsverschiebungen, überbuchte Flüge, telefonische Nachrichten, auf die nie jemand reagierte. Sie verbrachte viel Zeit am Laptop im Flur, während ich es mir mit einem Kaffee in einem Rattansessel bequem machte und alte *Vogue*-Ausgaben durchblätterte.

»Du solltest nicht so viel Kaffee trinken, du bist sowieso schon übererregt«, sagte sie, während sie eine Zigarette nach der andern rauchte.

Sonst bin ich ja eher unduldsam. Aber hier hätte ich Stunden damit zubringen können, ihr nur zuzuschauen. Wie sie tippte, den Kopf schüttelte, *»mais ça alors!«* rief und ihre Zigarette vergaß, die sich langsam in Asche verwandelte.

Ich erinnere mich an einen Artikel über einen berühmten Uhrmacher, den ich las, während ich mir eine vertrocknete Madeleine, die ich in einem staubigen Schrank gefunden hatte, zum Kaffee genehmigte. Der Herr entstammte einer *Horloger*-Familie, die schon im *Ancien Régime* Zeitmesser fabriziert hatte. Im Alter von fünf Jahren gerieten zwei Gegenstände in seine Reichweite, die sich nicht wohlgesinnt sind: ein wertvoller Porzellanwecker und ein Hammer. Wahrscheinlich hatte er gespürt, dass der Wecker für seine Eltern eine besondere Bedeutung besaß, und das weckte seine Neugierde. Er ging der Sache auf den Grund und zertrümmerte die Preziose. Es war nicht umsonst: Offensichtlich fand er das Innenleben der kleinen Maschine höchst faszinierend und zerlegte es geduldig in die kleinsten Einzelteile. Am schönsten war die Pointe des Artikels: *Es war den Eltern sogleich klar, dass der Junge einmal ein guter Uhrmacher wird.*

Das erinnerte mich daran, wie ich einst als Kind die Ferien bei meinem Onkel, einem Förster, verbracht hatte. Gegenüber wurde ein Haus abgerissen. Stundenlang stand ich an der Absperrung, schaute den Arbeitern zu, und am Abend löcherte ich meinen Onkel mit Fragen. Zum Abschied zimmerte er mir einen kleinen Lastwagen aus Holz, mit einer riesigen Abrissbirne. Auf der Seite stand: »Abbruchunternehmen Sturzenegger AG«.

Als ich das Geschenk meinem Vater, einem Architekten, vorführte, bemerkte er trocken: »Typisch. Ich baue Häuser, und du begeisterst dich für Abbruch.«

Später schrieb ich eine Dissertation über Derridas Dekonstruktion.

Ich schweife ab. Aber immerhin denke ich nun auch hin und wieder an mich selbst und nicht nur an sie. Damals saß ich stundenlang auf ihrem Emmanuelle-Sessel und wartete auf meinen Star, außer mir.

Nun bin ich also wieder zurück. Ist es nicht seltsam? Man fühlt sich unsterblich verliebt (in solchen Momenten gibt man Eheversprechen für die Ewigkeit ab), aber dann vergeht einige Zeit, man vergisst sich nach und nach, irgendwann verliebt man sich in jemand anders, und die unsterbliche Liebe löst sich auf wie eine Luftspiegelung.

Sie gab mir zu verstehen, dass sie keine gemeinsame Zukunft für uns sehe. Steckte ihre Gefühle in einen Briefumschlag und ließ mich damit fertigwerden. Der Abschiedsbrief war schön, mit vielen verschiedenen, farbigen Worten. Er war romantischer als alle Liebesbriefe, die ich je erhalten hatte. Sie sprach vom Altersunterschied, der geografischen Distanz, was weiß ich. Für eine Weile lief ich weiter wie unter Hypnose herum, dann setzte langsam das Vergessen ein. Zuerst nur für Minuten, dann für Stunden. Nun denke ich manchmal einen ganzen Nachmittag lang nicht an sie.

Ich habe bemerkt, dass Valérie die Quintessenz meiner bisherigen Lieben darstellte. Als ob man in einer Fotografie alle meine bisherigen Partnerinnen übereinanderlegen würde. Mehrfachbelichtung. Der Zufall wollte es, dass ich vor einigen Tagen im Supermarkt Caro begegnete, mit der ich in den Neunzigern einmal zusammengelebt hatte. Ich habe sie jahrelang nicht mehr gesehen. Offen gestanden sieht sie heute sogar noch besser aus als damals. Und die Ähnlichkeit mit Valérie hat sich noch intensiviert. Ich erzählte ihr zwischen Regalen voller Cornflakes und Getreide von Afrika, meinen Reisen, von Paris, dem Besuch von Sacré-Cœur, wo der Organist gerade Messiaen spielte, ein Komponist, den sie immer sehr bewundert hatte. Nach etwa einer Stunde meinte sie, sie sei etwas befremdet, dass ich so viel rede, das sei sonst gar nicht meine Art. Vor allem, nachdem ich jahrelang kein Interesse an einem Kontakt bekundet hatte, auch nach mehreren Anrufen von ihr nicht. Tja. Also verabschiedete ich mich, etwas überstürzt vielleicht, und beendete meine Einkäufe.

Am Abend im Bett dachte ich über die Durchlässigkeit und die Unwirklichkeit der Zeit nach. Im Schlaf träumte ich von der Uhrmacheranekdote und meinen Abbrucherlebnissen. Aber die Szenen gerieten durcheinander. Es war, als ob der Traum die beiden Geschichten in kleine Fetzchen zerriss und die bunten Konfetti neu mischte. Ein Mosaik im Delirium. Am nächsten Morgen dachte ich: Valérie und ich verfügen über die seltene Gabe, Brücken schon vor dem Überqueren zu verbrennen.

Kürzlich traf ich Valérie im Freibad. Ich war nicht einmal allzu überrascht. Warum hat sie mich nicht angerufen?, dachte ich lediglich. Und: Hoffentlich wartet sie nicht schon seit Tagen hier auf mich. Sie saß mit einer Freundin auf dem Rasen, in ein riesiges, halb durchscheinendes, oranges Tuch gehüllt. Beim Näherkommen realisierte ich, dass es nicht Valérie war, sondern Magdalena, mein Schulschatz. Es war mir vorher nicht aufgefallen, aber sie hatten dieselbe Größe, denselben Körperbau, dasselbe Vollmondgesicht. Sie hatte einmal ein Semester in Paris studiert, und so konnten wir zwanglos über das Centre Pompidou, die Banlieues, die Uni, das neue Buch von Patrick Deville, die Sexabenteuer von Catherine Millet und von Strauss-Kahn reden. Am Ende des Gesprächs fragte ihre Freundin, die wir ganz vergessen hatten, ob wir denn in Paris zusammengewohnt hätten.

Einmal in einem Café hatte mir Valérie erzählt, wie sie ihrem Psychotherapeuten ein paar Fotos mitbrachte, darunter eines von mir und eines von ihrem Vater. Der Therapeut zeigte auf das Bild von mir und fragte, ob das der Papa sei. »Dabei ähnelt ihr euch gar nicht!«, rief sie entnervt. »Diese Analytiker sehen immer überall nur Ödipus!«

Ich habe nun eine neue Freundin, Véronique. Sie ist blond und blauäugig, sieht also ganz anders aus als Valérie (und auch ganz anders als meine Mutter, übrigens). Gerade bei unserer Kuss-Premiere – im Theater, bei einer *Hamlet*-Aufführung – rief Valérie an. Zum ersten Mal seit Langem. Ich ging natürlich nicht ran. Sie hinterließ eine Nachricht: »Bin in ein paar Tagen in Paris und Genf und komme dich dann gerne besuchen. Melde mich. *Bisous*.«

Ich habe nicht reagiert, auch nicht auf die weiteren zwei, drei Nachrichten. Inzwischen habe ich sie fast vergessen.

Mit Véronique läuft es reibungslos. Das einzige Problem ist, dass sie sehr eifersüchtig ist, ich weiß auch nicht weshalb. Manchmal kommt es vor, dass ich beim Sex mit ihr die Augen schließe und mir vorstelle, Valérie liege unter mir. Aber das will nicht viel bedeuten. Véronique sagt auch, ich würde manchmal im Schlaf reden und wer eigentlich diese Valérie sei. Keine Ahnung, habe ich ihr geantwortet. Ich kenne keine Valérie.

UNSER VERSUNKENES TRAUMA

Ein Auktionskatalog mit Bildern von Gemälden, Skulpturen, Möbeln, Schmuck. Bei einer chinesischen Vase fehlt die Fotografie. Stattdessen steht dort nur auf weißem Grund: *Dieses Objekt ist so empfindlich, dass man es nicht fotografieren konnte.*

Ist das Porzellan der Vase so dünn, dass die feine Erschütterung des Knipsens Schäden verursachen könnte? Haarrisse? Oder das Licht des Blitzes die Malerei des Dreihaarpinsels abblättern oder verbleichen ließe?

Die gelbliche Tapete des Hotelzimmers war von Schimmel befallen, und aus dem Abfluss des Waschbeckens krochen nachts die Kakerlaken. Der erste Blick, den ich ins Zimmer warf, als der Liftboy die Tür öffnete – der fleckige, feuchte Teppich, der moderige Geruch und die altmodische Messinglampe –, erinnerte mich an ein früheres Leben, als ich eine Figur in einem Roman von William Burroughs war. Es war ein flüchtiges Vorbeiwehen; ich versuchte es festzuhalten, zu verorten, zu datieren – und verlor es. Und nun fixiere ich es mit Worten, und es entwischt endgültig. Manche Eindrücke zerstört man durchs Bannen; sie zerbrechen, sie zerbröseln wie eine hauchdünne Chinoiserie.

Man hatte die Sonne nicht gesehen hinter den deprimierenden, dunkelgrauen Wolken, die da oben hingen wie schmutzige Waschlappen. Und nun ist es Nacht. Vollmond, sagt Lady Linda, aber man sieht ihn nicht. Es könnte genauso gut Leermond sein. Und auch mein Kopf ist wie ein Leermond; bloß ein paar dumme Wolken wabern hin und her oder im Kreis.

Manchmal sitzt William im Schaukelstuhl, wenn ich nach Hause komme. Er wendet den Blick nicht, starrt nur hinaus auf die Straße. Denkt er nach? Vermutlich nicht. In seinem Innern herrscht auch Leere, aber es ist eine andere Art von Nichts, ein Unterdruck, der alles in seiner Nähe verschluckt. Das Vakuum wirkt bis in mein Schlafzimmer. Seit er nachts auf dem Sofa sitzt und die Mattscheibe des Fernsehers anstarrt, träume ich nichts mehr.

Lady Linda kommt am liebsten bei Vollmond vorbei. Sie schläft mit Vorliebe bei offenem Fenster, auch wenn es regnet, und traktiert mich mit Eiswürfeln. Aber William ... Wenn er da war, breitete sich Schweigen aus. Und aus dieser Stille entstanden dann die wunderbarsten Dinge. Wo immer er hinging – New York, Tanger, London –, blühten früher oder später Meisterwerke auf. Er ließ die Feuer entflammen um sich herum. Durch Leere.

Im Gegensatz zu Skippy. Wo immer der auftauchte, gab es Ärger. »Eigentlich kann ich keiner Fliege etwas zuleide tun«, jammerte er vor Gericht. Eigentlich, eigentlich, eigentlich. Pfff ... Eigentlich sind wir alle Engel. Eigentlich wollte er sich nur rasch eine Pizza holen in Schwamendingen, und da lief er zufällig diesem syrischen Bodybuilder in die Arme, der genau in diesem Moment so einen suchte wie Skippy.

»Könntest du mir nicht einen kleinen Dienst erweisen? Du musst nur ein Auto von A nach B fahren.« Von A nach B! Wie gewählt sich diese Leute ausdrücken können, wenn es sein muss. Wer A sagt, muss auch B sagen, und C, und am Ende WC.

Mit Linda treffe ich mich seit mehr als einem Jahr. Zum ersten Mal ausgerechnet an einem Karfreitag. Sicher ein Zufall. Hätte auch ein 1. April sein können, oder Fronleichnam. Wir haben uns nie »Ich liebe dich« gesagt. Vielleicht auch ein Zufall, anfangs. Aber dann wird's immer schwieriger. Heute würde ich es erst recht nicht mehr über die Lippen bringen. Es klänge unnatürlich. Anfangs nannte sie sich noch Gloria. Aber das habe ich abgestellt. Gloria! Das war zu viel.

Seit Tagen ist alles grau hier. Nicht hässlich – es gibt ja so viele Grauabstufungen –, aber es macht mich ganz apathisch. Nasse Mauern, dreckverspritzte Verkehrsschilder, Wasserlachen mit Ölschlieren, ein Rinnsal von Hundepisse fließt zu den Wildlederschuhen und berührt die Spitze, die sich vollsaugt. Ein grauer Himmel, desolate Perspektiven und welkes Laub schon Ende August.

Seit Anfang Monat bin ich nicht mehr rausgegangen. Habe alle Vorräte aufgegessen. Kommt hinzu, dass sie Skippy geschnappt haben. Ganz in der Nähe. Da möchte ich mich nicht allzu sehr exponieren. Dieses Quartier ist verhext. Als Skippy seinen ersten Coup landete, wartete er mit seinem Teil der Beute nur wenige Häuser von hier entfernt. Das Geld – über 100 000 Franken – hatte er in einem schwarzen Müllsack verstaut, weil grad nichts Besseres zur

Hand war. Da steht er also am gläsernen Tramhäuschen, mit seinem 100-Liter-Sack, randvoll mit Geldscheinen, und wartet. Irgendwie hat das Tram Verspätung, vielleicht eine Panne, er wartet und wartet. Ein Polizeiauto fährt vorbei. In der ganzen Stadt werden die Täter gesucht, die Bullen stehen unter Druck. Und Skippy wartet da, und sie fahren an ihm vorbei.

Er war einfach blöd. Naiv, beschränkt, ein Hinterwäldler. Skippy, das Buschkänguru. Aber im Nachhinein muss man sagen: Es war genial. Die perfekte Tarnung. Selbst die Polizei konnte sich nicht vorstellen, dass einer so blöd oder unverfroren sein könnte.

Ein Zürcher Gebührensack. Kostet zwei Franken pro Exemplar. Verursacherprinzip. Wer viel Müll produziert, soll auch viel bezahlen. Und wer das Ding mit 100 000 Franken Abfall füllt?

Ha. »Eigentlich« ist Skippy schon ein netter Kerl. Die Frage ist bloß, was »eigentlich« heißt und wann er »eigentlich« ist und wann »uneigentlich«. Als er seinen ersten brutalen Überfall machte, arbeitete er in einem Altersheim. Er drehte die Neunzigjährige sorgsam um und cremte sie ein, damit sie keine wunden Stellen auf der welken, dünnen Haut bekam.

»Das ist wichtig«, meinte er und erklärte mir, was ein Dekubitus ist.

Und dann überfiel er mit seinen Spezis das Haus seines ehemaligen Chefs. Bloß war der nicht zu Hause. Also knüpften sie sich seine Alte vor. Nicht mal den Ehering ließen sie ihr.

Vielleicht ist Skippy eigentlich ein Schwein, und wenn er der Greisin den Arsch putzt, ist er nicht er selbst.

Er redete sich ein, der Chef habe ihn ausgenutzt. Um beim Überfall kein schlechtes Gewissen zu haben. Was ja auch stimmt. Der Boss schickte ihn schon mit siebzehn mit hanebüchen gefährlichen Aufträgen zur Schwarzarbeit auf Baustellen, anstatt ihn auszubilden. Aber trotzdem war das mit der »Rache« ein Vorwand. Sagt Skippy manchmal selbst. »Ein Ausbeuterschwein fertigmachen« klingt einfach heroischer als »easy Kohle machen«.

Auch William ist ein Dieb. Ein Tagedieb. Auch er versucht, etwas ohne den Umweg über die Arbeit zu erreichen. Magie. Aber ohne Voodoopuppen und rituelle Beschwörungen. Alles psychisch. Er sitzt da. Von außen sieht man nichts. Doch man spürt, wie er ein Kraftfeld aufbaut. Topfpflanzen auf dem Sims lassen auf einmal ihre Blätter hängen und verwelken. Die Katze verzieht sich schleunigst, heiser miauend. Der Akku des Handys ist plötzlich alle. Kerzenflammen werden von einem anonymen Hauch ausgeblasen. Uhren bleiben stehen, die Luft zittert. Eine monumentale, unheimliche Stille breitet sich aus, ein unbeugsamer Bann legt sich über alles.

Was will er damit? Noch ist es nicht klar. Er übt. Reine Potenzialität. Die Ruhe vor dem Sturm. Alles wäre möglich.

William macht sich kein Bildnis. Vielleicht ist dies das Geheimnis seiner mystischen Kraft. Es ist eher Anti-Magie als Magie. Er bastelt keine Fetischfiguren, baut keine Altäre, auf denen er Opfer darbringt, sticht nicht mit Nadeln in seltsame Figuren. Keine Anrufungen. Er lässt alles offen. So reißt er Türen und Fenster auf, das Unerwartete strömt herein.

Und dieses Durcheinander macht ihm keine Angst.

Er ist, wie Skippy, ein Betrüger und Möchtegernzauberer. Eigentlich ist er aber auch das Gegenteil eines Diebes.

Was ihn interessiert, ist Geben. Ein Geschenk aus dem Nichts. Er wäre fähig, in dein Haus einzubrechen und etwas auf deinen Tisch zu legen, anstatt etwas zu klauen. Und dann wieder zu verschwinden. Wäre das nicht noch verstörender als ein Einbruch?

Skippy ist ein Arbeiterkind. »Ohne Fleiß kein Preis«, sagte ihm sein Vater. Aber der Junge fand das schon sehr früh scheiße. Klaute dem Kindergartenfreund den Spielzeugporsche und behauptete, Amir sei's gewesen, den er sowieso nicht mochte. Zwei Fliegen auf einen Streich.

Zum achtzehnten Geburtstag schenkte ihm der Vater Fahrstunden. Er hatte ihn bereits bei einem Fahrlehrer angemeldet. Skippy hätte bloß noch zu einem Sehtest gehen sollen. Aber das war ihm schon zu viel.

»Optiker und so? Was soll der Scheiß, Mann?«

Er schnappte sich eines Abends ein Auto und landete im Blumenbeet eines Schrebergartens.

»Dann half ich den Kumpels ein bisschen beim Dealen. Ein Päckchen nach Oerlikon bringen, Geld in Winterthur holen und so. Kleine Dienste. Kurier. Aber sogar das war mir zu viel. Man musste immer pünktlich sein und sich beeilen. Da hätte ich ja grad Pizzakurier werden können.«

»Ich war ein Träumer«, sagte er später. »Statt einem Gehirn eine Wolke im Kopf.« Das Koks half da auch nicht wirklich. Und dann regnete es manchmal und das Wasser floss ihm aus den Augen und aus der Nase. Manchmal kam es auch zu Blitz und Donner unter seiner Schädeldecke, und manchmal, am frühen Morgen, schneite es still.

Ein Transitlager war meine Loge, eine Relaisstation. Schließlich kam auch noch Daniel hinzu, der Soundtüftler.

»Hör mal«, flüsterte er. Er drehte den Verstärker ein wenig, nur ganz wenig, auf. Man musste den Atem anhalten, um etwas zu hören. Es klang wie Regen. Aber nicht auf ein Blechdach, sondern höchstens auf eine Schaumstoffmatratze. In einem komplizierten Rhythmus. Und dann hörte man ein Miauen. Vielleicht war der Regen auf das Fell der Katze getropft. Und dann Schritte, die sich entfernten, federnd. Nicht menschlich. Vielleicht die Katze auf ihren leisen Pfoten.

Das war alles. Dafür hatte er sich eine Woche lang eingesperrt und nur von Toblerone und Weißtee gelebt.

»Es ist noch nicht fertig«, sagte er. »Nur mal eine Skizze.«

Tropfen an der Fensterscheibe, ein verschmiertes Bild. Eine verschwommene Straße, die Autos fahren langsam durch das knöcheltiefe Wasser, es spritzt auf beide Seiten, als würde es von einem Schiff durchpflügt. Das Grau des Himmels endet nirgends. Es scheint, als könnte man es stundenlang durchfliegen, vertikal wie eine Rakete, und gelangte doch nie ins Blau. Graue Fassaden, grauer Asphalt, graue Wolkendecke. Auch die Gesichter wären grau, gäbe es denn welche. Sie verstecken sich in den Zimmern, manchmal sieht man flüchtig eines hinter dem nassen Glas, wie ein dünnes Aquarell.

Linda schickt gelegentlich Ansichtskarten. Das ist bemerkenswert, weil sie sie nicht von fern her schickt, sondern lediglich vom anderen Ende der Stadt. Sie bringen sie mir nicht näher. Fische ich die Karte aus dem Briefkasten, ist es, als sei Linda weit weg. Manchmal handelt es sich um eine Ansicht aus Italien, Frankreich oder Ägypten. Ich glaube, es sind alte Karten, die sie auf dem Flohmarkt findet. Die Zeilen sind rätselhaft.

Ich bin der Weg, die Hoffnung und die Wahrheit.

Lobe mich vom Morgen früh bis abends spät.

Ich bin das Nadelöhr, durch das du ins Paradies kommst.

Ungenaue, schludrige Bibelzitate, nach Belieben abgewandelt, verhunzt, persifliert. Sie ist größenwahnsinnig, hält sich für eine Erlöserin, eine Göttin. Mich hat sie noch nicht wirklich errettet, aber immerhin hält sie mich auf Trab und lässt mich andere, langweiligere Sorgen vergessen. Immerhin.

Früher litten die Frauen an einem Unterlegenheitsgefühl. Heute hingegen haben sie einen Überlegenheitskomplex. Frauenzeitschriften ähneln Mini-Bibeln, in denen sich die kleinen Göttinnen selbst loben und in den Himmel emporstilisieren. Ich habe mich schon früher im Religionsunterricht gewundert, warum der Allmächtige verlangt, dass wir ihn den lieben langen Tag preisen sollen. Wahrscheinlich eine narzisstische Störung, und Linda ist definitiv eine Narzisstin. Wie alle Frauen, sagt Skippy.

Dabei ist Skippy selbst eine verwöhnte Göre, wie Linda. Sie meint, sie habe ein Anrecht, dass ihr alles zufliegt. Immerhin muss Skippy noch krumme Dinger drehen. Sie hingegen liegt einfach da und wartet, dass man sie verwöhnt. Schließlich ist sie eine Frau, und erst noch eine schöne.

»Also, wo ist das Problem?«, fragt sie leicht gereizt.

Skippy verbrachte zwei Jahre in einem Maßnahmenzentrum, wo er eine Lehre als Koch begann. Eigentlich ein Jugendknast, aber in Zürich nennt man das Maßnahmenzentrum, und da fühlt man sich ja gleich schon viel normaler. Mit seinem Therapeuten hat er viel über Frustrationstoleranz geredet. Dass man auch etwas aushalten muss, wenn man's zu was bringen will. Dass man nicht einfach dreinschlagen kann, bloß weil man das Gefühl hat, jemand blicke einen komisch an. Dass es mehr Freude macht, ein leckeres Gericht zu servieren, an dem man drei Stunden gekocht hat, als einfach einen Fertigkuchen im Tankstellenshop zu klauen.

»Unter Kriminellen redet man sich immer ein, dass man so ein ganz harter Typ ist. Bevor man einen Coup landet, schaukelt man sich hoch. Jeder macht die noch krasseren Sprüche. Ein bisschen Alkohol oder Koks hilft. Aber eigentlich habe ich eine Rolle gespielt. Ich bin gar nicht so. Im Knast haben wir von den *Normalen* geredet. Die Normalen, das waren die draußen, die Spießer, die Langweiler. Aber eigentlich bin ich auch normal. Einfach ein Mensch, mit allen Gefühlen und allem, was dazugehört. Was ist schlecht daran?«

Ja, so hat er oft geredet, während der Kaffeekrug auf der Heizplatte stand. Er schenkte sich eine Tasse nach und redete weiter über seine Fortschritte. Er konnte wirklich gut kochen. Sein Soufflé war unübertroffen. So luftig, eine Ahnung von nichts.

Bis die Idee mit dem »reichen, jüdischen Geschäftsmann« auftauchte. Natürlich traf sich Skippy immer noch mit seinen Gangstern, obwohl er offiziell sein Leben total umgekrempelt hatte. Pfff ..., Gangster ..., belügen alle, auch sich selbst, wie Junkies.

Die waren schlau. Sie merkten, dass Skippy auf dem Humanismus-Trip war. Also kamen sie ihm mit der Robin-Hood-Masche: »Es gibt Leute, die sind so reich, die merken es gar nicht, wenn ihnen 100 000 fehlen. Wir nehmen uns, was uns zusteht. Und geben es den anderen Armen weiter. Die Reichen sind die Diebe, nicht wir. Wir kämpfen für die Gerechtigkeit.«

Das waren Sprüche, die auch Skippy entgegenkamen. Die seine beiden Ichs versöhnten.

Der dünne, bleiche Skippy. Machte Bodybuilding und stopfte Proteine in sich rein. Aber es half nicht viel. Nachher war er halt ein schmächtiger Bodybuilder. Da und dort wölbten sich ein paar seltsame Muskeln, wie Geschwülste. Aber muskulös sah er weiß Gott nicht aus.

Ein reicher, jüdischer Geschäftsmann. Irgendein Loser aus dem Albanermilieu gab ihnen den »todsicheren« Tipp. »Er hat einen Tresor im Wohnzimmer, hinter einem teuren Gemälde versteckt. Das Bargeld dort drin ist schwarz. Unversteuert. Also kann er gar nicht zur Polizei gehen.«

Der kleine Albaner war zuerst zu den großen Gangstern gegangen. Die fragten ihn: »Garantierst du mit deinem Kopf dafür, dass das stimmt, was du sagst?«

Da kriegte er Schiss und ging stattdessen zu Skippys Kumpanen. Die stellten nicht so einschüchternde Fragen.

Eine Pizzeria mit Modellpizzas aus Plastik im Schaufenster. Tomaten, Mozzarella, Schinken, Artischocken, Sardellen, Pilze, alles aus Plastik. Zum Kotzen. Aber die Auslage diente ja auch nicht dazu, Kunden anzulocken, sondern sie zu verjagen. Die Pizzas waren nur ein Vorwand. Das Wesentliche spielte sich im Hinterzimmer ab, wo immer der Fernseher auf voller Lautstärke lief, damit niemand etwas hörte. Vor der »Pizzeria« – genau vor der Glastür – saßen jahrein, jahraus, ob die Sonne brannte, ob es regnete oder schneite, die vier Alkoholiker des Quartiers, leerten ihre Biergläser, lasen den *Blick*, rauchten Parisienne und taxierten die vorbeigehenden jungen Frauen. Sie hatten alle dieselbe tiefrote Gesichtsfarbe; nur einer stach hervor wegen seiner bunten Hemden und des farbigen Bändchens aus Wollfäden um sein Handgelenk. Sein graues Haar sah aus wie Spinnweben und war länger als das seiner Saufkumpane. Vielleicht hatte er mal ein paar Jahre in Goa oder Thailand gelebt. Auch dieses abgewrackte Quartett bildete eine Art vorgelagerte Mauer, ein Abwehrdispositiv. Wer hatte schon Lust, sich zwischen ihnen durchzudrängen und sich ihre doofen Sprüche anzuhören?

Die Pizzeria trug keinen Namen. Sie war einfach mit *Pizzeria* angeschrieben. Auf dieser Insel der Anonymität traf sich Skippy mit den anderen Nieten, die sogar für eine kriminelle Laufbahn zu blöd waren, und dort heckten sie den neuesten Coup aus, der natürlich wieder schiefging.

Aber hören wir uns doch Skippys Version in seinen eigenen Worten an, es lohnt sich.

»Wir fuhren mit dem Zug ins Dorf, wo der Geschäftsmann wohnte. Im Abteil merkten wir, dass uns ein Zivilpolizist folgte. Wir nahmen unsere Handys auseinander, damit man uns nicht orten konnte. Schließlich entschieden wir uns umzukehren. Wir stiegen aus, der Typ stieg ebenfalls aus. Wir studierten den Fahrplan, der Typ verschwand hinter einer Ecke. Dann fuhr ein Kastenwagen vor, und dann noch einer. Das Kommando stieg aus, die Waffen auf uns gerichtet – und es war vorbei. Im ersten Moment dachte ich, es seien Terroristen, so Albaner aus dem Milieu, die ich kannte. Mafiosi. Ich dachte: Verkehrte ich wirklich mit den falschen Leuten, und haben die so viel Macht? Sie wollten immer, dass ich bei ihren Drogengeschäften mitmache, und bei Überfällen wollten sie immer, dass wir ihnen die Informationen geben, sie machen lassen, und sie würden uns einfach Prozente geben. Erst als dann die Handschellen klickten, habe ich gecheckt, dass es sich wirklich um Polizisten handelte. Sie wussten genau, mit wem sie es zu tun hatten. Einerseits war ich erleichtert, dass es Polizisten waren, andererseits wusste ich, dass ich einen langen, schwierigen Weg vor mir hatte. Wir wurden in den Kastenwagen verfrachtet. Mit dem Knie konnte ich meine Augenbinde ein bisschen hochschieben, und ich sah, wie wir uns vom Bahnhof entfernten.«

Ich weiß nicht mehr recht, ob das vor der zweijährigen »Maßnahme« war oder nachher. Ich glaube, er kam erst ins Gefängnis, weil sich inzwischen einige Vorfälle angehäuft hatten, und dann in diese Besserungsanstalt. Aber vielleicht war's auch ein Rückfall und er kam nochmals mit einem blauen Auge davon, weil die Polizisten sie ja nicht in flagranti ertappt hatten.

Man versteht die Chronologie in Skippys Biografie nicht. Er sollte mal einen CV erstellen, einen echten, für uns, nicht so einen Fake-CV für die Arbeitgeber. Ich frage mich, ob er bei all den Beschönigungen und Verdrehungen in seinem Lebenslauf selbst noch durchblickt.

Warum halte ich mich überhaupt so lange mit Skippy und seinen Gaunereien auf? Bei dieser Beschreibung und auch in der Realität? Was verbindet mich mit diesem debilen Dieb? Wenn ich darüber nachdenke, vermute ich, dass wir allesamt Ganoven sind. Betrüger und Diebe. Wir beklauen uns gegenseitig und uns selbst. Profiteure und Verlierer. Wir bestehlen und spiegeln uns, wir wissen gar nicht mehr recht, wo der eine aufhört und der andere anfängt. Das Eigene? Könnte mir bitte jemand erklären, was das bedeutet?

Was ich über Skippys undurchsichtigen Lebenslauf sagte, gilt übrigens auch für Linda und Daniel. Für William sowieso, aber der erzählt schon gar nicht erst aus seinem Leben. Und ich selbst bin mir auch nicht immer sicher. Das heißt, bis vor Kurzem schien mir mein Leben so einfach und klar, dass ich gar nicht darüber nachdachte. Aber dann geschah eines Morgens etwas Seltsames. Beim Aufwachen erinnerte ich mich vage an einen Traum. Eine Überschwemmung in Marokko. Ich sah mich mit meinen Begleitern einen schmalen Pier ins Meer hinauslaufen. Eine Halbinsel. Der Rückweg aufs Festland war abgeschnitten. Überflutet. Draußen, am Ende des Piers, war ein Boot, das wir erreichen mussten.

Das Irritierende am Traum war, dass er zugleich eine Erinnerung zu sein schien. Ich war im Halbschlaf überzeugt, diese Szene wirklich erlebt zu haben. Aber wann? Wo?

Beim Aufstehen verflüchtigte sie sich.

Etwas braut sich zusammen ... Warum schaue ich so oft durchs Fenster in den Regen und gerate in eine Absence, bis mich Daniel antippt und fragt: »Geht's?«

Kürzlich hörte ich einen Song im Radio – »*I forgot more then you'll ever know*« – und versank in gedankenlose Nachdenklichkeit.

Daniel nahm einen Track auf mit Wellenrauschen, Möwengeschrei und Schiffhupen. Skippy hat begonnen,

Nargile zu rauchen. Das Blubbern und Glucksen wird zur täglichen Hintergrundmusik im Wohnzimmer. Eines Morgens saßen wir am Küchentisch, jeder in seine Tätigkeiten vertieft, und ich dachte: Wir sitzen im selben Boot.

In einem Laden mit alten Vinylplatten fiel mir das Cover einer alten Keith-Jarrett-LP in die Hände: *The Survivors' Suite*, mit einem verschwommenen Haus, vielleicht irgendwo in Nordafrika, menschenleer, mit einigen blauen Liegestühlen davor.

Gibt es etwas, das uns verbindet, das wir vergessen haben, ein Geheimnis, an das wir uns nicht erinnern sollen? Gibt es eine stille Übereinkunft, nicht mehr daran zu rühren?

Simsalabim. Wir versuchten alle fünf, jeder auf seine Art, der drögen Wirklichkeit zu entkommen. Wir träumten vom Seiltanz. Waren wir nicht alle einst Zauberer? Und nun schlagen wir uns durch. Nicht durch den Urwald und das dunkle Unterholz, sondern durch Papierkram und einen Dschungel von Verkehrszeichen und Verboten. Daniel sucht die göttliche Musik in den unscheinbarsten Geräuschen, im fast unhörbaren Tappen von Katzenpfoten auf den Fliesen eines Korridors in der Nacht. William erkundet die Stille und Bewegungslosigkeit inmitten des Trubels der Hauptstraßen und des Marktplatzes, die Zeitlosigkeit im Zentrum des Zyklons. Lady Jane glaubt, dass jede Frau eine Heilige ist, nicht in ihrer Anämie und Abgehobenheit, sondern gerade in ihrer Sinnlichkeit und ihrer unberechenbaren Wildheit. Bis jetzt hat sie erst eineinhalb Jünger – sich selbst und mich, wenn ich Zeit habe. Aber das ist immerhin ein Anfang. Skippy zu guter Letzt träumt nach wie vor vom großen Los, von der Beute, die ihm erlauben würde, sich auf die Insel zurückzuziehen. Stattdessen bohrt er sich immer tiefer in die Abhängigkeiten, von denen er sich doch einen Ausweg, einen Ausbruch erhoffte, als er zum ersten Mal einbrach. Und ich? Vielleicht meint man, ich sei hier der neutrale Berichterstatter. Aber das täuscht. Warum sollte ich so viel schreiben, wenn ich nicht ein Traumatisierter wäre? Und wie alle Traumatisierten erinnere ich mich nicht an mein Trauma und meine die meiste Zeit, ich hätte gar keins. Aber warum sollte ich dann immer wieder meine Mantras und Pirouetten wiederholen, mit denen ich das Verschollene zugleich beschwöre und weiter verschütte?

Wir ahnen alle, dass da etwas war. Manchmal meinen wir, es liege noch vor uns. Dann schließen wir die Fenster, drehen das Licht herunter und rücken am nächtlichen Tisch zusammen. Manchmal erinnern wir uns unwillkürlich an ein loses Ende und wechseln rasch das Thema, um nicht aus Versehen an der Schnur zu ziehen und das ganze Knäuel aufzulösen.

Ich sitze mit Lady Linda im Garten. Wir haben einen Schaukelstuhl ins Freie geschleppt und uns beide hineingesetzt. Nun schaukeln wir sanft im Schatten unter dem Baum, vor und zurück, vor und zurück. Wie in einem Boot, leichter Wellengang, oder wie zwei Babys in einer Wiege.

»Wir leben unser Leben, als ob es real wäre«, sagt sie und schließt die Augen.

Ich sage nichts. Etwas sagen ist immer so real.

»Ich habe einmal eine Rückführung gemacht«, fährt sie fort. »Ich war ein Straßenmädchen in Algerien. Dann sprach ich mit meinem Vater darüber, der damals schon uralt war. Ich fragte mich, ob das wirklich ein früheres Leben war oder eher ein Traum, etwas Unbewusstes, eine Fantasie, ein Phantasma ... Und da sagte mein Vater: Vielleicht spielt das alles gar keine Rolle. Je mehr ich mich aus dem aktiven Leben zurückziehe, umso mehr verschwimmen diese Unterscheidungen für mich. Bei vielen Erinnerungen weiß ich nicht mehr, ob das passiert ist oder nur eingebildet. Und dazwischen gibt es viele Abstufungen. Vielleicht ist die Zeit nur ein Maßstab, den wir anlegen. Vielleicht müssen wir das so anordnen für uns, 1-2-3-4. Die Zeit existiert nicht immer.«

Sie macht eine Pause, ihre geschlossenen Augen folgen einem Flugzeug am Sommerhimmel. Sie war erstaunt über die Worte ihres Vaters, ich spüre das. Er war ein Pragmatiker. Es hatte umso mehr Gewicht, wenn er so etwas sagte.

Wahrscheinlich hätte Linda hinzugefügt, dass auch das Geschlecht eine Illusion sei. Oder nur auf einer bestimmten Ebene gelte. Allerdings frage ich mich, was so schlecht ist am Geschlecht.

Sie hat eher etwas weggenommen als hinzugefügt. Sie war früher nämlich ein Mann. Sie redet nicht darüber. Sie möchte eine *»natural born woman«* sein, durch und durch. Bis ins Mark. Wie alle Konvertiten übertreibt sie. Sie hat ihre Weiblichkeit heiliggesprochen.

»Ich bin dann mal nach Algerien gereist«, begann sie wieder. »Ich ging an den alten Hafen, wo ich mich – angeblich – in meinem früheren Leben immer herumgetrieben habe. Stellte mir vor, ich würde die alten Freundinnen und Liebhaber wieder treffen. Sie würden durch die dünne Zeitwand treten, von der anderen Seite herüberkommen. Stattdessen stand auf der ehemaligen Mole ein leuchtend weißes Marinegebäude. Alles gesperrt, schwere Eisenketten.«

Ich wusste gar nicht, dass sie in Algerien war. Frage mich, wann wohl. Aber ich mag nicht nachbohren. Das ist sowieso alles Maya, wie die Buddhisten sagen. Illusion. Ein bunt bemalter Vorhang.

Ich muss nach Marokko. Es war nicht geplant. Eigentlich wollte ich nichts mehr damit zu tun haben, aber die Vergangenheit hat mich eingeholt. Polisario. Ich war früher in einer Organisation für die Unabhängigkeit der Westsahara engagiert. Als die Gruppe immer militanter wurde, bin ich aus dem Vorstand ausgetreten. Und jetzt haben mich ein paar Sahraouis kontaktiert, ob ich ihnen einen Dienst erweisen könnte. In Marrakesch. Es kommt mir ungelegen, aber ich kann ihnen die Bitte nicht ausschlagen.

Ich frage mich, warum wir eigentlich zusammenleben. Schon so lange. Linda betrachtet William als Opa und mokiert sich über seine Strickjacke. Skippy hat keine Ahnung, woran William arbeitet, wenn er stundenlang dasitzt und nichts tut. Für ihn ist das noch verwerflicher, als einen Coup auszuhecken.

»Ich mach' wenigstens was«, findet er.

»Manchmal löst man mehr aus, wenn man nichts tut«, würde William wahrscheinlich in seiner taoistischen Gelassenheit antworten.

Und mit Daniels fliegenden Soundteppichen, gewoben aus Wind, Tropfen, Kratzen und fernem Gebell, können natürlich weder Skippy noch Linda etwas anfangen. Reine Zeitverschwendung. Sie würden seine Kreationen in den

Müll schmeißen, aber leider kann man Geräusche nicht in den Müll schmeißen.

Geht es gegen William oder Daniel, tun sich Skippy und Linda gerne zusammen. Mir gegenüber äußert sie sich allerdings verächtlich über Skippy. Ich möchte nicht wissen, was sie hinter meinem Rücken über mich erzählt. Was für ein Kindergarten. Wie sind wir nur hier gelandet. Ich weiß gar nicht mehr recht, wo wir uns kennengelernt haben. Sicher nicht an der Schule oder an der Universität, dafür ist unser Altersunterschied zu groß. Abgesehen davon, dass sie einen Trottel wie Skippy nicht mal in die Nähe einer Uni lassen würden. Und es ist ja nicht so, dass wir nur eine Wohnung teilen. Jeden Abend hocken wir am Küchentisch, spielen Eile mit Weile, kiffen und trinken Tequila. Wir reden nur über Belangloses (die Baustelle am Bahnhof, das Ausscheiden von Marokko bei den Qualifikationsspielen), aber irgendwie sind wir aneinandergekettet. Hocken im selben Boot und keiner getraut sich auszusteigen.

Gestern dachte ich beim Einschlafen über die bevorstehende Marrakesch-Reise nach, nickte ein, da plötzlich ein Flash: Eine Schafherde, die im Hochwasser ums Überleben kämpft. Die Tiere liegen seitwärts, es gelingt ihnen nicht, wieder auf die panisch ausschlagenden Beine zu kommen. Sie geben ein gedrücktes Schreien von sich. Ich meinte, rückwärts aus dem Bett zu fallen, zuckte zusammen und riss die Augen auf. Ich rauchte eine halbe Zigarette, stellte das Radio an und döste wieder ein. Und dann erneut derselbe Blitz in meinem Kopf, halb Traum, halb ich-weiß-nicht-was: Ein vollgepackter Überlandbus. Reisende schmeißen ihr schweres Gepäck zum Fenster hinaus. Ballast abwerfen?

Dann rauscht der Bus vorbei, Dreck und Wasser klatschen an die Scheiben, durch die ich blicke, und machen dem Schauspiel ein Ende. Wieder wache ich ruckartig auf, mit Herzklopfen und schwer atmend wie nach einem Sprint.

Was ist los?

Vor mir im Bus saß ein Uniformierter, gelbe Kotspuren auf seinen polierten Soldatenstiefeln. Er erhob sich brüsk, holte seinen Seesack vom Netz herunter und postierte sich in der Nähe der Tür; als ob er jeden Moment hinausspringen müsste. Die Tümpel, die wir durchquerten, wurden immer tiefer. Kleine Seen. In den Sitzreihen war es stummer und nervöser geworden. Fahrige, unmotivierte Bewegungen. Fast alle hatten sich halb erhoben, um durch den Zwischengang zur Frontscheibe hinauszusehen. Vielleicht war der Weg zurück bereits abgeschnitten. Der Regen wurde immer heftiger; inzwischen rannten einige Männer in Fischerstiefeln vor dem Bus hin und her und zeigten mit Stöcken, wo das Wasser noch am niedrigsten war. Der Fahrer fluchte, fuhr Slalom, mal rechts, mal links am Straßenrand, versank in einer weichen Grube, schaffte es gerade noch mit heulendem Motor wieder hinaus und versuchte es in der Mitte der Straße, wo das braune Wasser hoch auf beide Seiten spritzte …

Ich hatte die Aufzeichnungen gesucht, die ich mir damals von meiner Reise gemacht hatte. Als ich durch Marokko an die Grenze der Westsahara reiste und man mir Briefe und Kassetten übergab. Weil es keine funktionierende Post und auch kein Telefonnetz gab (es war noch vor der Handy-Zeit), besprachen sie Kassetten und schmuggelten sie hinaus. Überzeugt, ich hätte die Notizbücher oben im Bücherregal versteckt, stieg ich auf einen Stuhl und durchwühlte das spinnwebenverhangene Chaos unter der Decke. Ich stieß auf ein kleines, kariertes Schulheft mit dem obigen Eintrag. Seltsame Beschreibung. Konnte mich nicht erinnern. Wahrscheinlich ein Traum. Ich hatte – vor allem während meiner Psychotherapie – die Angewohnheit, am Morgen, gleich nach dem Aufwachen, meine Träume zu notieren.

Der Eintrag ging noch weiter, aber es wurde mir auf einmal schwindlig da oben im fünften Stock des Bücherregals, und ich musste vom Stuhl heruntersteigen. Das Heft ließ ich in der dünnen Luft in der Höhe. Ich machte mir einen Tee und setzte mich in die Küche. Plötzlich würgte es mich im Hals, und ich stürzte ins Bad, wo ich mich übergab. Eine Mischung aus psychischem und physischem Unwohlsein. Es war mir ganz unbehaglich in meinem Körper. Das Bedürfnis, ihn zu verlassen. Ich überlegte, was ich zu mir genommen hatte. Das Fleisch vom Mittag? Ich hatte eine erste Portion vor ein paar Tagen zubereitet. Vielleicht lag der Rest etwas zu lange im Kühlschrank, bevor ich ihn heute endlich in die Bratpfanne schmiss. Wo waren eigentlich die anderen? Ich spitzte die Ohren. Nicht das leiseste Geräusch war aus den Zimmern zu vernehmen. Das war außergewöhnlich. Wann war ich zum letzten Mal allein zu Hause gewesen? Ein Bild tauchte in meinem Innern auf: Wir stützen uns gegenseitig, wie Elemente eines Gerüstes. Ein Gerüst aus Krücken, Blindenstöcken, Schienen, Prothesen. Eine raffinierte, ausbalancierte Konstruktion. Aber was genau halten wir so aufrecht? Wäre es besser, die Stützen und alles darum herum würden zusammenstürzen?

Die Straße vor uns war verschwunden. Durch die Frontscheibe mussten William und ich mitansehen, wie ein ganzer Baumstrunk plötzlich in die Fahrbahn gerissen wurde und gegen einen stecken gebliebenen Mercedes prallte, der bis zu den Fenstern in der nachfolgenden Woge versank. Offensichtlich war das Meer über die Ufer und Quaimauern gebrandet und hatte die Halbinsel abgeschnitten. Ich beobachtete, erstarrt in meinen Sitz gedrückt, wie eine weitere Woge einer Kuh die Beine wegdrückte, sie stürzte muhend und wehrlos zur Seite in die Wellen, die sie sofort überspülten. Sie war zu schwer, um gerettet zu werden von den halb nackten Bauern, die panikartig wie Ameisen nach allen Seiten ausströmten, mit Seilen und Eimern behangen, und nur überall sehen mussten, dass es nichts mehr zu retten gab. Die Traktoren, vom Lehm bis zur Unkenntlichkeit verkrustet, die die reicheren Bauern in letzter Not bestiegen, kippten wie Spielzeug unter dem Andrang des Wassers. Es konnte nur noch eine Frage von Minuten sein, bis auch wir von der wie ein Deich erhöht gebauten Straße geschwemmt würden. Für einen Moment stand gleich unter mir ein geisterhafter Alter, der zum Straßenrand hinaufgeklettert war. Seine Augen konnten es nicht glauben: Die eigene Lehmhütte war zu einer braunen Masse zerflossen. Er stocherte mit einem Ast in der Brühe herum. Der Sturm wehte seinen schmutzigen Strohhut fort. Von seiner Stirn flossen Bäche in ein entleertes Gesicht …

Ich schnappte nach Luft. Wo war ich? Ich kam zu mir und realisierte, dass ich wieder auf dem Stuhl oben stand, mit dem Notizbuch in der zitternden Hand. Offenbar hatte ich weitergelesen. Aber ich war dermaßen in die Geschehnisse abgetaucht ..., es war wie ein Albtraum oder Hypnose. Ich hatte die Überschwemmung wiedererlebt, mittendrin, live ... Immer noch war ich außer Atem, mein Herz pochte. Ich hielt mich am Regal fest.

Es war so real gewesen vor einer Minute. Aber erinnern, normal erinnern konnte ich mich nicht an das Beschriebene. Hatte ich das einmal erlebt? Wann? Wo? Und wer war dieser William, im Bus neben mir? Mein Mitbewohner William oder ein anderer mit demselben Namen? Die Notizen mussten mindestens zehn Jahre alt sein. Wie lange kannte ich William schon?

Wieder wurde mir schwarz vor den Augen. Sicherheitshalber stieg ich vom Stuhl herunter, ging ins Bad und krümmte mich erneut über die Toilettenschüssel. Der Strahl der gelblichen Flüssigkeit und die vielfarbigen Speisereste riefen mir die Strudel in den Fluten zurück, mit all dem Müll und all dem Wertvollen, das darin herumwirbelte.

Ein warmer Windstoß. Die Markisen vor den Läden und Restaurants knatterten. Ich rührte in meinem Pfefferminztee. Die frischen Blätter leuchteten grün im Wasser. Natürlich war ich gleich zur Djemaa el Fna, dem zentralen Marktplatz von Marrakesch, gegangen. Und nun saß ich da, blickte auf die grünen Stände und überlegte die ganze Zeit, ob ich schon einmal hier gewesen sei. In den Achtzigern hatte es diese Marokkoreise mit Rosi gegeben, aber wenn ich mich recht erinnerte, hatten wir es damals von Tanger nur bis Rabat, Casablanca und Fès geschafft. Und als ich die Kassetten abholte, war ich nach Agadir geflogen. Der Touristenort war näher an der Grenze als Marrakesch und so schön unauffällig. Badeferien halt. Auch

Elias Canetti, Hubert Fichte und dieser Film von Hitchcock – wie hieß er gleich? – blieben gegenwärtig. War mir Marrakesch aus all diesen Geschichten so vertraut oder aus eigenem Erleben? Manchmal sind Vorstellungen, die man sich einmal machte, plastischer als Erinnerungen. War ich nach der Reise mit Rosi und der Übergabemission noch einmal nach Marokko gegangen? Ich hielt mich später in Algier und Oran auf. Aber war ich dann von dort weiter ins Nachbarland gereist? Es war ärgerlich. Nun saß ich am berühmtesten Platz Nordafrikas und grübelte darüber nach, ob ich früher da gewesen sei; so zwanghaft, dass ich nichts um mich herum wahrnahm.

Ich rief den Kellner, bezahlte und erhob mich. Ich brauchte etwas Bewegung, sonst würde das nie aufhören. Ich tauchte in die schattige Medina ab. Den Weg kannte ich blind. Woher?

Vor einem Stand mit polierten Holzkamelen blieb ich stehen. Als mich der Verkäufer ansprach, ging ich davon.

»Weißt du, wohin du gehst?«, fragte mich ein Junge.

»Nein.«

»Zur Djemaa el Fna geht's in die andere Richtung.«

Wie erwartet gelangte ich an die Weggabelung mit dem Tücherladen. Der Besitzer nickte mir zu wie einem alten Bekannten, und ich bog nach links ab. Spazierte ich durch die Vergangenheit? Ich fühlte mich wie ein Zeitreisender, wie ein Geist. Jedes Mal, wenn mich jemand ansprach, war ich beruhigt. Ich hätte sonst glauben können, ich sei ein unsichtbarer Besucher aus einer anderen Welt. Wie ferngesteuert landete ich beim Postgebäude und öffnete die schwere Tür. Drinnen ein riesiger Saal mit Mosaiken. Orientalisch opulent, wie eine Moschee. Dunkel und kühl.

Ich trat an den Hauptschalter und sagte »*Poste restante*«. Ich weiß nicht warum. Aus Gewohnheit. Es war wie einen alten Film zu betreten und mitgeschwemmt zu werden. Ich hatte das schon viele Male gemacht. Der Mann reichte mir wortlos eine Schachtel durch ein Holztürchen neben dem Schalter. Sie hatte genau die Breite von Briefen und Karten und enthielt etwa hundert davon. Sie waren nicht alphabetisch geordnet, sondern chronologisch. Die neuesten zuvorderst. Ich ging sie langsam durch. Sie kamen aus Frankreich, Belgien, Tunesien, England, sogar aus Australien. Ich war allein im Raum und tauchte mit jeder Sendung tiefer in die Vergangenheit. Es wurden nicht mehr viele Briefe geschrieben, und schon gar nicht postlagernd. In rascher Folge gingen die Jahreszahlen auf den Poststempeln zurück. *2012, 2011, 2010, 2009* … Ich schaute mir den letzten Brief in der Schachtel an, zuhinterst. Er war mit einer amerikanischen Marke frankiert; auf dem Stempel entzifferte ich *1973*.

Endlich wurde ich fündig. Noch bevor ich die Adresse gesehen hatte, wusste ich, dass der Brief mir galt. Obwohl er eine marokkanische Marke trug. Aber seltsamerweise war der beige Umschlag gar nicht an mich adressiert, sondern an meine Eltern in Europa. Dann sah ich auf der Rückseite des Couverts meinen Namen und: *poste restante – poste principale – Marrakech – Maroc.* Ich war nicht der Adressat, sondern der Absender des Briefes. Warum war er hier in dieser Schuhschachtel gelandet? Er trug keine Marke und keinen Stempel. War er zurückgeschickt worden? Adressat unbekannt? Oder: Annahme verweigert? Oder wurde er gar nie abgeschickt? Mangels Frankierung? Oder hatte der Postbeamte, wie man das oft hörte, die Marke nicht abgestempelt und dann sorgfältig abgelöst, um sie ein zweites Mal zu verkaufen? Ich erinnerte mich, dass man mir gesagt hatte, in solchen Ländern müsse man immer warten, um sicherzugehen, dass ein Brief wirklich abgestempelt werde. Sonst werde er nie abgeschickt. Aber warum war er dann nicht im Papierkorb gelandet, sondern hier? Oder hatte ich ihn selbst hier versorgt, zur sicheren Aufbewahrung? Der Brief davor stammte aus dem Jahr 1991, derjenige dahinter trug einen Stempel von 1990. Was hatte ich in jenem Jahr gemacht? Ich konnte mich nicht erinnern, damals in Marokko gewesen zu sein. Ich kehrte zurück zum Schalterbeamten und reichte ihm die Schachtel. Dann gab ich ihm den alten Brief, zeigte auf den Absender und wies mich mit meinem Pass aus. Er verglich die Namen, nickte und sagte »*Au revoir*«. Beim Hinausgehen blickte ich auf meine Hand. Die Fingerkuppen waren grau vom Staub aus dem letzten Jahrhundert.

Ich ging die Gassen zurück, den gleichen Weg, den ich gekommen war, und setzte mich ins selbe Café am großen Platz. Ich bestellte meinen *thé à la menthe*, hielt die Luft an und öffnete mit dem Messer auf dem Tisch den Brief aus einer anderen Zeit.

Liebe Mutter, lieber Vater,

ich habe euch vor einer Woche beschrieben, wie wir schließlich hier in diesem Auffanglager gelandet sind. Heute muss ich noch nachtragen, wie es dazu kam, dass wir beinahe ertrunken wären in den Fluten.

Ich kann mich erinnern, wie ich aus dem Bus ein Schild im strömenden Regen sah, der wie ein Wasserfall auf die Erde klatschte: Ogada-Sud 2 km. Im nächsten Augenblick schlugen die Wellen darüber zusammen und es entschwand, ohne eine Spur zurückzulassen.

[...]

Skippy, den ich ganz vergessen hatte, ergriff vom Hintersitz aus meinen Arm und rief in einer seltsamen Euphorie gegen das Tosen da draußen: »Komm, wir gehen auf die Dachterrasse dort. Da sind wir sicher in der Höhe und können das ganze Naturspektakel schön betrachten und fotografieren.

Moment. Skippy? Unser Skippy? Was hatte der in dieser Szenerie verloren? Was ich da las, erinnerte mich lediglich an die Notizen, die ich zu Hause gefunden hatte, aber nicht an irgendetwas Reales in meinem Leben.

Skippy hüpfte uns bereits voraus. Für einen Moment war ich versucht, ihm zu folgen. Es sah aus, als sei alles vorbei. Die trüben Wellen an unseren Füßen waren lauwarm und verbraucht.

Aber das war trügerisch. Ich sah jetzt, dass alle in Panik zum Hafen hinuntereilten und ein Boot zu finden versuchten. Als mich Skippy angesprochen hatte und wir ausstiegen, war es, als erwachte ich aus einem langen Albtraum. Doch in Wirklichkeit waren wir nun die Einzigen, die noch herumstanden, in einer illusorischen Gelassenheit.

Aber wo war Linda?

Nun also auch Linda. William, Skippy, Linda. Fehlte nur noch Daniel.

Ich presste meine Finger gegeneinander, schloss die Augen, konzentrierte mich. Hörte nur noch die ferne Kakofonie vom Platz der Gehenkten. Aber ich kriegte das Stückchen Vergangenheit nicht zu fassen. Nur ein hauchdünnes, fast durchsichtiges Déjà-vu. Manchmal hatte ich mich, früher, möglicherweise für Sekundenbruchteile an flüchtige Szenen oder Fragmente erinnert. Aber ich war davon ausgegangen, sie stammten aus Filmen oder Träumen.

Hauchdünn, fast transparent. Gardinen im Augustwind. Fetzen brüchiger Klaviermusik. Plötzlich eine Flutwelle. Ohrenbetäubendes Rauschen verschluckt alles. Brutal laut, rücksichtslos. Rauschen, Rauschen, Rauschen. Dann Stille. Alles grau und braun unter einer monotonen Decke aus Schlamm. Gefühllosigkeit.

All das liegt nur einen Meter hinter mir, ist aber fremd wie das Leben auf dem Neptun. Ich müsste einen einzigen Schritt machen oder die Hand ausstrecken, aber ich kann nicht. Es liegt da, lediglich abgeschirmt durch einen fadenscheinigen Vorhang mit dämlichen Alltagsmotiven, die uns ablenken sollen. Aber ich schaffe es nicht, das Tuch beiseitezuziehen.

Es gibt ein Davor und ein Danach. Getrennt durch eine Mauer der Stille. Oder nein. Die Mauer ist turbulent. Zeitmauer, Schallmauer. Wenn man sich ihr nähert, beginnt die Realität selbst, sich zu verformen. *Special effects*. Wirbel, Wellen, Strudel. Wie wenn sich ein Raumschiff dem Ereignishorizont eines Schwarzen Loches nähert.

Vor einiger Zeit begann ich mit *Rue Darwin* des algerischen Schriftstellers Boualem Sansal. Es geht darin um einen Jungen, der in der Kasbah von Algier aufwächst. Durch Andeutungen und Hinweise realisiert er nach und nach, dass er seine ersten Jahre nicht hier verbracht hat. Er begibt sich auf eine komplizierte Recherche und findet heraus, dass er aus dem Süden stammt, wo er bei einer reichen Puffmutter aufwuchs.

Eines Morgens erzählte ich von meiner Lektüre. Linda ließ aus Versehen eine geblümte Kaffeetasse fallen. Skippy, nicht gerade der geborene Gentleman, eilte ihr mit Besen und Schaufel zu Hilfe. Daniel, sonst jedem Klischee abhold, sagte: »Scherben bringen Glück.« Sogar der unerschütterliche William stand plötzlich auf und ging die Zeitung holen.

Am Abend, als ich weiterlesen wollte, war Sansals Buch nicht mehr auffindbar. Niemand wusste etwas davon, und als ich sagte: »Wir haben doch eben noch über die Geschichte gesprochen«, erinnerte sich niemand.

Ich war damals von Algier mit dem Bus nach Tindouf gefahren. Zwei Tage und zwei Nächte dauerte die Reise in den Süden des Nichts. Vom Grenzort Tindouf brachte mich nachts ein gepanzertes Fahrzeug des Frente Polisario nach Smara, im Niemandsland zwischen Marokko, Mauretanien, Algerien und Westsahara. Dort befanden sich die Flüchtlingslager der Sahraouis, und sie befinden sich noch immer dort. In einem weißen Container in Rabouni, im *headquarter*, lernte ich Abdelaziz, den Chef der Polisario, kennen. Jener gottverlassene Teil der Sahara wird Hammada genannt – Teufelsgarten. Paralysierende fünfzig Grad im Sommer, schlotternde Winternächte unter dünnen Kamelhaardecken, Sandstürme, die einem die Augen durchlöchern.

Alle meine linken Freunde engagierten sich damals für die Palästinenser. Das war mir suspekt. Warum diese fanatische Unterstützung, während das Schicksal der Sahraouis die Genossen gleichgültig ließ? Es gab Momente, wo ich in meinem Größenwahn fantasierte, ich würde im Alleingang das ganze Volk befreien.

Erst heute, so viele Jahre später, dämmert mir, dass der marokkanische *guide*, der uns so zielsicher ins Verderben lotste, vermutlich ein Geheimdienstmann war. Wie naiv ich war. Ich träumte von einem Leben als genialer Strippenzieher, Revolutionär und Agent – der gefährlichste Mann der Welt! –, aber dass ich wirklich einmal in Schwierigkeiten geraten könnte, kam mir nicht in den Sinn. Ich hatte auch keinen Gedanken an mein Schmuggelgut verschwendet. Ich nahm wohl an, es gehe in den Briefen und Kassetten nur um Feriengrüße: *Wie läuft's? Hier alles paletti. Ein bisschen heiß, aber Mami und Papi geht es gut.*

Das Leben der Sahraouis ist bis heute ein aufgeschobenes. Das Lager Smara sieht immer noch so aus wie damals, nur größer ist es geworden. Eine Stadt. Aber dieses Wort ist tabu. »Stadt« würde bedeuten, dass sie sich niedergelassen und arrangiert haben. Auch die Nutzung der Bodenschätze versagen sie sich bis zum Tag der Befreiung, und die Flagge wird verkehrt herum gehisst, solange der Staat nicht frei ist. Manchmal sprechen die Alten von früher, als alles gut war. So soll es dereinst wieder werden. Aber es ist nur noch ein verblassender Mythos. Die Sahraouis haben den Zugang zu ihrer Vergangenheit verloren, die Gegenwart empfinden sie als Wartesaal, und die Zukunft, für sie die leben, ist wohl eine Illusion.

Sie sind aus der Zeit gefallen.

Letzte Nacht habe ich davon geträumt, wie ich Abdelaziz, den traurigen Präsidenten, zum letzten Mal traf. Es war in einem schäbigen Hotel in Genf. Eine Hintergasse in der Altstadt, Nebel. Der Zeitpunkt für das Gespräch wurde mehrmals verschoben, die Ortsangabe bekam ich erst im letzten Moment. Er erschien mit Verspätung und blickte sich unruhig um. Traute er mir nicht mehr? Er vermied den Augenkontakt. »Du hast dich lange nicht gemeldet«, sagte er. »Du hast Adresse und Telefonnummer gewechselt. Es war nicht leicht für Oumarou, dich ausfindig zu machen. Hast du versucht, dir nach den Ereignissen von Ogada eine neue Identität zuzulegen?«

Ich verstand nicht recht, worauf er anspielte.

»Man verweigerte mir das Visum für Algerien«, sagte ich.

»Wir hätten uns jederzeit für dich einsetzen können«, entgegnete er. »Die Türen in Rabouni standen dir immer offen, du weißt das.«

Er berührte mein Knie mit seinem Zeigefinger. Ich hatte den Eindruck, ihm war nicht wohl in seiner Haut. Man sagte, er leide an Krebs. Auch mir war unbehaglich. Warum wollte er hier in der Lobby bleiben, wenn er sich verfolgt und überwacht fühlte? Warum gingen wir nicht in sein Zimmer? Hatte er Angst vor mir? Das Fußballspiel im Fernseher lenkte mich ab. Die Kellnerin, die arabisch aussah, kam im Fünf-Minuten-Takt. »Alles in Ordnung bei Ihnen?«

Abdelaziz trank nur Wasser.

Schließlich rückte er mit der Sache heraus und bat mich um einen Gefallen. Er spielte darauf an, dass ich ihm etwas schulde.

Das war das letzte Mal, dass ich ihn sah. Einige Wochen später starb er. Er hatte sein Leben für die Westsahara hingegeben. Aber sie ist von der Welt vergessen worden, das Opfer war umsonst. Er starb zwar als Präsident, aber als Präsident ohne Staat.

Waren wir damals zusammen im Bus, wir fünf? Zusammengewürfelt, zufällig? Vielleicht waren wir die einzigen Überlebenden der Katastrophe, und seither sind wir aneinandergekettet, eine verschworene Gemeinschaft. Wir galten als tot. Das gab uns die Möglichkeit, neu zu beginnen. Alle fünf hatten wir Gründe. Skippy wegen seines Postdings. Linda begann ein Leben als Frau. Mir waren sie auf den Fersen wegen der Sabotage. Natürlich wäre es unauffälliger und klüger gewesen, sich nach dem Showdown zu trennen und sich nie mehr wiederzusehen. Stattdessen blieben wir zusammen und hielten uns gegenseitig in Schach. Das, was in einer Psyche die einzelnen Instanzen übernehmen, war und ist bei uns auf mehrere Personen verteilt. »Ich verdränge etwas bei ihm, er verdrängt etwas bei mir.« Ich sage das im Sinne eines Indizienprozesses. Ich weiß nicht, was wirklich passiert ist. Ich beginne lediglich, ein Loch, einen Bruch, etwas Verstecktes zu ahnen. Aber ich habe Hinweise. Es ist eine Arbeitshypothese. So könnte es sein. Es ist das einzige Konstrukt, das die Ereignisse mit einem Minimum an Sinn erfüllt. Wir leben in einer Art therapeutischer Wohngruppe, ohne es zu merken. Einen Psychologen brauchen wir allerdings nicht. Das übernehmen wir selbst, auch wenn wir als ziemlich seltsame Art von Therapeut, eher als Antitherapeut funktionieren. Wir passen gegenseitig auf uns auf, dass unser geteiltes Geheimnis nicht ans Licht kommt.

Unser Rettungsboot, unser Floß. Unsere gemütliche, prekäre *Survivors' Suite*.

Oder vielleicht befinden wir uns auch immer noch unter Wasser, im gemeinsamen Dunkel.

Es gibt ja etwas, das man retrograde Amnesie nennt. Immerhin ein Name, das macht es ein wenig fassbarer.

Wenn man sich beispielsweise nicht mehr erinnert, wie es zu einem Unfall gekommen ist. Es gibt auch den alkoholbedingten Filmriss, das sogenannte Palimpsest. Bei uns ist es jedoch gravierender. Wir sind uns nicht einmal bewusst, dass da etwas aus unserer Erinnerung verschwunden ist. Wir haben das Vergessen vergessen. Wir meinen, alles sei ganz normal gewesen. Wir haben es durch Gewöhnlichkeit, durch Blabla übertüncht. Vielleicht ist das bei vielen Leuten so. Es war ganz anders, als wir meinen.

Sprühregen, Gischt, ein Windstoß, ich verliere das Gleichgewicht auf dem glitschigen Schlammboden, stürze, schlage hart mit der Schläfe auf dem Rinnstein auf. Verliere das Bewusstsein. Von fern spüre ich, wie eine kalte Atlantikwelle über mein Gesicht klatscht. Skippys Stimme durch das ohrenbetäubende Rauschen. Er zieht mich an den Füßen aus dem reißenden Bach in der Straße, die Böschung hinauf. Mein Schädel blutet. Da nähert sich eine neue Monsterwelle. Vielleicht rennt Skippy davon und lässt mich liegen. Vielleicht würde das erklären, warum er – durch Schuldgefühle – auf immer an mich gebunden blieb. Ja, die *freak waves*. Es sind schon ganze Schiffe spurlos darin verschwunden. Niemand glaubt dieses Seemannsgarn. Keine Überlebenden, die es hätten bezeugen können. Oder vielleicht überlebten sie auf einer abgelegenen, nicht kartografierten Insel.

Vielleicht existiert irgendwo ein geheimer Vertrag. Nach der Unterzeichnung haben wir ihn vergraben oder verbrannt. Vergessen. Aber wie Blutsbrüder und Blutsschwestern halten wir uns daran.

Vielleicht hatte ich auch eine Psychose. Oder zumindest eine psychotische Episode? Alle vier von uns? Ach, wir waren ja fünf. Ich habe mich selbst vergessen. Also: Ein Kollektivwahn, eine *folie à cinq*? Es gibt ja auch Gruppenpsychosen, zum Beispiel von Sekten. Oder von ganzen Nationen. Das Dritte Reich. Irgendwann erwachen die Betroffenen, oft jedoch wird der Wahn erst durch den Tod beendet. Aber dass es ein Wahn war, merkt man meist erst im Nachhinein – sofern man ihn überlebt. Wer kann widerlegen, dass wir – hier, heute – in einer Psychose leben?

Ich weiß nicht, wie lange wir in diesem abgelegenen Haus unterkamen, genannt die »Suite der Überlebenden«. Das Leben war angenehm, es wurde für alles gesorgt. Eine Frau aus der Nachbarschaft brachte uns Mahlzeiten, es gab einen kleinen Pool. Aber ich entsinne mich nicht, wie wir an diesem Ort gelandet waren. Es war, als ob wir eines Morgens dort aufgewacht wären, und dann lebten wir in den Tag hinein, ohne uns allzu viele Fragen zu stellen. Wir nahmen es als normal hin, so wie auch ein Neugeborener die Welt, in die er hineingeboren wird, als selbstverständlich hinnimmt und sich nicht fragt, woher er kommt. Gelegentlich schaute ein Mann vorbei, der Arabisch, Französisch und Spanisch sprach. Vielleicht ein Marokkaner, vielleicht ein Sahraoui. Wir tranken Pfefferminztee mit ihm. Vielleicht waren Drogen drin.

Ich erinnere mich diffus, dass ich manchmal Texte für ihn übersetzte, ihm Adressen von Kontaktpersonen und sonstige Tipps gab oder Briefe schrieb. Ich war damals gut vernetzt in einer gewissen Szene, die ihre Ableger in vielen verschiedenen Ländern hatte. Mein *nom de guerre* war Victor, obwohl von Sieg keine Rede sein konnte. Ich war ein Salonradikaler, ich hatte selbst nie Blut an den Händen, und mein Schicksal war vieldeutig. Ich lebte zwar wie in einem komfortablen Hotel, aber vielleicht war es auch ein Hausarrest. Oder ich wurde versteckt. Oder man wollte mich einfach eine Weile aus dem Verkehr ziehen. Oder es war eine Art, mich zu beschützen. Anderen ging es dreckiger, sie waren auf der Flucht, in Camps, in Zellen, in konspirativen Kleinstwohnungen, aber alle waren auf dem Rückzug.

Skippy verschwand manchmal für eine gewisse Zeit. Vielleicht drehte er auch hier seine krummen Dinger und sorgte für das nötige Kleingeld. Vielleicht erwies er der Organisation ebenfalls kleine Dienste, auf seine Art. Jeder nach seinen Fähigkeiten und Möglichkeiten.

Im Hinterhof gab es eine Wäscheleine. Aber die Kleider, die wir dort aufhängten, trockneten nie. Sie wurden nur salzig im Meerwind. Überhaupt war alles feucht. Die Seiten der Bücher wellten sich wie Atlantikwogen, wurden fleckig und klebten aneinander. Lange nicht benutzte Wäsche wurde schimmlig. Und auch wir ..., wir klebten aneinander und ertrugen uns doch immer schlechter. Wie kleinlich man wird, wenn man keine echten Probleme mehr hat. Viel drehte sich in unseren Diskussionen um Verrat. Vielleicht war es so ähnlich wie mit Baader, Meinhof und Ensslin in Stammheim, die sich gegenseitig zerfleischten, bevor sie Selbstmord begingen. Manchmal frage ich mich, ob es unsere Freunde oder unsere Feinde gewesen waren, die uns dort unterbrachten.

Die glücklichste Wendung nahmen die Dinge für Linda. Sie hieß damals ja noch anders, aber es ist strengstens verboten, ihren früheren Namen zu erwähnen. Sie, oder eben damals noch er, spielte schon länger mit dem Gedanken einer Geschlechtsumwandlung. Will heißen einer operativen. Denn im Innern, aber auch mit Kleidern, Kosmetik, Sexualität und Hormonbehandlung, war sie schon länger auf diesem Weg. Das traf sich ideal mit den Bemühungen der Organisation, uns eine neue Identität zu verpassen. Man zahlte ihr also einen Flug nach Thailand, wo sie kostengünstig umgebaut wurde. Einen neuen Pass erhielt sie gleich dazu. Gefälschte Dokumente kriegt man in gewissen Straßen Bangkoks noch leichter als frittierte Heuschrecken.

Ich hatte ihn ja schon immer gut gemocht, aber jetzt begann ich sie zu lieben.

Auch Skippy kam ein Identitätswechsel entgegen. Ich glaube, das Postding hatte er einige Monate vorher gedreht und war dann in Marokko untergetaucht. Im Untergrund von Tanger kam er mit Dunkelmännern in Kontakt, bei denen Befreiungsideologie, Drogenschmuggel und Islam eine kühne Verbindung eingingen. In Marokko als sofort erkennbarer Europäer ohne Aufenthaltsgenehmigung zu leben, war riskant. Er wollte nach Südamerika weiter, oder wenigstens nach Florida, und dafür brauchte er einen neuen Pass. Der spektakuläre Raub mit seiner Bande hatte sich bis in den Maghreb herumgesprochen, und seine neuen Freunde waren gerne bereit, ihm zu helfen, wenn er sie an seinem offenbar wertvollen Wissen und vielleicht auch an seinen Millionen teilhaben ließ.

Ja, die angeblichen Säcke voller Geld. Tatsache war, dass die Gruppe ihr Geld einem Libanesen anvertraut hatte, der ihnen monatlich eine Tranche überwies. Später verschwand er mit dem Löwenanteil, aber das wusste Skippy damals natürlich noch nicht. Der arme Skippy kriegte auf Jahre hinaus nicht mal eine Zigarette von seinen besten Kumpels umsonst, weil ihn alle für reich hielten und jederzeit drohen konnten, ihn zu verpfeifen. Inkognito und berühmt ist eine blöde Mischung. Ebenso wie pleite zu sein, aber als Millionär zu gelten.

Ich frage mich, warum die Erinnerung an all das langsam zurückkommt. Die Aufzeichnungen, die Marokkoreise, der postlagernde, verstaubte Brief ... Aber eigentlich verdächtige ich William. Damals in der Suite der Überlebenden war er der Einzige, der aus der Not eine Tugend machte. Wir haben nichts zu tun? Also gut, dann kultivieren wir das Nichtstun. Er las das *Tao Te King* von Laotse, eine Unterweisung in der Kunst der produktiven Passivität. Er begann zu meditieren; versuchte, die Leere nicht mit Geschwätz, Grübeln oder Pseudoaktivitäten auszufüllen, sondern sie anzunehmen. Früher hatte er Aikido praktiziert. Ich glaube, er sah sich als eine Art Samurai im Exil, der sich auf seine Rückkehr und seinen letzten Einsatz vorbereitet. Einfach, indem er sich in Präsenz übt.

Während wir zunehmend zerfielen, wurde er immer kompakter. Ich bin überzeugt, dass er – ohne es sich anmerken zu lassen – ein Überbewusstsein erlangte. Er wurde ein Magier, und zwar solcherart, dass er das Bewusstsein der Menschen veränderte. Er konnte natürlich nicht wirklich ein Kaninchen im Hut verschwinden lassen, aber er konnte die Betrachter dazu bringen, es nicht mehr wahrzunehmen. Auf diese Art gelang es ihm auch, sich selbst fast unsichtbar zu machen. Weil in seinem Innern absolute Stille herrschte, wurde er zu einem Niemand. Nicht mehr abgelenkt von seinen eigenen Vorstellungen, erkannte er unvoreingenommen, was war. Nackt.

Wenn wir Besucher hatten, konnte es geschehen, dass Menschen, die wir zum ersten Mal sahen, ihm plötzlich ihre intimsten Geheimnisse erzählten. Sie spürten, dass er ihr Verhalten nicht wertete, nicht kategorisierte, nicht einmal verstehen wollte, sondern einfach akzeptierte. Manche meinten, er stehe unter Drogen. »Nimmt er Heroin?«, fragte mich mal jemand. Er war so entspannt. Er konnte stundenlang am Pool sitzen und aufs Wasser schauen. Aber er war alles andere als zugedröhnt. Er baute ein Feld von Offenheit um sich herum auf. Das wirkte sogar auf Tiere. Ich bemerkte damals oft, wenn er am Wasser saß, dass sich ihm sonst ganz scheue Vögel näherten, als wäre er gar nicht da.

Einmal drangen nachts Einbrecher durch ein Fenster ein. William hörte sie als Einziger kommen. Er brauchte kaum Schlaf, vielleicht, weil er so ganz ohne Anstrengung durch die Tage ging. Er stand auf und nahm sie in Empfang.

»Warum kommen Sie nicht durch die Tür?«, fragte er ohne Spott.

Die Räuber spürten wohl seine völlige Angstlosigkeit. Vielleicht nahmen sie an, er sei bewaffnet und deshalb so selbstsicher. Sie stiegen rückwärts die Mauer herunter, wie in einem Film, der zurückspult, und rannten über die Felder davon.

Vielleicht war es William, der entschieden hatte, einen Schleier über unsere Erinnerung zu legen. Und vielleicht hatte er aus irgendeinem Grund entschieden, den Schleier nun wieder zu heben.

In Marokko verkehrte er mit dem Meister einer Sufi-Bruderschaft. Der Heilige spielte die Rahmentrommel, wie die Schamanen. Das war seine Art, mit Gott oder dem Unbekannten in Verbindung zu treten. Er stand in Kontakt mit Mystikern in Mauretanien, die verbunden waren mit Marabouts im Senegal, die wiederum Wahrsager und Magier in Guinea und Mali kannten. Es gab auch eine Linie zu Sufis in Tunesien und Ägypten, die wiederum Derwische in der Türkei kannten. Es existierte ein länderumspannendes, unsichtbares Netz, das im Ernstfall aktiviert werden konnte.

Daniel übrigens ist möglicherweise sein Schüler. Er versucht uns mit seiner fast unhörbaren Musik eine Ahnung von Stille zu vermitteln.

Die Zeit ist aus den Fugen. Ich erinnere mich, wie ich damals, in der Suite der Überlebenden, im Swimmingpool herumschwamm wie ein Goldfisch im Glas. Er war im Innenhof, rundum gingen die gelben Mauern hoch. Ich schwebte da unten im Blau, wie am Grunde eines Liftschachts, und oben sah ich ein viereckiges Stück Himmel, das Pendant zum Wasserbecken. Die Hitze staute sich in dieser Mauerschlucht, aus dem angenehm kühlen Nass blickte ich hoch, ahnungslos wie ein Fisch. Ich wusste nicht, wo ich war und warum ich hier gelandet war. Es war, als hätten sie – sie? – mich unter Drogen gesetzt.

Und auch jetzt, wenn ich versuche, mich zu erinnern, die Amnesie zu durchlöchern, ist es, als ob ich in einem Aufzug hinauf- und hinunterfahre, zurück in verschiedene Stockwerke der Vergangenheit. Alle sind da, gleichzeitig, aber sie leuchten nur kurz auf wie Lämpchen. Ich kann sie nicht verbinden, in eine sinnvolle Abfolge bringen. Kurze

Flashs, wie Traumfetzen, ein Delirium aus, ich weiß nicht – Erinnertem, Imaginiertem, Geträumtem, Eingeredetem?

Ich schwamm auf dem Rücken und blickte die kahlen Mauern empor mit den geschlossenen Fenstern und den Gittern davor. Ganz oben Scherben und Stacheldraht. Um uns zu beschützen oder um uns an der Flucht zu hindern? Eine Berliner Mauer, angeblich zu unserem Besten.

Wir befanden uns in einer Zeitkapsel. Ich weiß nicht, ob wir Tage oder Jahre in diesem gediegenen Bunker verbrachten.

Wir hatten einen Führer dabei, als das Hochwasser immer bedrohlicher anstieg und uns schließlich auf der Landzunge draußen den Rückweg abschnitt. Er hatte uns in die Irre geführt, vielleicht absichtlich. Heute glaube ich, dass er ein Agent war, der die Überschwemmung ausnutzte, um uns zu verschleppen.

Ja, es gibt das Seltsame, oder, wie soll ich sagen, ... nicht *das* Seltsame, das ist schon viel zu eindeutig. Auch »es gibt« ist irreführend. So, als ob das Seltsame einen lokalisierbaren Ort einnähme. Das Seltsame existiert zweifellos. Oder nein, mit Zweifeln. Man weiß nicht, ob es seltsam ist oder nicht. Das gehört dazu. Und es »existiert« auch nicht. Es ist irgendwo zwischen Sein und Nichtsein angesiedelt, in der Unsicherheit. Sehe ich Gespenster, höre ich Stimmen, nehme ich schattenhafte Umrisse wahr oder bilde ich mir das nur ein? Eine Fata Morgana, die sich auch als echtes Wasser herausstellen kann.

Solcherart war die Suite der Überlebenden. Die gespenstische Herberge an der Grenze, mit der Zollstation, von der unklar ist, ob sie noch besetzt ist oder nicht. Das *Hotel Borderline*. Wo man anklopft, aber niemand öffnet.

Man geht hinein, weil die Tür offen ist. Die Rezeption leer. Man schnappt sich einen Schlüssel hinter der Theke, geht hoch, bezieht ein Zimmer. Mit einem schlechten Gewissen. Irgendwann wird einem die Rechnung präsentiert werden. Vielleicht Jahre später, vielleicht in ein paar Stunden. Man war sich gar nicht bewusst, was für Kosten sich im Laufe der Zeit angehäuft haben. Wird man diese Schulden je zurückzahlen können? Werden sie einem glauben, wenn man sagt: Ich habe vergessen, dass ich mich in einem Hotel befinde, ich habe geglaubt, das sei mein eigenes Haus?

Sturzbäche ergossen sich in sein entleertes Gesicht ... Sein Hut schaukelte im abfließenden Wasser ... Die eingestürzten Mauern, die toten Kühe mit den aufgeblähten Bäuchen, die umgeworfenen Autos, wie Rieseninsekten auf dem Rücken, die durcheinandergewirbelten Straßenstände ..., alles von braungrauem Schlamm überzogen.

Polizisten in ihren dreckbespritzten Uniformen gestikulieren herrisch und schreien Befehle, als ob sie den Sturm kommandieren könnten. Ich stehe auf der Leiter in der Wohnung unserer verschworenen Gemeinschaft und wühle in meinen rätselhaften Notizen; zugleich drehe ich meine Runden im Swimmingpool der ortlosen *Survivors' Suite*; und dann befinde ich mich auch in Südmarokko, Jahre nach dem Kollaps, auf der Suche nach der verlorenen Zeit, und alles scheint von vorn zu beginnen. Wir haben die Akte geschlossen, das Buch zugeklappt, alle Luken verschraubt, die Ritzen kalfatert. Wir haben die Füße der Erinnerung in einen Eimer mit flüssigem Zement gesteckt, wir haben gewartet, bis er hart geworden ist, dann haben wir die Geschichte versenkt. Sie liegt tausend Faden tief unter Wasser, am Meeresgrund zwischen Korallen, Seesternen und muschelbedeckten Truhen. Wir haben all das zurückgelassen, nicht mehr darüber gesprochen, nicht mal mehr daran gedacht. Wir haben das Schweigegelübde so sehr verinnerlicht, dass es vergessen gegangen ist. Und trotz dieser absoluten Abkehr drehen wir uns im Kreis. Wir leben in Paralleluniversen, dazu verdammt, auf ewig in jener Umlaufbahn zu verbleiben. Wir entkommen der Gravitation nicht.

Ich saß im *Café Mektoub* in Marrakesch über meinem Pfefferminztee und versuchte, an früher zu denken. An das unmögliche Früher. Oder vielleicht auch umgekehrt: Ich versuchte, ans Jetzt zu denken, aber schweifte immer wieder ins Früher ab. Eigentlich befand ich mich in der Vergangenheit, nur mein Körper war da. Vielleicht gab es auch meinen Körper zweimal. Es gab so viel, das in letzter Zeit an die Oberfläche geschwemmt wurde, nach Jahren der Versenkung. Oft tauchten plötzlich Szenen auf, von denen ich nicht wusste, ob sie passiert waren, ob ich von ihnen gelesen oder sie einst geträumt hatte. Sie ähnelten Fragmenten aus einer hypnotischen Rückführung in ein früheres Leben. Aber jedes Mal, wenn ich sie schärfer ins Auge fassen und packen wollte, entzogen sie sich. Sie existierten nur in der Unschärfe.

Ich war erschöpft von der Reise und nickte immer wieder kurz ein in meinem weichen Sessel.

Im Halbschlaf hörte ich einen Text, wie von einem Vorleser oder einem Radioreporter:

»Das erste Motorboot raste über das Wasser. Auf dem Meer oder schon auf einem überschwemmten Feld? Schaukelnde Autos, vom Regen umstürmt, trieben von der Straße weg auf die See, verschwanden im Grau, wenn nichts geschah. Falls die Insassen noch einmal zu sich kommen würden, öffneten sie vielleicht am nächsten Vormittag die Augen, mit verlorenem Zeitgefühl auf dem leeren Ozean.

Jetzt sah ich von Weitem die Vorstadt auf dem vorgelagerten Felsen. Aus dieser Entfernung waren die Häuser kaum zu sehen. Nur die Dächer hingen wie Deltasegler in der blauen Luft. Und dann stellte sich heraus, dass das Blau nicht der Himmel war, sondern Wasser. Die Dächer waren keine Deltasegler und keine Schmetterlinge. Gekenterte Schiffe, wenn schon.

Ich drehte mich um. Im Hinterland, von einer schwarz lastenden Wolkendecke fast erdrückt, sah man selbst aus dieser Entfernung, wie der Wasserspiegel stieg. Jedes Mal, wenn er tief hängende elektrische Leitungen erreichte, blitzten sie in der Dunkelheit blau auf, bevor sie in den Wassermassen verschwanden. Ertrinkende Bäume knickten im Gewittersturm ein und senkten sich wie erschossen in die dunklen Fluten.

Der Führer versuchte mich auf die Dachterrasse zu lotsen und ging mir schon voraus. Auf einmal realisierte ich, dass er das Gegenteil eines Führers war. Er führte mich absichtlich in die Irre, ins Verderben. Ich sah, wie alle andern panisch zum Hafen hinunterrannten, um ein Boot zu erwischen. Wir waren die Einzigen, die noch herumstanden.

Eine weitere Flutwelle, die aus einer Nebengasse auf mich zukam, erfasste meine letzten Zweifel. Ich wandte mich um und rannte den Weg zurück, den ich gedankenverloren mit dem Führer hinabgekommen war. Ich sah ihn vor mir, wie er in einer Stunde allein an einer haushohen Mauer kämpfen würde – ohne mich.«

»Pardon, vous n'êtes pas Monsieur Schlee, par hasard?«

Mir gefiel vor allem dieses »zufällig« am Schluss des Satzes. Wir sind ja immer zufällig jemand, tragen zufällig den Namen David Auer, Peter Schlee oder Richard Signer. Ich heiße nicht Schlee, und ich brauchte lange, um zu merken, dass sie meinen wirklichen Namen kannte, mich aber absichtlich mit einem falschen ansprach, um mich nicht abzuschrecken. Ich dachte dann, bei so viel vorauskalkulierender Schachspielerinnen-Raffinesse müsse sie wohl eine Agentin sein, was jedoch eine weitere vorsätzliche Irreführung war.

So begegnete ich Lady Linda zum ersten Mal, so sahen wir uns wieder. Wir sprachen über die lange Zeit, als wir als vermisst galten, als wir als vermisst gelten würden. Wir kamen uns ja auch selbst abhanden zu dieser Zeit, wir lösten uns auf und setzten uns später neu zusammen. Wie ehemalige Süchtige machten wir einen Bogen um die alte Szene, die alten Kumpel, die alten Gewohnheiten, sogar die alten Gedanken. Wir taten so, als hätten wir nichts mehr mit unserem alten Ich zu tun, wir bestärkten uns darin, und irgendwann wurde es tatsächlich so.

Linda schlug vor, einen Abstecher ins *Hotel Foucault* zu machen. Das Gebäude an der Avenue El Mouahidine sah noch genauso aus wie einst. Vielleicht wären wir ins Zimmer hochgegangen, wie damals, aber im Eingang überkam uns auf einmal eine bleischwere Müdigkeit, und die Treppen sahen so lang und steil aus, als würden sie in den Himmel führen. Das war zu viel. Wir zwängten uns auf das speckige Sofa zwischen Empfangstheke und Treppe und tranken in der schattig-schimmligen Ecke einen arabischen Kaffee. Im Fernsehen lief ein ägyptischer Actionfilm. Der

Held versuchte, mitten in einem Tornado zu Fuß von einer Halbinsel aufs Festland zurückzugelangen. Im peitschenden Regen rannte er um sein Leben. Gleich neben ihm prasselten Scherben, Steine, Ziegel, Möbelstücke, ja, ganze Baumaschinen herunter. Sicherheitshalber blieb er stehen, bis alles vorbei war und nur noch stumm Tapetenfetzen durch die Luft wirbelten. Dann hastete er die steile, felsige Abkürzung, von Vorsprung zu Vorsprung, zum Hafen hinunter. Ein letztes Mal blickte er zurück auf die Häuser auf der Landzunge. Der Stadtteil im Meer draußen lag jetzt still und traurig da wie Venedig im Februar. In einem kurzen Sonnenstrahl ließen sich die rein gewaschenen, hellen Pelikane auf einer Müllhalde nieder und suchten nach Nahrung. Am Ufer auf der gegenüberliegenden Seite der Bucht gingen die Dachspitzen der Blechhütten, die bis ans Wasser gebaut wurden, langsam in der Flut unter. An der Mole unten wurde ein Boot nach dem anderen losgemacht und verschwand in der grauen Ferne. Er rannte noch schneller.

»Erinnerst du dich an den Film von Fellini, wo ein Archäologe eine Grabkammer öffnet und fantastische Fresken erblickt?«, fragte ich Linda. »Aber der erste Lichtstrahl, der ins Halbdunkel dringt, zerstört sie. Sie erblassen vor den Augen des Forschers. Der Moment der Entdeckung ist auch der Moment des Verschwindens. Nach wenigen Sekunden bleiben nur noch leere Mauern zurück.«

»Die empfindlichen Bilder existieren nur im dunklen Versteck fort, wo sie aber niemand sieht«, sagte Linda. »Außerhalb der Zeit.«

Sie vermutete, dass die Szene in *Roma* vorkam.

Rom, dachte ich. Die ewige Stadt. Manche Dinge sind unzerstörbar. Vor allem jene, die vergessen werden und unsichtbar bleiben. Sie leben weiter und treiben uns vor sich her, ohne dass wir es merken.

»Wir sind aneinandergekettet«, sagt er. »Weißt du das?«

Sie spürt es natürlich auch. Aber den Grund kennt sie so wenig wie er.

»Es gibt Dinge, die kann man nicht fotografieren«, deklamiert der Held im Actionfilm und blickt zurück auf seinen Führer – ein langsam im Wasser verschwindender Punkt in der Ferne, –, der nicht versteht, dass der »Tourist« keine Kamera dabeihat. »Manche Dinge kann man nicht einmal ansehen. Sie lösen sich auf, oder sie zerstören die Augen, wie beim Blick in einen Laserpointer.«

»Was ist ein Laserpointer?«, fragt er Linda. »In welchem Jahr befinden wir uns?«

Er fühlt sich wie in einem Film, der rückwärts läuft. Oder eher: Wie in einem Musikstück, das aus zwei übereinandergelegten Spuren besteht, aus der Vorwärts- und der Rückwärtsversion des Songs.

Der Erzähler bringt dauernd »ich«, »er« und vielleicht auch »sie«, Präsens, Perfekt und Imperfekt durcheinander. Mich selbst als »er«, mich selbst als Person der Vergangenheit objektivieren? Perfekt, die vollendete Gegenwart? Für uns ist nichts vollendet, keine Zeit vorbei. *Past continuous.* Gerade weil wir das Damals verdrängen, ist es immer da, dringt ins Jetzt ein und vergiftet es. Das ist es wohl, was man ein Trauma nennt.

Wir greifen gleichzeitig nach einem Glas Minzentee – die leuchtend grünen Blätter schwimmen herum wie in einem Aquarium –, wo eben noch ein Mokkatässchen stand.

»Heißt es nicht irgendwo bei Freud, das Unbewusste sei wie Rom?«, fragte sie zurück. »Vergangenes und Gegenwärtiges existieren nebeneinander und manchmal ununterscheidbar über- und ineinander, wie eine mehrfach belichtete Fotografie, wie ein Palimpsest.«

Das Wort Palimpsest ist selber ein Palimpsest, dachte ich. So viele Bedeutungen.

Die Kamera zoomte weg, die Szenerie wich zurück. Dann stand der Film still, ein gefrorener Moment. Linda und ich verewigt in einer unscharfen, fehlbelichteten Fotografie, die rasch vergilbte. Eine unlesbare Orts- und Zeitangabe auf der Rückseite, mit einem weichen, dünnen Bleistift vor langer Zeit hingekritzelt.

Ich blickte verloren in die Dunkelheit unter der Treppe.

»Woran denkst du?«, fragte sie.

»An nichts«, sagte ich, und das war ausnahmsweise keine billige Ausflucht.

»Wo wir gerade über Psychoanalyse reden …«, warf sie ein. »Es gab einmal einen Schweizer Analytiker, der unternahm Forschungen bei den Dogon in Mali. Er entdeckte dort die Existenz eines Gruppen-Ichs. Das Ich endet nicht an den Grenzen einer Person, an seiner Haut. Es kann über den Einzelnen hinausgehen und mehrere Menschen umfassen. Das erklärt auch Phänomene wie Hellsichtigkeit und Telepathie, die bei solchen traditionellen Gesellschaften häufig vorkommen. Und selbstverständlich können Gruppen und ganze Gesellschaften auch vergessen und verdrängen, ganz so wie Individuen.«

Sie tauchte den Löffel wieder in die grüne Unterwasserwelt ihres Glases und fuhr dann fort: »Aber vielleicht ist das nicht nur unsere Vergangenheit, sondern auch unsere

Zukunft. Der Theologe Teilhard de Chardin nimmt an, dass sich die Menschen rund um die Welt immer mehr vernetzen und irgendwann eine Art Superorganismus mit einem Überbewusstsein bilden werden.«

Ich fragte mich, woher Linda all das wusste. Ich hatte sie nicht als so belesen in Erinnerung. Es war, als ob ich sie aus der Zukunft betrachtete. Ein Psychoanalytiker würde diese Stichworte von Gruppen-Ich und allverbundener Menschheit wahrscheinlich als Verschmelzungsfantasie deuten, dachte ich. »Vielleicht sollten wir doch ins Hotelzimmer hochgehen.«

Gingen wir damals wirklich zusammen ins Bett oder nicht? Alles ist diffus und verweht, als ob es siebzig Jahre her wäre. Fakt ist, dass sie tatsächlich die Treppe hinaufstiegen. Das Bett stand neben dem offenen Fenster, wehklagende arabische Gesänge drangen herein, die weißen Laken gingen in die weißen Vorhänge über, und als er in sie eindrang, stieß er am Ende nicht auf die Wahrheit, sondern auf nichts. Verglichen mit den glühenden Vorstellungen in der Lobby war es desillusionierend, ein Schwarzes Loch, in dem alles Licht und alle Farben verschwanden und in dem er weit zurück, in die frühe, bleierne Verlorenheit katapultiert wurde.

Auf jeden Fall fühlte er sich leer, als er nachher auf dem Bettrand saß und sich die Schuhe band. Ein Niemand.

Vorher, als er sich noch nach ihr gesehnt hatte, war er auch leer, aber er hatte immerhin die Hoffnung, dass er gerettet wäre, falls er einst mit ihr zusammenkäme. Dieser Traum war nun dahin, und die Leere, die Aussichtslosigkeit endgültig.

Ich erinnere mich, wie sie sagte: »Etwas habe ich noch vergessen: Manchmal führt eine Psychoanalyse nicht dazu, dass man zur Wahrheit vordringt, sondern dass man sich immer tiefer verirrt im Labyrinth. Die eitle Suche nach dem früheren Ich. Was immer man zu finden glaubt, es ist bestimmt nicht die Vergangenheit.«

Aber vielleicht hat sie das auch nicht gesagt, sondern ich selbst oder niemand.

Ich stoße die Schlafzimmertür auf – und betrete eine zerklüftete Felslandschaft.

Wir lagen noch im Bett, als jemand anklopfte. Ich wankte zur Tür. Es war Skippy. Er war rückfällig geworden. Sie hatten ihn erwischt, weil er mit einem Kumpan einen Überfall plante. Als sie eine Waffe kaufen wollten – einen »Föhn«, sagte er –, schnappte die Falle zu. Er hatte nicht damit gerechnet, dass sie ihn überwachten. Beim Verhör behauptete er, das mit dem Überfall sei nur so ein Gedankenspiel gewesen, sie hätten den Plan längst aufgegeben. Er erzählte es, auf der Bettkante sitzend, mit hängendem Kopf. Der Coup hätte lediglich 100 000 Franken – »tausend Lappen«, sagte er – eingebracht. Und weil er keinen Schweizer Pass besaß, schickten sie ihn dorthin zurück, wo er herkam.

»Kann ich eine Weile bei euch unterkommen?«

Das klang wie aus einem doofen Film, und außerdem war die Frage sowieso läppisch, da wir ja in einer Absteige logierten. Aber am bescheuertsten war, dass er angesichts der drohenden Abschiebung seinen ursprünglichen Pass weggeworfen hatte, weil er dachte, sie würden dann nicht herausfinden, wo er herkam. Er hätte natürlich einfach auf sein Konsulat gehen und einen neuen Pass beantragen können, aber er hatte Schiss, weil in seiner Heimat auch noch »einige Rechnungen offen waren«, wie er sich in seiner gewohnt vornehmen Art ausdrückte.

Als wir ihm erklärten, wir könnten hier im *Foucault* nicht einfach einen Dritten beherbergen, erwiderte er, und wiederum klang es wie aus einem B-Movie: »Ich habe Geld.«

Ich wollte wirklich nichts mehr mit diesem Doofmann zu tun haben, aber er war nicht abzuschütteln.

»Wie kommt es überhaupt, dass du einfach so in meinen Film hereinplatzt? Du bist gar nicht vorgesehen im Drehbuch«, sagte ich. »Wir haben dich schon fast vergessen.«

»So leicht werdet ihr mich nicht los«, sagte er wie ein trotziges Kind. Wenn ich gewusst hätte, dass das tatsächlich erst der Anfang war all der langen, vergeudeten, dementen Jahre!

Wir werden wie in einem Knast gelebt haben (das wusste ich damals noch nicht und sah es erst, als die Mauer langsam Risse bekam und sich die Haft dem Ende zuneigte). Zu fünft in einer Zelle. Und nun hoffe ich auf eine Amnestie. Die kollektive Amnestie nach der kollektiven Amnesie.

Aber das war viel später. Zu jener Zeit der Blindheit nahmen wir Skippy natürlich auf. Wir stellten ein Kinderbett in die Ecke und schmuggelten ihn spätnachts jeweils rein. Unser blinder Passagier. Einige Wochen später erfuhren wir, dass die Kaschemme problemlos auch »Durchreisende« (die nie weiterreisten) ohne Papiere aufnahm, gegen ein kleines Entgelt.

Es war reizvoll mit Linda im Bett. Sie war ja früher ein Mann gewesen, ein guter Kumpel, und es ist befriedigend, wenn man eine Freundschaft auch noch mit Sex vertiefen und krönen kann. Irgendwo in ihrem Wesen war sie natürlich immer noch ein Mann, und sie hatte eine recht zupackende Art, wenn es um die Wurst ging. Wir sprachen allerdings nicht darüber, sie tat, als sei es die normalste Sache der Welt, nicht der Rede wert. Oder als sei sie schon immer eine Frau gewesen. Was sie vielleicht auch war, nur hatten wir es nicht gesehen.

Aber für mich hatte es den Thrill des Perversen, mit ihr zu vögeln. Einfach weil ich um ihr Vorleben wusste.

Die meisten Fragmente aus der Vorzeit, die ich hier zusammentrage, die Bruchstücke dieser Anamnese, tauchten auf, wenn ich Sex mit ihr im *Foucault* hatte. Wie beim Kiffen holten mich lange versunkene Erinnerungen, Empfindungen und Ideen ein. Vielleicht, weil Vernunft und Verdrängung kaum jemals so geschwächt waren wie unter ihren Attacken. Die Vergangenheit war omnipräsent, wenn wir uns nackt aneinanderdrückten, aber zugleich war sie tabu. Nie sprachen wir über die Zeit in der *Survivors' Suite*. Ein stummes Einverständnis, darüber zu schweigen.

Sie war fasziniert von Kerzen und Eis. Sie kaufte sogar einen kleinen Kühlschrank, weil es in unserem Zimmerchen keinen gab. Das Eisfach musste immer gefüllt sein. Ihr Einfallsreichtum, was man alles mit zwei Körpern und einigen Eiswürfeln anstellen konnte, kannte keine Grenzen. Die Hitze von Kerzenwachs und die Kälte von Eiswürfeln. Brennende und gefrorene Erregung, bis ich mein Geschlecht und meinen Namen vergaß. Anästhesie. Amnesie und Anästhesie.

Manchmal schüttete sie Skippy K.O.-Tropfen in seinen Schlummertrunk. Dann sackte er – oft schon im Sessel – weg, kam erst nach Stunden zu sich und schleppte sich ächzend in sein Bettchen. So konnten wir ungeniert unsere kalten Feuer entzünden, so, als ob da lediglich eine Leiche im Sessel hinge.

Ich bin also zurückgekehrt nach Marokko. Oder habe ich mich lediglich ausweglos im Text, den ich damals geschrieben habe, verirrt? Ich befürchte, alles beginnt von vorn, vor allem, da nun auch noch Linda und Skippy aufgetaucht sind. Ich erinnere mich, wie wir damals die Atlas-Filmstudios in Ouarzazate besucht haben, in denen *Kundun*, *Himmel über der Wüste*, *Der Baader-Meinhof-Komplex* und *Babel* gedreht wurden. Ich könnte sie noch einmal aufsuchen, aber ich habe Angst, dass ich dann vollends den Wirklichkeitssinn verlieren könnte.

Die Geschichte der Westsahara dreht sich im Kreis. Ach, es ist nicht einmal eine Geschichte, und sie dreht sich nicht einmal. Sie geht am Ort. Ich hatte gedacht, mit dem Tod von Abdelaziz würde sich wenigstens etwas ändern. Zum Besseren oder zum Schlechteren, nur wenigstens Veränderung! Einige sprachen davon, den bewaffneten Kampf wiederaufzunehmen; das war einer der Gründe, warum sie mich vorluden. Aber nichts geschah. Sein Tod war bedeutungslos, er hinterließ letztlich so wenig Spuren im Wüstensand wie sein Leben.

Ich schnippe die zu Ende gerauchte Zigarette über das Balkongeländer des *Hotel Foucault* und wende mich ab. Ich drehe mich nicht mehr um, schaue nicht zurück. Vielleicht fällt sie in die verdorrten Rastazöpfe eines alten Kiffers, vielleicht in einen Öltümpel und setzt alles in Brand.

Sie tut es nicht.

Vielleicht reiße ich die Mauern ein, schlage den Gefängniswärter tot und führe die Sklaven hinaus ins Freie.

Nichts dergleichen.

Wahrscheinlich gehe ich zurück in unsere Wohnung, und wir leben weiter wie bisher. Vergessliche Überlebende. Wir sehen aus wie normale Menschen, aber innerlich sind wir Zombies, ohne Vergangenheit, ohne Zukunft. Aus der Zeit gefallen. In Isolationshaft, mit unsichtbaren Gitterstäben.

Ich hätte dorthin zurückkehren müssen, wo alles begann, den Hebel finden und ihn umlegen. Die Weichen neu stellen. Aber der Ort entzieht sich mir. Ich schaffe es nicht, mich gegen alle Widerstände an die Weggabelung in der Einöde im staubigen Wind durchzuschlagen. Den Kompass habe ich verloren und die Landkarte wurde mir unterwegs gestohlen. Ich werde nie zur Urszene jenseits des Sturms vordringen. Der Scirocco weht mich unerbittlich zurück nach Amnesia.

Außer Fragen und Fragmenten habe ich nichts gefunden. Es gibt einen Magneten, aber es gibt offenbar auch einen Antimagneten. Die Straße endet an einer Mauer. Dahinter fände sich die Lösung des Geheimnisses, aber die Wand ist unüberwindlich. So schwer es mir fällt, ich muss umkehren, denn mein Proviant geht zur Neige und der Wasserbeutel ist bis auf ein paar Tropfen leer.

Das war's dann wohl.

Diese Geschichte handelt nicht nur von einer Sackgasse. Sie ist eine. Kein Happy End. Dead End.

ZUM AUTOR

David Signer, geboren 1964, promovierter Ethnologe. Er ist Autor des zum Standardwerk gewordenen Buches *Die Ökonomie der Hexerei oder Warum es in Afrika keine Wolkenkratzer gibt* über die Auswirkungen der Hexerei auf die wirtschaftliche Entwicklung Afrikas. Der Bild- und Textband *Grüezi – Seltsames aus dem Heidiland*, in Zusammenarbeit mit Andri Pol, erschien 2006, seine Romane *Keine Chance in Mori* und *Die nackten Inseln* 2007 und 2010 bei Salis. David Signer ist Afrika-Korrespondent der *NZZ* und lebt in Dakar.

Foto: Katja Müller